Modern
Spanish
Prose

3rd edition

Modern Spanish Prose

with a selection of poetry

Gustave W. Andrian
Trinity College

MACMILLAN PUBLISHING CO., INC.
NEW YORK
COLLIER MACMILLAN PUBLISHERS
LONDON

Book design and cover by Jim Anderson

Library of Congress catalog card number: 76–39709

ISBN 0–02–303430–0

Macmillan Publishing Co., Inc.
866 Third Avenue, New York, New York 10022

Collier Macmillan Canada, Ltd.

Printing: 6 7 8   Year   2 3 4

Printed in the United States of America

A mi mujer

Acknowledgments

The editor is indebted to the following persons and publishers for permission to use the material reproduced:

For **Ignacio Aldecoa:** Dña. Josefina R. de Aldecoa

For **Julio Camba:** D. Francisco Szigriszt

For **Marco Denevi:** Editorial Universitaria, S. A. (*Antología Precoz*, Selección y prólogo de Edmundo Concha, Santiago de Chile, 1973. 240 págs.)

For **Wenceslao Fernández Flórez:** D. Félix Fernández Flórez

For **Ramón Gómez de la Serna:** D. Eduardo A. Ghioldi

For **Enrique Jardiel Poncela:** Dña. Eva Jardiel Poncela and Editorial AHR

For **Gregorio López y Fuentes:** Lic. Angel López Oropeza

For **Ramón del Valle-Inclán:** Espasa-Calpe, S. A. (*Jardín Umbrío*, Colección Austral, Madrid)

Preface

Encouraged by the suggestions of many colleagues from schools and colleges, and of students, as well as by the continued acceptance of the aims of the book, the editor has prepared an expanded third edition, which is designed for use in the third semester of college courses (or second semester after an intensive introductory course), and in the third or fourth years of secondary schools. The basic purpose of the book remains the same: to provide the student as early as is practicable with intellectually mature and appealing works of varied genres whose length and simplicity of style obviate the need for abridgment, adaptation, or simplification. Many facets of the temperament and the complexity of life of Spanish-speaking peoples will be revealed in these literary selections, in which humor and farce combine with irony and satire, tradition with innovation, the real with the unreal, happiness with loneliness. A study of the works of the famous authors found inside should enhance language learning at any level. The inclusion of more than one genre provides variety of language and style, sustained interest, and flexibility of use.

A substantial amount of new material by outstanding, established writers, both Peninsular and Latin American, has been introduced into this third edition. Some of these are the ever-popular Valle-Inclán, the younger humorist Jardiel Poncela, the prolific short story writer Ignacio Aldecoa, the Mexican Gregorio López y Fuentes, and the Argentine Marco Denevi. They take their places in the book alongside the familiar major figures of Baroja, Unamuno, Cela, Cortázar, Ana María Matute, and many others. Further changes are the addition of new material by some of the previously included authors, the elimination of two of these, and the deletion of a number of selections, particularly by those authors who had been represented by more than one. Other changes involve the exercises and the footnotes.

To facilitate and accelerate the student's comprehension of the readings, words and idioms are supplied at the foot of the page, as well as in the end vocabulary. The exercises, which include cuestionarios and varied drill on grammar, idioms, word-building, and comprehension, are designed to have the student review as frequently as possible the authors' language and style. In this new edition an attempt has been made to present the material according to degree of difficulty rather than in chronological order. The individual teacher will of course use his or her own judgment.

The editor wishes to thank the many people, teachers and students, who have made helpful suggestions, and to express his appreciation to his wife for her invaluable assistance in the preparation of the manuscript. Special thanks go to Nina Moss, Associate Editor, for her careful reading of the manuscript.

G.W.A.

Hartford, Connecticut

Contents

Modern
Spanish
Prose

Marco Denevi
1922▫

One of the most original Spanish American writers of today is the
Argentine Marco Denevi. He first became known in 1955 with his
first and still popular novel, Rosaura a las diez, and five years later
gained international recognition when his short novel, Ceremonia
secreta, was awarded first prize of $5,000 by Life en Español.

Novelist, dramatist, and short story writer, Denevi is best known
for what he calls falsificaciones, very short sketches, anecdotes, and
stories (from one line to several pages in length), based on historical,
mythological, and literary events and people. These miniature stories, or
minicuentos, are now a widely cultivated genre in Argentina and
elsewhere. They reveal Denevi's rich and powerful imagination; their
originality lies in the ironical and often whimsical twist that makes
these sketches turn out to be the opposite ("falsification") of their
historical models. Thus, for example, Sleeping Beauty feigns a deep
sleep because she knows that "ningún príncipe pasa junto a una
mujer que tenga los ojos abiertos." Don Quijote and his idealized
Dulcinea are inverted, so that it is he who exists in her imagination.
Denevi's ability to portray man's complex nature and behavior
dramatically in these tightly structured literary miniatures is the
mark of a brilliant writer, as you will see in the two falsificaciones
that follow.

One must not complicate.

No hay que complicar la felicidad

(*Un parque. Sentados en un banco de piedra, bajo los árboles, Él y Ella se besan.*)

Él: —Te amo.
Ella: —Te amo.
   (*Vuelven a besarse.*)
Él: —Te amo.
Ella: —Te amo.   5
   (*Vuelven a besarse.*)
Él: —Te amo.
Ella: —Te amo.
   (*Él se pone violentamente de pie.*)
Él: —¡Basta! ¡Siempre lo mismo! ¿Por qué, cuando te digo que te   10
   amo, no contestas, por ejemplo, que amas a otro?
Ella: —¡A qué otro?
Él: —A nadie. Pero lo dices para que yo tenga celos. Los celos
   alimentan al amor. Nuestra felicidad es demasiado simple.
   Hay que complicarlo un poco. ¿Comprendes?   15
Ella: —No quería confesártelo porque pensé que sufrirías. Pero
   lo has adivinado.[1]
Él: ¿Qué es lo que adiviné?
   (*Ella se levanta, se aleja unos pasos.*)
Élla: —Que amo a otro.   20
   (*Él la sigue.*)
Él: —Lo dices para complacerme. Porque yo te lo pedí.
Ella: —No. Amo a otro.
Él: —¿A qué otro?
Ella: —A otro.   25
   (*Un silencio.*)
Él: —Entonces, ¿es verdad?
Ella: (*vuelve a sentarse. Dulcemente.*)   —Sí. Es verdad.
   (*Él se pasea. Aparenta[2] un gran furor.*)
Él: —Siento celos. No finjo.[3] Siento celos. Estoy muerto de   30
   celos. Quisiera matar a ese otro.

[1] **adivinar**   to guess   [3] **fingir**   to feign, to pretend
[2] **aparenta un gran furor**   he pretends to
      be very angry

Ella: —(Dulcemente.) Está allí.

Él: —¿Dónde?

Ella: —Allí, entre los árboles.

Él: —Iré en su busca.[4]

Ella: —Cuidado. Tiene un revólver.

Él: —Soy valiente.

(*Él sale. Al quedarse sola, Ella ríe. Se escucha el disparo de un arma de fuego. Ella deja de reír.*)

Ella: —Juan.

(*Silencio. Ella se pone de pie.*)

Ella: —Juan.

(*Silencio. Ella corre hacia los árboles.*)

Ella: —Juan.

(*Silencio. Ella desaparece entre los árboles.*)

Ella: —Juan.

(*Silencio. La escena permanece vacía. Se oye, lejos, el grito desgarrador[5] de Ella.*)

Ella: —¡Juan!

Después de unos instantes, desciende silenciosamente el

Telón

---

[4] **Iré en su busca** I'll go after him.

[5] **grito desgarrador** heart-rending scream

El Maestro traicionado[1]

Se celebraba la última cena.

—¡Todos te aman, oh Maestro! —dijo uno de los discípulos.

—Todos no —respondió gravemente el Maestro—. Conozco a alguien que me tiene envidia y que en la primera oportunidad que se le presente me venderá por treinta dineros.[2]

—Ya sé a quién aludes —exclamó el discípulo—. También a mí me habló mal de ti.

—Y a mí —añadió otro discípulo.

—Y a mí, y a mí —dijeron todos los demás (todos menos uno, que permanecía silencioso).

—Pero es el único —prosiguió[3] el que había hablado primero—. Y para probártelo, diremos a coro[4] su nombre.

Los discípulos (todos, menos aquel que se mantenía mudo) se miraron, contaron hasta tres y gritaron el nombre del traidor.

Las murallas de la ciudad vacilaron[5] con el estrépito, pues los discípulos eran muchos y cada uno había gritado un nombre distinto.

Entonces, el que no había hablado salió a la calle y, libre de remordimientos,[6] consumó su traición.

EXERCISES
Denevi

I. **Cuestionario**

  A. **No hay que complicar la felicidad**
    1. ¿Dónde están Él y Ella?
    2. ¿Qué hacen?
    3. ¿Por qué se enfada el hombre?
    4. ¿Para qué quiere que Ella mienta?

[1] **traicionar** to betray
[2] **dineros** gold coins
[3] **proseguir** to continue
[4] **a coro** in chorus, together
[5] **vacilaron con el estrépito** shook from the din
[6] **remordimientos** remorse

5. Entonces, ¿qué le confiesa Ella al hombre?
6. ¿La cree éste, o no?
7. ¿Cuál es la reacción del hombre?
8. ¿A dónde va? ¿Por qué?
9. ¿Por qué deja de reír Ella?
10. Describa con qué tono ella pronuncia progresivamente el nombre "Juan" al final.
11. ¿Qué interpretación da usted al desenlace (final)?
12. ¿Hay una moraleja (*moral*)? ¿Cuál es?

B. **El Maestro traicionado**
1. ¿De qué le aseguran al Maestro los discípulos?
2. ¿Por qué está triste el Maestro?
3. ¿Saben los discípulos quién es el traidor?
4. ¿Cómo difiere uno de ellos de los demás?
5. ¿Qué hacen los discípulos para probar que saben la verdad?
6. ¿Qué efecto ha tenido su grito?
7. ¿Qué hizo entonces el que no había hablado?
8. ¿Por qué se siente éste "libre de remordimientos"?
9. ¿Cómo difiere este episodio de la conocida "Última Cena"?
10. ¿Cómo es el tono de este cuento: humorístico, irónico, cínico . . . ?

II. *Grammar review*
Select the correct word or words in parentheses in the sentences below.

1. ¿Por qué no contestas que amas (otro, a otro)?
2. Lo dices para que yo (tengo celos, tenga celos, estoy celoso).
3. Lo haces porque yo (te pedí, te lo pedí).
4. Te digo que tengo celos. (No finjo, no fingo).
5. (Se oye, está oído) un grito a lo lejos.
6. Conozco (alguien, a alguien) que me tiene envidia.
7. El traidor me matará en la primera oportunidad que se le (presenta, presente).
8. Le traicionó (para, por) muy poco dinero.
9. (El que, el uno que) no había hablado salió a la calle.
10. Todos, menos aquel que (mantenía, se mantenía) mudo, se miraron.

III. *From the list below, select an appropriate synonym for the italized words in the sentences that follow. Make any necessary changes of grammar or syntax.*

a coro	muralla	realizar
cesar	fingir	volver a + inf.
sentir	ser necesario	ruido
levantarse		

1. Se besan de nuevo. *Vuelven a besarse.*
2. *Aparenta* un gran furor. *Finga*
3. Ella *dejó de* reír. *cesó*
4. *Todos dijeron simultáneamente* su nombre. *a coro*
5. Los *muros* fueron destruidos. *Las murallas*
6. ¿Por qué *tienes celos*? *sentes*
7. *Se puso de pie.* *se levantó*
8. No *hay que* complicar la felicidad. *es nec.*
9. Las murallas vacilaron con el *estrépito.* *ruido*
10. Uno de los discípulos *consumó* su traición. *realizó*

IV. **Translate.**

1. If they love each other, they will kiss again.
2. A cry can be heard among the trees.
3. I don't trust (*confiar en*) the one who is silent.
4. One shouldn't go in search of problems.
5. He pretends to be jealous, but he killed the other man.
6. He doesn't know anybody in this city.
7. If you are the traitor, prove it to me.
8. He stopped smoking because of his health.

Julio Camba
1884-1962

Julio Camba was not only the most distinguished Spanish humorist of his time, but also Spain's most widely traveled journalist. His assignments took him all over the world, including two lengthy visits to the United States, but most of his time was spent in Europe.

Camba's contribution to Spanish literature consists of a formidable number of crónicas, the humorous and satirical short articles originally written for various newspapers and later published in book form. Two volumes of these are devoted to the United States: Un año en el otro mundo (1917), and La ciudad automática (1931). The method of this keen observer of the world scene consisted of reducing to the absurd the endless contrasts of life and the illogical relationships among human beings. Satire is the basis of his work, and among his favorite devices are exaggeration and caricature.

Camba's satire, however, is not vicious; on the contrary, his is a tongue-in-cheek attitude, and his numerous sketches are characterized by good taste and respect for human dignity. The spontaneous, personal, and conversational style of these crónicas is still able to establish an engaging rapport between the author and his readers.

punto de visto

¡Fuego!

¡Fuego! . . . ¡Fuego! . . .

Estamos en el piso número doce de un edificio de oficinas, y la perspectiva de un incendio no nos parece nada sonriente.[1]

—¡Fuego! . . .

Nos precipitamos hacia el ascensor, pero el ascensor no funciona. Queremos echarnos escaleras abajo,[2] y un bombero[3] nos detiene.

—La escalera está ardiendo —dice—. Váyanse ustedes a las escaleras de salvamento.[4]

Estas escaleras de salvamento, unas escalerillas al aire, se encuentran al respaldo[5] del edificio, con cuyas ventanas comunican. Las ventanas ya están abiertas, y junto a ellas se agitan más de doscientas personas.

—Ladies first (Primero las mujeres) —grita una voz heroica.

—Ladies first —repiten cincuenta voces, que en su mayoría son voces de mujeres.

El incendio debe de ser grande. Abajo hay tres o cuatro automóviles del cuerpo de bomberos. Varias bombas[6] funcionan a todo vapor. Se oyen pitidos[7] y voces de mando.

Los policías contienen a la multitud, que nos contempla alegremente, considerando que, por el precio, le damos un espectáculo bastante divertido.

Y a todo esto, no hay tiempo que perder.

—Los minutos son preciosos —dice uno.

—¡Serenidad![8] ¡Serenidad! —dice otro, con una voz vacilante, y, según mis sospechas, con el propósito exclusivo de tranquilizarse él mismo.

Habíamos quedado[9] en que las mujeres tomarían la escalera antes que los hombres, pero las mujeres tienen miedo. Una de ellas ha sacado sus piernas por la ventana y no se atreve a seguir.

Desde abajo aplauden:

—¡Bonita revista! . . .[10]

---

[1] **nada sonriente**   nothing to smile at
[2] **escaleras abajo**   down the stairway
[3] **bombero**   fireman
[4] **escalera de salvamento**   fire escape
[5] **al respaldo**   at the back
[6] **bombas**   pumps

[7] **pitidos . . . mando**   whistles and commands
[8] **¡Serenidad!**   Calm down!
[9] **quedar en**   to agree to
[10] **revista**   show

—Esto es mejor que el Hipódromo[11] . . .

Un bombero coge a la chica y la baja en brazos. Ovación, entusiasmo, griterío . . . Un griterío formidable, en el que destacan[12] órdenes arbitrarias, recomendaciones de conservar la sangre fría,[13] manifestaciones de un gran espíritu de sacrificio e insultos 5 terribles.

—¡Abajo! ¡A la escalera! . . .

Como las mujeres vacilan, se lanzan algunos hombres. Luego quieren lanzarse más de veinte personas juntas, entre hombres y mujeres. El tumulto es espantoso. Una muchacha se desmaya[14] en 10 mis brazos, y yo no puedo evitarme una amarga reflexión:

—¡Estas americanas! . . . ¡Qué poco sentido[15] de la oportunidad el suyo! . . .

Hombre galante, sin embargo, me considero en el deber de bajar la escalera con mi preciosa carga. Ya veo a los fotógrafos 15 revelando[16] sus instantáneas. Ya veo a los reporteros acribillándome[17] a preguntas. Ya veo una edición especial del *Evening Telegram* anunciando mi proeza[18] en letras de a palmo:[19] EL INCENDIO MÁS GRANDE DEL MUNDO. UN HÉROE ESPAÑOL. PROBABLE ALIANZA DE LOS ESTADOS UNIDOS CON ESPAÑA . . . 20

Pero en este momento llega un teniente del cuerpo de bomberos y nos dice:

—Señoras y señores: Muchas gracias. Pueden ustedes volver a su trabajo. *It is all right.*

—¿Cómo *all right?* —preguntamos—. ¿Quiere usted decir que 25 ya ha sido sofocado el fuego?

—No ha habido fuego ninguno, afortunadamente. Esto era una prueba.

Y entonces me entero[20] de que aquí, para organizar la extinción de los incendios en una forma eficaz, los bomberos, no sólo 30 se ensayan[21] entre sí, sino que ensayan también al público, y de que lo ensayan sin ponerlo en el secreto.[22] El caso es asustar[23] al

---

[11] **Hipódromo** Hippodrome, race track

[12] **destacan** stand out (the subjects of the verb follow)

[13] **sangre fría** calmness, composure

[14] **desmayarse** to faint

[15] **¡Qué . . . el suyo!** What little feeling they have for opportunity!

[16] **revelando sus instantáneas** developing their snapshots

[17] **acribillándome a preguntas** riddling me with questions

[18] **proeza** prowess

[19] **de a palmo** a foot high

[20] **enterarse de** to find out, to realize

[21] **ensayar** to rehearse, to practice

[22] **sin . . . secreto** without letting people in on the secret

[23] **asustar** to frighten

público realmente, para saber, más o menos, cómo se conducirá en un momento de pánico. Si se le dice que se trata de una prueba, el público no se asusta, y el factor pánico sigue siendo una incógnita[24] para los bomberos. Ahora bien: el factor pánico . . .

Así se explica el teniente, y nosotros nos sentimos un poco en ridículo. Mi chica recobra la razón, cosa siempre desagradable en una chica, y piensa que, como su desmayo obedecía a una falsa alarma, mi protección no merece[25] apenas gratitud. Ya no tenemos público. Los papanatas[26] que nos observaban desde la calle se consideran estafados[27] y se van en son de[28] protesta.

Y yo me digo que estas pruebas a que nos someten los bomberos americanos están muy bien, porque nos servirán en los casos de incendio; pero que, después de todo, yo prefiero la posibilidad de morir quemado a la evidencia[29] de enfermar del corazón.

EXERCISES
¡Fuego!

I.   Cuestionario

1. ¿Qué sucede en el edificio de oficinas?
2. ¿Qué hace primero la gente al oír "¡fuego!"?
3. ¿Por dónde tienen que salvarse?
4. ¿Qué nota irónica se denota en el grito *Ladies first*?
5. ¿Por qué cree el autor que el incendio debe de ser grande?
6. ¿Qué hace la multitud en la calle?
7. ¿Por qué aplauden?
8. Describa el tumulto espantoso.
9. ¿Qué le pasa a una muchacha?
10. ¿Qué resultado puede tener el heroísmo del autor?
11. ¿Cuál es el propósito de la prueba?
12. ¿Le agradece la chica a Camba al recobrar la razón?
13. ¿Cómo reacciona la gente en la calle?
14. ¿Qué piensa el autor de estas pruebas?

[24] **una incógnita**   an unknown quantity
[25] **no merece apenas**   scarcely deserves
[26] **papanatas**   simpletons
[27] **estafados**   cheated
[28] **en son de**   by way of
[29] **a la evidencia . . . corazón**   to getting a heart attack

II. ***Do not confuse*** haber (***"there" plus "to be"***) ***with*** ser ***or*** estar.
Example from the text:

No ha habido fuego.   There hasn't been a fire.

The third person singular (in the present tense only, –y is attached
to the verb) is used for all tenses. In the following, select the correct
verb in parentheses:

1. (Hay, están) muchos pisos en aquel edificio.
2. Si no viene la policía, (será, habrá) un alboroto (*riot*).
3. ¿(Ha habido, han estado) muchos incendios este año?
4. No queríamos lavarnos porque no (estaban, había) limpias las
   toallas.
5. Si no (estuvieran, hubiera) bomberos, (habría, serían) más
   desgracias en los incendios.

III. ***The reflexive construction*** (se) ***is frequently used for the passive
voice when the subject is not a person.***
Example from text:

Se oyen pitidos   Whistles can be heard.

Change the active sentences below to the passive with **se,** according to the example:

Vendieron el coche por mil dólares.
Se vendió el coche por mil dólares.

1. Han construido una casa nueva en esta calle.
2. Hablan español aquí.
3. Publicaron este libro el año pasado.
4. Apagarán (turn out) las luces antes de las once.
5. ¿Dónde podemos encontrar la escalera?

IV. ***Correct the false sentences below.***

1. El incendio se declara (breaks out) en el piso doce de un hotel.
2. Todos se precipitan hacia el ascensor.
3. Se usan las escaleras de salvamento para suicidarse.
4. Según el autor, las voces que gritan Ladies first son, por la mayor
   parte, las de mujeres.
5. Las bombas sirven para destruir el edificio.
6. La multitud en la calle contempla alegremente a la gente arriba.

7. Aplauden a la mujer que se ha tirado por la ventana.
8. Tuvieron que llevar a la muchacha desmayada al hospital.

V. *Before translating the sentences below, review the following expressions, all taken from the text.*

quedar en	to agree
deber (de) + *inf.*	(expresses conjecture or probability)
tener miedo	to be afraid
atreverse a + *inf.*	to dare
no sólo . . . sino (que)	not only . . . but

1. This must be the biggest fire in the world.
2. Everybody agreed that the women would leave before (*antes que*) the men.
3. There was a crowd below whose shouts (*gritos*) could be heard on the twelfth floor.
4. Most people are afraid in a fire.
5. Firemen try to save not only buildings but also their occupants (*inquilinos*).
6. The girl looked out (*asomarse a*) the window but did not dare to jump (*tirarse*).

En las sombras del cinematógrafo[1]

Un hombre se presenta a la puerta de un cinematógrafo. Va a la taquilla[2] y le dice a la taquillera que su mujer está en la sala acompañada de un amante.

—Quiero matarla—ruge[3] blandiendo[4] un pistolón.

Quiere matarla, pero gratis, sin tomar entrada[5] ninguna. La ta- 5 quillera se aterra[6] y mientras el irascible marido chilla[7] y exhibe su artillería, ella telefonea al director exponiéndole el caso. ¿Qué creerán ustedes que se le ocurre entonces al director? ¿Preparar una cámara para hacer un documental con la muerte de la esposa adúltera y proyectarlo al día siguiente en el mismo lugar del su- 10 ceso?[8] No. El director interrumpe la sesión cinematográfica,[9] hace iluminar la sala y se dirige al público en estos términos:

—A la entrada del establecimiento hay un hombre cuya mujer se encuentra aquí en compañía de su amante. Ese hombre quiere matarla (*Sensación*). La aguarda en la puerta con una pistola 15 (*Pánico*). Pero que nadie se asuste.[10] El caballero y la señora de quienes se trata podrán salir impunemente por la puerta del fondo.

A estas palabras se abre la puerta del fondo y se apaga[11] la luz para ocultar el rubor[12] de los fugitivos. Entonces, entre las tinie- 20 blas, se ven levantarse dos sombras. Detrás de éstas, se levantan otras dos y así hasta once parejas.[13] Cuando se hace la luz, el teatro se encuentra casi vacío. Mientras tanto, el irascible marido continúa blandiendo su pistolón en la entrada.

A thrill a minute (un estremecimiento,[14] un espeluzno, un 25 escalofrío por minuto) decían los anuncios de las películas de *gangsters* en mis tiempos de Nueva York. Un escalofrío por minuto, o sean,[15] sesenta escalofríos por hora, lo que, dada[16] la

---

[1] **cinematógrafo**   movie theater
[2] **taquilla**   ticket window
[3] **rugir**   to roar, to bellow
[4] **blandir**   to brandish
[5] **entrada**   admission ticket
[6] **aterrarse**   to become terrified
[7] **chillar**   to shriek
[8] **suceso**   event
[9] **sesión cinematográfica**   (showing of) the film

[10] **que nadie se asuste**   (let) no one be afraid
[11] **apagar**   to extinguish
[12] **rubor**   blush, embarrassment
[13] **parejas**   couples
[14] **(un . . . por minuto)**   *lit.*, a shuddering, a terror, a chill a minute
[15] **o sean**   or, that is
[16] **dada**   (from **dar**) given, considering

duración de las películas y el precio de las entradas, ponía el escalofrío al alcance de todas las fortunas y le hacía una gran competencia a la gripe.[17] La docena de escalofríos, en efecto, venía a resultar[18] en unos cinco centavos, y en una ciudad tan aficionada a las emociones como Nueva York haría falta,[19] realmente, estar   5
en la mayor miseria para no dejarse escalofriar por una suma tan módica. Se puede afirmar, por tanto, que en Nueva York todo el mundo frecuentaba el cine, excepto los millonarios, quienes, como es natural, tenían a su disposición procedimientos[20] escalofriantes de mucha más envergadura y preferían arruinarse unos a   10
otros en la Bolsa[21] o estrellarse[22] a toda velocidad en coches de viente o veinticinco mil dólares. Todo el mundo frecuentaba el cine en busca de emociones, y aunque las películas de *gangsters* no emocionan ya a nadie, el suceso que acabamos de referir[23] demuestra bien a las claras que el cine, con sus sombras pro-   15
picias[24] a todas las pasiones furtivas, sigue siendo todavía algo así como la Meca[25] del escalofrío.

EXERCISES
En las sombras del cinematógrafo

I.   Cuestionario

1. ¿Qué dice el hombre a la taquillera?
2. ¿Qué trae él en la mano? ¿Por qué?
3. ¿A quién telefonea la taquillera?
4. ¿Qué se le ocurre al director?
5. ¿Cuál es la reacción del público al oír las palabras del director?
6. ¿Qué propone éste?
7. ¿Qué se ve entre las tinieblas?
8. ¿Qué sigue haciendo el marido?
9. ¿Qué anunciaban las películas cuando Camba estaba en Nueva York?
10. Durante aquella época, ¿cuánto costaba una docena de escalofríos?

[17] **le hacía . . . gripe**   competed strongly with the grippe (influenza)
[18] **venía a resultar en**   added up to
[19] **haría falta**   it would be necessary
[20] **procedimientos . . . envergadura**   a much wider choice of thrilling pastimes
[21] **Bolsa**   Stock Exchange
[22] **estrellarse**   to crash
[23] **referir**   to relate, to tell
[24] **propicias a**   suitable for
[25] **Meca**   Mecca (symbolizing a supremely desirable goal)

11. ¿Qué preferían los millonarios al cine?
12. ¿Qué buscaba la gente en el cine?
13. ¿Qué ha pasado con las películas de *gangsters*?
14. ¿Qué sigue siendo el cine?

II. Replace the italicized words in the sentences by an appropriate equivalent selected from the following list.

escalofrío	aficionado a	irascible
oscuridad	aterrarse	pobreza
taquilla	extinguir	estar
al día siguiente		

1. El hombre se dirige al *despacho de billetes*.
2. La taquillera *se asusta*.
3. El marido *irritado* está blandiendo una pistola.
4. ¿Qué piensa hacer el director *mañana*?
5. Hasta los que están en la mayor *miseria* pueden dejarse escalofriar.
6. En ese momento *se apaga* la luz.
7. Se ven levantarse dos sombras en las *tinieblas*.
8. Cuando se hace la luz, el teatro *se encuentra* casi vacío.
9. *Un estremecimiento* decían los anuncios de las películas.
10. Nueva York es una ciudad *enamorada de* las emociones.

III. Subjunctive in indirect commands
Example: **Pero que nadie se asuste.**

Change each of the following sentences to the indirect command according to the model:
Yo no escribo la carta. Que la escriba él.

1. Yo no hago el viaje.
2. Yo no apago la luz.
3. Yo no abro la puerta.
4. Yo no salgo con María.
5. Yo no cierro la puerta.

IV. Translate the following sentences.

1. A thrill a minute can be found in gangster films.
2. Are you fond of the movies?
3. "Let them leave by the back door," said the manager.
4. It is said that people frequent the movies in search of emotions.
5. Do you think that what you have just read is true?
6. Let nobody allow himself to be fooled [engañar] by Camba's humor.

Pío Baroja
1872-1956

Just before the turn of the century, a small group of young writers and intellectuals began to make their voices heard as they protested vigorously against the sad state of their country, "la dolorosa realidad española," as Azorín put it. Spain's disastrous defeat in the Spanish-American War of 1898 only added fuel to the burning cries of protest, and the distinguished writers who probed the country's national weaknesses are referred to by the name of the Generation of '98. Although their literature examined the national conscience, these writers were seeking to create a better Spain.

The most forcefully individualistic writer of the Generation of '98 was the famous novelist and essayist Pío Baroja. Nothing escaped his pessimistic, skeptical, and often bitter observation. He attacked religion, political systems, tradition, a decadent society—everything that he considered to be false, hypocritical, conventional, prejudicial. His frank appraisals are literally strewn with adjectives like absurdo, estúpido, imbécil.

A Basque, Pío Baroja was born in San Sebastián. More than a hundred volumes of novels and essays attest to his amazing literary productivity. In many of these novels Baroja's reaction to the reality of Spain, viewed as an absurd chaos, is expressed through the desire for action. Other novels are characterized by a good deal of intellectual reflection, such as Camino de perfección (1902), and El árbol de la ciencia (1911), typical of the Generation of '98 in their pessimism and severe criticism of Spanish society. Baroja's militant and even iconoclastic nature, as well as the climate of subjective criticism of national faults, must be taken into account in reading an essay like ¡Triste país! And yet, as we read La sombra, we find it hard to believe that the spiritual and lyrical expression is that of the same man. He is brusque but sincere, this pajarraco* del individualismo, as he defined himself.

* big ugly bird

La sombra

"Porque el que se ensalzare será humillado, y el que se humillare
será ensalzado."[1]

(*San Mateo*, v. XII, c. XXIII.)

Había salido del hospital el día de Corpus Christi,[2] y volvía,
envejecida y macilenta,[3] pero ya curada, a casa de su ama,[4] a
seguir nuevamente su vida miserable, su vida miserable de prosti-
tuta. En su rostro, todas las miserias; en su corazón, todas las
ignominias. *shame face*   5

Ni una idea cruzaba su cerebro; tenía solamente un deseo de
acabar, de descansar para siempre sus huesos enfermos. Quizá
hubiera preferido morir en aquel hospital inmundo,[5] en donde se
concrecionaban[6] los detritus del vicio, que[7] volver a la vida.

Llevaba en la mano un fardelillo[8] con sus pobres ropas, unos 10
cuantos harapos[9] para adornarse. Sus ojos, acostumbrados a la
semioscuridad, estaban turbados por la luz del día.

El sol amargo brillaba inexorable en el cielo azul. *bitter*

De pronto, la mujer se encontró rodeada de gente, y se detuvo
a ver la procesión[10] que pasaba por la calle. ¡Hacía tanto tiempo 15
que no la había visto! ¡Allá en el pueblo, cuando era joven y
tenía alegría y no era despreciada! ¡Pero aquello estaba tan
lejos! . . .

Veía la procesión que pasaba por la calle, cuando un hombre,
a quien no molestaba, la insultó y le dio un codazo;[11] otros, que 20
estaban cerca, la llenaron también de improperios[12] y de burlas.

Ella trató de buscar, para responder a los insultos, su antigua
sonrisa, y no pudo más que crispar[13] sus labios con una dolorosa

---

[1] "Whoever exalts himself will be
humbled, and whoever humbles
himself will be exalted." (The verbs
are in the future subjunctive.)

[2] Roman Catholic festival in honor of the
Eucharist, observed sixty days after
Easter.

[3] **envejecida y macilenta**   aged and
ematiated

[4] **ama**   mistress, lady of the house

[5] **inmundo**   dirty

[6] **en donde . . . del vicio**   in which was
collected all the decay of vice

[7] **que**   than

[8] **fardelillo**   little bundle

[9] **harapos**   rags

[10] **procesión**   religious procession in
honor of the Eucharist

[11] **codazo**   blow with the elbow

[12] **improperios**   insults

[13] **crispar**   to twitch, to tighten

presentimiento - foreshadowing
synesthesia - combining 2 senses.

mueca,[14] y echó a andar con la cabeza baja y los ojos llenos de
lágrimas.

En su rostro, todas las miserias; en su corazón, todas las ignominias.

Y el sol amargo brillaba inexorable en el cielo azul.   5

En la procesión, bajo el sol brillante, lanzaban destellos[15] los
mantos de las vírgenes bordados en oro, las cruces[16] de plata, las
piedras preciosas de los estandartes de terciopelo.[17] Y luego
venían los sacerdotes con sus casullas,[18] los magnates, los guerreros de uniformes brillantes, todos los grandes de la tierra, y   10
venían andando al compás de[19] una música majestuosa, rodeados
y vigilados[20] por bayonetas y espadas y sables.[21]

Y la mujer trataba de huir; los chicos la seguían, gritando, aco-
sándola,[22] y tropezaba y sentía desmayarse;[23] y, herida y destro-
zada por todos, seguía andando con la cabeza baja y los ojos llenos   15
de lágrimas.

En su rostro, todas las miserias; en su corazón, todas las ignominias.

De repente, la mujer sintió en su alma una dulzura infinita, y
se volvió y quedó deslumbrada,[24] y vio luego una sombra blanca   20
y majestuosa que la seguía y que llevaba fuera del pecho el corazón herido y traspasado por espinas.[25]

Y la sombra blanca y majestuosa, con la mirada brillante y la
sonrisa llena de ironía, contempló a los sacerdotes, a los guerreros, a los magnates, a todos los grandes de la tierra, y, des-   25
viando de ellos la vista,[26] y acercándose a la mujer triste, la besó,
con un beso purísimo, en la frente.

---

[14] **dolorosa mueca**   pitiful grimace
[15] **lanzaban destellos**   sparkled
[16] **cruces (de plata)**   (silver) crosses
[17] **estandartes de terciopelo**   velvet
  banners
[18] **casulla**   chasuble (the outer vestment
  of the celebrant at the Eucharist)
[19] **al compás de**   in time with
[20] **vigilados**   watched over

[21] **sables**   sabers
[22] **acosar**   to harass
[23] **desmayarse**   to faint
[24] **deslumbrada**   dazzled, bewildered
[25] **traspasado por espinas**   pierced
  with thorns
[26] **desviando de ellos la vista**   turning
  its eyes from them

EXERCISES
La sombra

I. Cuestionario

1. ¿De dónde había salido la mujer?
2. ¿Cómo era?
3. ¿Qué revela su rostro?
4. ¿Qué pasaba por la calle?
5. ¿Qué le hizo un hombre?
6. ¿Cómo respondió ella a los insultos?
7. ¿Qué contraste hay entre la procesión y ella?
8. ¿Tenían los chicos piedad de ella?
9. ¿Qué vio de repente?
10. ¿Qué lleva la sombra?
11. ¿Por qué contempló la sombra con ironía a los de la procesión?
12. ¿Qué le hizo la sombra a la pobre mujer?
13. ¿Quién es esta sombra?
14. ¿Le parece a Vd. que hay una cualidad poética en el estilo de este cuento? ¿Dónde?
15. ¿Por qué es el sol "amargo"?
16. ¿Cuál es la significación de la cita bíblica a la cabeza de este cuento?
17. Dé algunos ejemplos de ironía en el cuento.

II. Hacer *in time expressions*

Hace dos años que vive en España. He has been living in Spain for two years.

Hacía dos años que vivía en España. He had been living in Spain for two years.

When the sentence is negative, *hacer . . . que* may be followed by the perfect or pluperfect.

Hace tanto tiempo que no la he visto. I haven't seen it for such a long time.

Hacía tanto tiempo que no la había visto. I hadn't seen it for such a long time.

A. Supply an answer for the following questions.

1. ¿Cuánto tiempo hace que usted estudia el español?
2. ¿Cuánto tiempo hacía que usted no le había escrito?

3. ¿Cuánto tiempo hace que usted no lo ha visto?
4. ¿Cuánto tiempo hacía que usted estudiaba esta lección?
5. ¿Cuánto tiempo hace que están casados sus padres?

B. Translate.
1. The woman had been in the hospital for two years.
2. She had not seen her town for a long time.
3. I have not seen her for two years.
4. My father has been a doctor for twenty years.
5. He had been living in this country for ten years.

III. *Substitute an appropriate equivalent from the following list for the italicized expressions in the sentences below.*

cara	ponerse	hallarse
cura	viejo	soldado
ir	afrenta	

1. La mujer volvía *envejecida* a casa de su ama.
2. En su *rostro*, todas las miserias.
3. De pronto *se encontró* rodeada de gente.
4. Ella *echó a* andar con la cabeza baja.
5. Luego venían *los sacerdotes* en la procesión.
6. Los *guerreros* llevan uniformes brillantes.
7. *Seguía* andando con la cabeza baja.
8. En su corazón, todas las *ignominias*.

IV. *Correct the false statements below.*

1. La mujer volvía a seguir su vida miserable.
2. Llevaba en la mano un ejemplar de la Biblia.
3. De pronto la mujer se encontró en la iglesia.
4. Un hombre le dio un ramo de flores.
5. La mujer andaba con la cabeza baja y los ojos llenos de lágrimas.
6. Casi todo el pueblo participaba en la procesión.
7. Sólo los chicos la encontraban simpática.
8. La sombra vino porque hacía demasiado sol.

¡Triste país!

Estos periódicos franceses que dicen que España es un triste país, tienen mucha razón, muchísima razón. España es un triste país, como Francia es un hermoso país.

Yo, la verdad,[1] no admiro de Francia ni sus sabios, ni sus poetas, ni sus pintores; lo que más me entusiasma es su terreno fértil y llano,[2] su clima dulce; sus ríos, que se deslizan[3] claros y transparentes a flor de[4] tierra; lo que más me entusiasma de Francia es su tierra y sobre todo, su vida.

¡Qué diferencia entre España y Francia! ¡Entre esta península llena de piedras, quemada por el sol, helada en el invierno, y aquel país amable y sonriente!

La tierra y la vida de Francia son admirables; los hombres, también; pero los productos humanos del país vecino no me parece que pueden compararse con sus productos agrícolas e industriales; los dramas de Racine[5] no están indudablemente tan bien elaborados como el vino de Burdeos,[6] ni los cuadros de Delacroix[7] valen tanto como las ostras[8] de Arcachón.[9]

En cambio, entre los españoles sucede casi lo contrario; nuestros grandes hombres, Cervantes, Velázquez, *el Greco*, Goya,[10] valen tanto o más que los grandes hombres de cualquier lado;[11] en cambio, nuestra vida actual vale menos, no que la vida de Marruecos,[12] menos que la vida de Portugal. Es una pobre, una lamentable vida la nuestra.

Todos nuestros productos materiales e intelectuales son duros, ásperos, desagradables. El vino es gordo,[13] la carne es mala, los periódicos aburridos y la literatura triste.

Yo no sé qué tiene nuestra literatura para ser tan desagradable. No hay blandura de corazón en nuestros escritores, ni en los an-

---

[1] **la verdad**   to tell the truth
[2] **llano**   level
[3] **deslizarse**   to slide, to slip
[4] **a flor de**   over the
[5] **Racine**   celebrated French writer of tragedies (1639–1699)
[6] **Burdeos**   Bordeaux
[7] **Delacroix**   leader of French Romantic painters (1799–1863)
[8] **ostras**   oysters

[9] **Arcachón**   town on the French coast, south of Bordeaux
[10] **Velázquez . . . Goya**   three of Spain's greatest painters, Velázquez (1599–1660); El Greco (1548–1625); and Goya (1746–1828)
[11] **cualquier lado**   anywhere
[12] **Marruecos**   Morocco
[13] **gordo**   hard (as of water)

tiguos, ni en los modernos, ni en los del Norte, ni en los del Mediodía,[14] ni en los de Levante, ni en los de Poniente. Todos son unos.

Yo me[15] tengo que sincerar de mi fama de sombrío, primeramente porque es muy agradable hablar de sí mismo y después porque tengo una fama de tétrico[16] que no me la[17] merezco. 5

Yo escribo en triste[18] porque el medio ambiente[19] me molesta, el sol me ofusca,[20] lo que digo me irrita; pero en el fondo de mi alma amo ardientemente la vida.

—Usted—me decía la Pardo Bazán[21] hace algún tiempo—no 10 es un intelectual. Usted es un hombre sensual.

Y es verdad; yo no soy un intelectual, ni un hombre de discurso, ni un hombre de pensamientos profundos, no; no soy más que un hombre que tiene las grandes condiciones para no hacer nada. Yo, si pudiera, no haría más que esto: estar tendido pere- 15 zosamente[22] en la hierba, respirar con las narices abiertas como los bueyes[23] el aire lleno de perfumes del campo, ver cerca de mí las pupilas[24] claras y dulces de una mujer sonriente, y saborear el olor del helecho[25] en las faldas de los montes, y saborear la melancolía del campo cuando el *Angelus*[26] vierte su tristeza en los 20 valles hundidos y los sapos[27] lanzan su nota de cristal en el silencio lleno de rumores de la noche serena . . .

Y después de reposar en el campo volvería a la gran ciudad y vería gente, y luces, y bailarines, y *galops* . . .[28]

25

Para mí, una de las cosas más tristes de España es que los españoles no podemos ser frívolos ni joviales.

---

[14] **Mediodía** south; **Levante** east; **Poniente** west
[15] **me** (goes with **sincerar**) to vindicate
[16] **tétrico** sullen, gloomy (person)
[17] **me la** Need not be translated. **Me** refers to the person concerned, **la** to **fama.**
[18] **en triste** in a gloomy way
[19] **el medio ambiente** my general surroundings
[20] **ofuscar** to bewilder
[21] **Pardo Bazán** Emilia Pardo Bazán

(1852–1921), Spanish novelist and critic
[22] **perezosamente** lazily
[23] **bueyes** oxen
[24] **pupilas** eyes
[25] **helecho** fern
[26] **Angelus** the bell tolling for prayer
[27] **sapos** toads
[28] ***galops*** lively dances. (Note the effect obtained by this abrupt change of tone in a terse, short sentence following the previous lyrical one.)

El hombre es producto del medio,[29] no sólo es hijo del cosmos, es el mismo cosmos que siente y piensa, y el cosmos en España es bastante desagradable.

Valle-Inclán[30] tuvo que pasarse un año entero en pelea continua para tener el gusto de llevar melenas.[31] La gente se paraba a mirarle con impertinencia o le insultaba. ¿Con qué derecho se dejaba melenas? ¿Por qué quería distinguirse?

Triste país en donde no se pueden satisfacer las tonterías[32] que uno tiene; en donde no se pueden llevar melenas, ni usar polainas[33] blancas, ni intimar con[34] su mujer en la calle, ni llevar un ramo de flores en la mano sin llamar la atención; triste país en donde tiene uno que avergonzarse[35] de todo lo que es sentimental y humano, en donde hay un espíritu hostil a todo lo pintoresco y en donde el novelista tiene que inventar tipos porque no los hay.

Triste país éste, en donde, para divertirse, se hacen corridas de toros o luchas de fieras[36] y se canta la jota,[37] que es la brutalidad cuajada[38] en canción; triste país, en donde todos los hombres son graves y todas las mujeres displicentes,[39] en donde en la mirada de un hombre que pasa vemos la mirada del enemigo.

Triste país, en donde la libertad está en unos papeles y no está en el corazón.

Triste país, en donde por todas partes y en todos los pueblos se vive pensando en todo menos[40] en la vida.[41]

Vivimos en un triste país; por eso ya en el mundo nadie nos hace caso[42] . . ., y hacen bien.

---

[29] **medio**   environment
[30] **Valle-Inclán**   Spanish novelist (1869–1936)
[31] **melenas**   long, disheveled hair
[32] **tonterías**   foolish notions
[33] **polainas**   leggings
[34] **intimar con**   be close to
[35] **avergonzarse**   to be ashamed
[36] **fieras**   wild animals
[37] **la jota**   popular Spanish dance and music that accompanies it
[38] **brutalidad cuajada**   utmost stupidity
[39] **displicentes**   ill-humored
[40] **menos**   except

[41] Baroja's strong outburst drew a rebuttal from his famous countryman, Miguel de Unamuno, who takes a completely opposite position. For example, he pities those modern European countries in which people think of nothing except life: "¡Desgraciados países esos países europeos modernos en que no se vive pensando más que en la vida! ¡Desgraciados países en que no se piensa de continuo en la muerte . . ."
[42] **hacer caso (a)**   to notice, to pay attention

EXERCISES
¡Triste país!

I. Cuestionario

1. ¿Qué admira Baroja de Francia?
2. ¿Le entusiasman la tierra y el clima de España? ¿Por qué?
3. ¿Qué piensa el autor de los grandes escritores y pintores franceses?
4. ¿Qué es lo mejor de España?
5. ¿Son agradables los productos de España?
6. Baroja dice que no merece su fama de tétrico. ¿Está usted de acuerdo?
7. ¿Le gusta a Baroja la vida perezosa?
8. ¿Qué haría él, si pudiera?
9. ¿Prefiere Baroja la vida alegre de la ciudad?
10. ¿Por qué halla triste la actitud de los españoles?
11. ¿Cuál fue el caso de Valle-Inclán?
12. ¿Qué otros casos llaman la atención?
13. ¿Es Baroja aficionado a las corridas de toros?
14. ¿Qué se ve en la mirada de un hombre, según el autor?
15. ¿Le parece a usted demasiada severa esta crítica de España?

II. Translate the words and phrases in parentheses into Spanish.

1. Los periódicos franceses (are right).
2. No admira de España (neither) el clima (nor) la vida.
3. (On the other hand), no hay (greater) hombres que Cervantes y Velázquez.
4. Viviría en Francia si (he could).
5. Es una lamentable vida (ours).
6. Los otros países no (notice, pay attention) a España.
7. Nos avergonzamos de (all that which) es sentimental.
8. Los productos humanos no valen (as much as) los productos industriales.

Pío Baroja   26

III. *Replace the italicized words in the ten sentences below by an appropriate equivalent from the list. Make any necessary changes of grammar or syntax.*

estudiante	ambiente	en cambio
entusiasmar	sombrero	tristeza
necedades	ojo	tétrico
pelea	presente	clima

1. El *tiempo* de Francia es dulce.
2. Baroja tiene fama de *sombrío*.
3. Lo que *me gusta sobremanera* de Francia es su tierra.
4. *Por otra parte*, entre los españoles sucede lo contrario.
5. Nuestra vida *actual* vale menos que la vida de Portugal.
6. Quisiera ver las *pupilas* claras de una mujer sonriente.
7. El Angelus vierte su *melancolía* en los valles hundidos.
8. El hombre es producto del *medio*.
9. Se pasó un año entero en *lucha* continua.
10. No se pueden satisfacer las *tonterías* que uno tiene.

IV. *Translate the following sentences into Spanish.*

1. What I like most about my country is its climate.
2. You are right, but ours is not bad either.
3. Do you have to live outside of your own country?
4. She told it to me some time ago.
5. I cannot wear my new hat without attracting attention.
6. This is the saddest story I have ever read.
7. I am only a man who likes to do nothing.
8. There is no liberty if it exists on paper but not in the heart.
9. I cannot believe that Baroja wrote this essay (*ensayo*) without exaggerating.

Ramón del Valle-Inclán
1866-1936

Valle-Inclán is one of those creative geniuses whose literary merits—and particularly his originality—have become more appreciated with the passage of time. The theory of the absurd in contemporary literature can find a forerunner in this vanguard writer who was frequently criticized and maligned during his lifetime for his eccentricities (including his long, flowing hair and beard) and bohemian life. Indeed, his nonconformism reminds one of his good friend, Ramón Gómez de la Serna (p. 43), whose creation of the greguería is paralleled by Valle-Inclán's new genre, the esperpento, a grotesque deformation of reality which exposes the ugly and absurd elements in man.

Valle-Inclán's prolific production includes novels, short stories, essays, poetry, and drama, in which the most outstanding feature is the poetry and musicality of his style, as seen, to take but one well-known example, in the four novels named after the seasons and called Sonatas (Sonata de primavera, etc)

A respected member of the Generation of '98, Valle-Inclán found—like Baroja, Unamuno, and Azorín, who also appear in this book—much to criticize about his country: "España es una deformación grotesca de la civilización europea." But he loved his native province of Galicia. The spirit of the region, including an inclination to nostalgia and melancholy and a love for the mysterious and the supernatural that appealed to the superstitious peasants, influenced the early formation of Valle-Inclán as a writer. The poetry of this northwestern region of Spain is captured in the collection of stories called Jardín umbrío, from which the following "ghost story" comes.

Del misterio

¡Hay también un demonio familiar! Yo recuerdo que, cuando era niño, iba todas las noches a la tertulia[1] de mi abuela una vieja que sabía estas cosas medrosas[2] y terribles del misterio. Era una señora linajuda[3] y devota que habitaba un caserón en la Rúa de los Plateros.[4] Recuerdo que se pasaba las horas haciendo calceta[5] tras los cristales de su balcón, con el gato en la falda. Doña Soledad Amarante era alta, consumida,[6] con el cabello siempre fosco,[7] manchado[8] por grandes mechones blancos, y las mejillas descarnadas,[9] esas mejillas de dolorida expresión que parecen vivir huérfanas[10] de besos y de caricias. Aquella señora me infundía un vago terror, porque contaba que en el silencio de las altas horas[11] oía el vuelo de las almas que se van, y que evocaba en el fondo de los espejos[12] los rostros lívidos que miran con ojos agónicos.[13] No, no olvidaré nunca la impresión que me causaba verla llegar al comienzo de la noche y sentarse en el sofá del estrado[14] al par[15] de mi abuela. Doña Soledad extendía un momento sobre el brasero[16] las manos sarmentosas,[17] luego sacaba la calceta de una bolsa[18] de terciopelo carmesí y comenzaba la tarea. De tiempo en tiempo solía lamentarse:

—¡Ay, Jesús![19]

Una noche llegó. Yo estaba medio dormido en el regazo[20] de mi madre, y, sin embargo, sentí el peso magnético de sus ojos que me miraban. Mi madre también debió de advertir el maleficio[21] de aquellas pupilas, que tenían el venenoso color de las turquesas,[22]

[1] **tertulia**   social gathering (in home, café, etc.) (The subject of **iba** is **una vieja.**)
[2] **medroso**   terrible, fearful
[3] **linajuda**   high-born
[4] **Rúa de los Plateros**   Street of the Silversmiths
[5] **hacer calceta**   to knit
[6] **consumida**   thin, emaciated
[7] **fosco**   unkempt
[8] **manchado . . . blancos**   with large streaks of white
[9] **mejillas descarnadas**   emaciated cheeks
[10] **huérfanas**   orphaned, bereft
[11] **altas horas**   late hours of the night
[12] **espejos**   mirrors
[13] **agónicos**   agonizing (in the agony of death)
[14] **estrado**   drawing room
[15] **al par de**   near
[16] **brasero**   brazier
[17] **sarmentosas**   vine-like, twining
[18] **bolsa de terciopelo carmesí**   crimson velvet bag
[19] **¡Jesús!**   a mild interjection in Spanish (Heavens!)
[20] **regazo**   lap
[21] **maleficio**   spell, enchantment
[22] **turquesa**   turquoise (Actually, neither the stone nor its color is poisonous.)

porque sus brazos me estrecharon más. Doña Soledad tomó asiento en el sofá, y en voz baja hablaron ella y mi abuela. Yo sentía la respiración anhelosa[23] de mi madre, que las observaba queriendo adivinar sus palabras. Un reloj dió las siete. Mi abuela se pasó el pañuelo por los ojos, y con la voz un poco insegura le 5 dijo a mi madre:

—¿Por qué no acuestas a ese niño?

Mi madre se levantó conmigo en brazos, y me llevó al estrado para que besase a las dos señoras. Yo jamás sentí tan vivo el terror de Doña Soledad. Me pasó su mano de momia[24] por la cara y me 10 dijo:

—¡Cómo te le pareces!

Y mi abuela murmuró al besarme:

—¡Reza por él, hijo mío!

Hablaban de mi padre, que estaba preso por legitimista[25] en la 15 cárcel de Santiago. Yo, conmovido, escondí la cabeza en el hombro[26] de mi madre, que me estrechó con angustia:

—¡Pobres de nosotros,[27] hijo!

Después me sofocó con sus besos, mientras sus ojos, aquellos ojos tan bellos, se abrían sobre mí enloquecidos, trágicos: 20

—¡Hijo de mi alma, otra nueva desgracia nos amenaza!

Doña Soledad dejó un momento la calceta y murmuró con la voz lejana de una sibila:[28]

—A tu marido no le ocurre ninguna desgracia.

Y mi abuela suspiró: 25

—Acuesta al niño.

Yo lloré aferrando[29] los brazos al cuello de mi madre:

—¡No quiero que me acuesten! Tengo miedo de quedarme solo. ¡No quiero que me acuesten! . . .

Mi madre me acarició con una mano nerviosa, que casi me 30 hacía daño, y luego, volviéndose a las dos señoras, suplicó sollozante:[30]

---

[23] **anhelosa** anxious
[24] **momia** mummy
[25] **legitimista** a partisan of Don Carlos, who tried to gain the throne from Isabella II in the nineteenth century
[26] **hombro** shoulder

[27] **¡Pobres de nosotros . . .!** Woe unto us!
[28] **sibila** sibyl, prophetess
[29] **aferrando . . . cuello** tightening my arms on the neck
[30] **suplicó sollozante** she implored with a sob

—¡No me atormenten! Díganme qué le sucede a mi marido. Tengo valor para saberlo todo.

Doña Soledad alzó sobre nosotros la mirada, aquella mirada que tenía el color maléfico[31] de las turquesas, y habló con la voz llena de misterio, mientras sus dedos de momia movían las agujas[32] de la calceta: 5

—¡Ay, Jesús! . . . A tu marido nada le sucede. Tiene un demonio que le defiende. Pero ha derramado sangre. . . .

Mi madre repitió en voz baja y monótona, como si el alma estuviese ausente: 10

—¿Ha derramado sangre?

—Esta noche huyó de la cárcel matando al carcelero. Lo he visto en mi sueño.

Mi madre reprimió[33] un grito y tuvo que sentarse para no caer. Estaba pálida, pero en sus ojos había el fuego de una esperanza 15 trágica. Con las manos juntas interrogó:

—¿Se ha salvado?

—No sé.

—¿Y no puede usted saberlo?

—Puedo intentarlo. 20

Hubo un largo silencio. Yo temblaba en el regazo de mi madre, con los ojos asustados[34] puestos en Doña Soledad. La sala estaba casi a oscuras: En la calle cantaba el violín de un ciego, y el esquilón[35] de las monjas volteaba anunciando la novena. Doña Soledad se levantó del sofá y andando sin ruido la vimos alejarse 25 hacia el fondo de la sala, donde su sombra casi se desvaneció.[36] Advertíase[37] apenas la figura negra y la blancura de las manos inmóviles, en alto. Al poco comenzó a gemir[38] débilmente, como si soñase. Yo, lleno de terror, lloraba quedo,[39] y mi madre, oprimiéndome la boca, me decía ronca y trastornada:[40] 30

—Calla, que vamos a saber de tu padre.

Yo me limpiaba las lágrimas para seguir viendo en la sombra

---

[31] **maléfico**   spell-casting
[32] **agujas**   needles
[33] **reprimir**   to repress, stifle
[34] **asustados**   frightened
[35] **el esquilón . . . novena**   the nuns' bell announced the novena (a term of nine days' worship)

[36] **se desvaneció**   disappeared
[37] **Advertíase apenas (la figura)** could scarcely be noticed
[38] **gemir**   to moan
[39] **quedo**   quietly
[40] **ronca y trastornada**   hoarsely and very upset

la figura de Doña Soledad. Mi madre interrogó con la voz resuelta y sombría:

—¿Puede verle?

—Sí. . . . Corre por un camino lleno de riesgos,[41] ahora solitario. Va solo por él. . . . Nadie le sigue. Se ha detenido en la orilla 5 de un río y teme pasarlo. Es un río como un mar. . . .

—¡Virgen mía, que no lo pase!

—En la otra orilla hay un bando de palomas blancas.

—¿Está en salvo?

—Sí. . . . Tiene un demonio que le protege. La sombra del 10 muerto no puede nada[42] contra él. La sangre que derramó su mano, yo la veo caer gota a gota[43] sobre una cabeza inocente. . . .

Una puerta batió[44] lejos. Todos sentimos que alguien entraba en la sala. Mis cabellos se erizaron.[45] Un aliento frío me rozó[46] la frente, y los brazos invisibles de un fantasma quisieron arreba- 15 tarme[47] del regazo de mi madre. Me incorporé asustado, sin poder gritar, y en el fondo nebuloso de un espejo vi los ojos de la muerte y surgir[48] poco a poco la mate lividez del rostro, y la figura con sudario[49] y un puñal[50] en la garganta sangrienta. Mi madre, asustada viéndome temblar, me estrechaba contra su pecho. Yo le 20 mostré el espejo, pero ella no vió nada: Doña Soledad dejó caer los brazos, hasta entonces inmóviles en alto, y desde el otro extremo de la sala, saliendo de las tinieblas[51] como de un sueño, vino hacia nosotros. Su voz de sibila parecía venir también de muy lejos: 25

—¡Ay, Jesús! Sólo los ojos del niño le han visto. La sangre cae gota a gota sobre la cabeza inocente. Vaga[52] en torno suyo la sombra vengativa del muerto. Toda la vida irá tras él.[53] Hallábase en pecado[54] cuando dejó el mundo, y es una sombra infernal. No

---

[41] **riesgos** dangers
[42] **no puede nada contra él** can do nothing to him
[43] **gota a gota** drop by drop
[44] **batió** slammed
[45] **se erizaron** stood on end
[46] **rozar** to graze, touch
[47] **quisieron arrebatarme** tried to snatch me
[48] **y surgir . . . rostro** and (I saw) appear the pale lividness of the face

[49] **sudario** shroud, winding sheet (put on the body of the dead)
[50] **puñal . . . sangrienta** dagger in the bleeding throat
[51] **tinieblas** darkness
[52] **Vaga en torno suyo** (the ghost) is roaming around him (the child)
[53] **irá tras él** it will pursue him
[54] **Hallábase en pecado** It was in sin

puede perdonar. Un día desclavará[55] el puñal que lleva en la garganta para herir al inocente.

Mis ojos de niño conservaron mucho tiempo el espanto de lo que entonces vieron, y mis oídos han vuelto a sentir muchas veces las pisadas[56] del fantasma que camina a mi lado implacable y 5 funesto,[57] sin dejar[58] que mi alma, toda llena de angustia, toda rendida al peso de torvas pasiones y anhelos purísimos, se asome fuera de la torre, donde sueña cautiva[59] hace treinta años. ¡Ahora mismo estoy oyendo las silenciosas pisadas del Alcaide Carcelero![60] 10

EXERCISES
Del misterio

I. Cuestionario

1. ¿Quién es el narrador de este cuento?
2. Describa a la vieja que iba todas las noches a la tertulia.
3. ¿Por qué aquella señora le infundía al niño un vago terror?
4. ¿Cómo son los ojos de la vieja?
5. ¿Dónde estaba el padre del niño?
6. ¿Qué ha hecho el padre en la cárcel?
7. Según doña Soledad, ¿por qué no le sucede nada al padre?
8. ¿Cómo van a saber si el padre se ha salvado?
9. Describa a doña Soledad en este momento.
10. Según ella, ¿está en salvo el padre?
11. ¿Dónde ve ella caer la sangre del muerto?
12. ¿A quién busca el fantasma?
13. ¿Qué ve el niño en el fondo del espejo?
14. ¿Lo ven los otros? ¿Por qué?
15. ¿En quién se vengará la sombra del muerto?
16. Al final del cuento, ¿dónde está el narrador? ¿Cuánto tiempo hace que está aquí?
17. ¿Le persigue todavía la sombra del muerto?

[55] **desclavará** it will pull out
[56] **pisadas** footsteps
[57] **funesto** mournful, fatal
[58] **sin dejar . . . torre** without letting my soul, so full of anguish and overcome by the weight of fierce passions and very pure yearnings, appear outside of the tower
[59] **sueña cautiva** it has been captive
[60] **Alcaide Carcelero** Chief Warden

II.   Word building

A. For each of the following words taken from the text, give at least two others of the same family. Consult a dictionary when necessary.

Example: **terror:** terrorífico, terrorismo, aterrorizar

atormentar	**familiar**
cárcel	**lamentar**
dolorido	**peso**
(ojos) enloquecidos	**silencioso**
espanto	**sombra**

B. Antonyms

1. The opposite meaning of a word is often obtained by using the prefix **in–** or its variants: **im–, i–, ir–.**
Examples from the text are *inmóvil, inseguro, invisible.* Observe the spelling in other examples:

   lícito: *ilícito*　　　　mortal: *inmortal*　　　religioso: *irreligioso*

2. The prefix **des–** is also frequently used.
From the text:
desclavar (from *clavar,* to nail). Some other examples:
dicha: *desdicha*　　　　　　colgar: *descolgar*

3. Occasionally the adverb **poco** is used: común: *poco común*

   Give the antonym of the italicized words below. Consult a dictionary when in doubt.

1. María es una muchacha *contenta.*
2. Oí ayer una conferencia *elocuente.*
3. Su última carta era *ilegible.*
4. Vi una película muy *moral.*
5. Eso es una gran *ventaja.*
6. La aldea era *accesible.*
7. Su pulso es *regular.*
8. Perdió la vida por su *honra.*
9. La novela fue escrita por un autor *conocido.*
10. Se dice que todo es *posible.*

C. Formation of families of words through the use of suffixes
Example from the text: *carcelero* (from *cárcel*).

   Using the suffix **–ero** to denote the person, and **–ería** the place (of business), supply the missing words according to the example. Be careful of slight changes in spelling in some of the words.

Thing	Person	Place
pan	panadero	panadería
libro		
carne		
joya		
papel		
sombrero		
perfume		
ropa		
barba		
reloj		
zapato		

Answer in Spanish.
1. ¿Dónde trabaja un tendero?
2. ¿Cómo se llama una persona que cuida el jardín?
3. ¿Qué se encuentra en una gallinería?
4. ¿Dónde trabaja una lavandera?
5. ¿Por qué quieren los niños al chocolatero?
6. ¿Dónde pasa el cocinero la mayor parte de su tiempo?
7. Después de graduarse en ingeniería, una persona es _____.
8. ¿Cómo se llama el lugar donde trabaja un carpintero?

III. *Before translating the sentences below, observe the following list of expressions and grammatical constructions that occur in the story.*

deber de + *inf.* (to express conjecture)	**saber de**
tener miedo	**volver a** + *inf.*
hacer daño	**dejar** + *inf.*
Wide use of the subjunctive and imperative.	**hace** + *pres. tense*

1. Put that child to bed.
2. I don't want you to put me to bed.
3. I am afraid of being alone.
4. She must be a witch (*bruja*) who harms children.
5. Tell me what is happening to my husband. I want to learn about him.
6. The jailer's ghost has been pursuing (*perseguir*) the child all his life.
7. The old lady let her arms fall as if she had seen a ghost.
8. The frightened child saw again the terrifying face in the mirror.

Enrique Jardiel Poncela
1901-1952

Like Valle-Inclán, Gómez de la Serna, and others included in this book who became controversial figures because of their innovations and vanguardism, this well-known humorist faced a barrage of criticism during his lifetime; and yet, as in the case of those mentioned above, his comedies have now begun to awaken the admiration of younger writers. Although he began his career as a novelist—his first novel, Amor se escribe sin hache, enjoyed an immediate and huge success—it is as a writer of comic theater that Jardiel Poncela is best known. His main goal, as he often said, was to break away from the traditional forms of comedy in the theater—with their ties to verisimilitude, to everyday reality—in favor of a theater of lo inverosímil (the implausible), of the unreal, the absurd, the fantastic. He would renovate the comic theater and reeducate the theater-going public. These ideas naturally aroused the opposition of tradition-bound critics, public, producers, and actors. Nevertheless, plays like Eloísa está debajo de un almendro and Un marido de ida y vuelta brought fame and fortune to Jardiel Poncela. He even enjoyed a brief triumph in Hollywood.

Reading some of the very funny farces and parodies, and the often hilarious short stories, one would never suspect that the life of this humorist was far from happy. He suffered physically and spiritually, and was so depressed during the last four years of his life that he wrote virtually nothing. This was all concealed, however, behind his comic mask, as you will see in the story that follows. If Jardiel Poncela had not died somewhat prematurely, the international theater of the absurd would claim him as one of its prominent exponents.

El amor que no podía ocultarse

Durante tres horas largas hice todas aquellas operaciones que denotan la impaciencia en que se sumerge un alma: consulté el reloj, le di cuerda,[1] volví a consultarlo, le di cuerda nuevamente, y, por fin, le saltó la cuerda;[2] sacudí unas motitas[3] que aparecían en mi traje; sacudí otras del fieltro de mi sombrero; revisé[4] dieciocho veces todos los papeles de mi cartera; tarareé[5] quince cuplés y dos romanzas; leí tres periódicos sin enterarme de nada[6] de lo que decían; medité; alejé las meditaciones; volví a meditar; rectifiqué[7] las arrugas de mi pantalón; hice caricias a un perro, propiedad del parroquiano[8] que estaba a la derecha; di vueltas al botoncito[9] de la cuerda de mi reloj hasta darme cuenta de que se había roto antes y que no tendría inconveniente[10] en dejarse dar vueltas un año entero.

¡Oh! Había una razón que justificaba todo aquello. Mi amada desconocida iba a llegar de un momento a otro.

Nos adorábamos por carta desde la primavera anterior. ¡Excepcional Gelda! Su amor había colmado[11] la copa de mis ensueños, como dicen los autores de libretos para zarzuelas.[12]

Sí. Estaba muy enamorado de Gelda. Sus cartas, llenas de una gracia tierna y elegante, habían sido el lugar geométrico de mis besos.

A fuerza de entenderme con ella sólo por correo había llegado a temer que nunca podría hablarla.[13] Sabía por varios retratos que era hermosa y distinguida como la protagonista de un cuento.

Pero en el Libro de Caja del Destino[14] estaba escrito con letra redondilla que Gelda y yo nos veríamos al fin frente a frente; y su última carta, anunciando su llegada y dándome cita en aquel café

---

[1] **dar cuerda a** to wind (a watch)
[2] **le saltó la cuerda** the spring broke
[3] **motitas** specks
[4] **revisar** to check
[5] **tarareé . . . romanzas** I hummed fifteen tunes and two arias
[6] **sin enterarme de nada** without being at all aware
[7] **rectificar** to straighten, to smooth
[8] **parroquiano** customer
[9] **botoncito** stem (of watch)

[10] **no tendría inconveniente . . . vueltas** it wouldn't object to being wound
[11] **había colmado . . . ensueños** (Her love) was the fulfillment of all my dreams.
[12] **zarzuela** type of show somewhat like a musical comedy
[13] **hablarla** la is often used for the indirect object le.
[14] **Libro . . . Destino** Fate's registry

moderno —donde era imprescindible[15] aguantar a los cinco pelmazos[16] de la orquesta— me había colocado en el Empíreo,[17] primer sillón de la izquierda.

Un taxi se detuvo a la puerta del café. Ágilmente bajó de él Gelda.

Entró, llegó junto a mí, me tendió sus dos manos a un tiempo[18] con una sonrisa celestial y se dejó caer[19] en el diván con un "chic" indiscutible.[20]

Pidió no recuerdo qué cosa y me habló de nuestros amores epistolares, de lo feliz que[21] pensaba ser ahora, de lo que[22] me amaba . . .

—También yo te quiero con toda mi alma.

—¿Qué dices? —me preguntó.

—Que yo te quiero también con toda mi alma.

—¿Qué?

Vi la horrible verdad. Gelda era sorda.[23]

—¿Qué? —me apremiaba.[24]

—¡Que también yo te quiero con toda mi alma! —repetí gritando.

Y me arrepentí en seguida, porque diez parroquianos se volvieron para mirarme, evidentemente molestos.

—¿De verdad que me quieres? —preguntó ella con esa pesadez[25] propia de los enamorados y de los agentes[26] de seguros de vida—. ¡Júramelo!

—¡¡Lo juro!!

—¿Qué?

—¡Lo juro!

—Pero dime que juras que me quieres —insistió mimosamente.[27]

—¡¡Juro que te quiero!! —vociferé.

Veinte parroquianos me miraron con odio.

—¡Qué idiota! —susurró[28] uno de ellos—. Eso se llama amar de viva voz.[29]

---

[15] **imprescindible aguantar**   necessary to put up with
[16] **pelmazos**   (here) dead-beat musicians
[17] **Empíreo**   Paradise
[18] **a un tiempo**   at the same time
[19] **se dejó caer**   she sat down
[20] **con un "chic" indiscutible**   smartly, stylishly
[21] **de lo feliz que**   of how happy

[22] **lo que**   how much
[23] **sorda**   deaf
[24] **apremiar**   to press, to urge
[25] **pesadez**   awkwardness
[26] **agentes . . . vida**   life insurance salesmen
[27] **mimosamente**   coyly
[28] **susurrar**   to whisper
[29] **de viva voz**   out loud

—Entonces —siguió mi amada, ajena a[30] aquella tormenta—, ¿no te arrepientes de que haya venido a verte?

—¡De ninguna manera! —grité decidido a arrostrarlo[31] todo, porque me pareció estúpido sacrificar mi amor a la opinión de unos señores que hablaban del Gobierno.

¿Y . . . te gusto?

—¡¡Mucho!!

—En tus cartas decías que mis ojos parecían muy melancólicos. ¿Sigues creyéndolo así?

—¡¡Sí!! —grité valerosamente—.[32] ¡¡Tus ojos son muy melancólicos!!

—¿Y mis pestañas?[33]

—¡¡Tus pestañas, largas y rizadísimas!![34]

Todo el café nos miraba. Habían callado las conversaciones y la orquesta y sólo se me oía a mí.[35] En las cristaleras[36] empezaron a pararse los transeúntes.[37]

—¿Mi amor te hace dichoso?

—¡¡Dichosísimo!!

—Y cuando puedas abrazarme . . .

—¡¡Cuando pueda abrazarte —chillé,[38] como si estuviera pronunciando un discurso en una Plaza de Toros— creeré que estrecho[39] contra mi corazón todas las rosas de todos los rosales del mundo!!

No sé el tiempo que seguí afrontando[40] los rigores de la opinión ajena.[41] Sé que, al fin, se me acercó un guardia.

—Haga el favor de no escandalizar —dijo—. Le ruego a usted y a la señorita que se vayan del local.

—¿Qué ocurre? —indagó[42] Gelda.

—¡¡Nos echan por escándalo!!

—¡Por escándalo! —habló ella estupefacta—. Pero si estábamos[43] en un rinconcito del café, ocultando nuestro amor a[44] todo el mundo y contándonos en voz baja nuestros secretos . . .

---

[30] **ajena a**   unaware of
[31] **arrostrar**   to face, to resist
[32] **valerosamente**   forcefully
[33] **pestañas**   eyelashes
[34] **rizadísimas**   very curly
[35] **sólo se me oía a mí**   only I could be heard
[36] **En las cristaleras**   At the glass doors
[37] **transeúntes**   passersby

[38] **chillar**   to shriek
[39] **estrecho**   I am pressing
[40] **afrontar**   to face, to confront
[41] **opinión ajena**   the opinion of the other people
[42] **indagar**   (here) to inquire
[43] **si estábamos**   we were only
[44] **a**   from

Le dije que sí para no meterme[45] en explicaciones y nos fuimos.

Ahora vivimos en una "villa" perdida en el campo, pero cuando nos amamos, acuden[46] siempre los campesinos de las cercanías[47] preguntando si ocurre algo grave.

5

EXERCISES
El amor que no podía ocultarse

I. Cuestionario

1. ¿Cuáles son algunas de las acciones que denotan la impaciencia del narrador?
2. ¿Cuál es la razón de su impaciencia?
3. ¿Cómo se habían conocido él y Gelda?
4. ¿Qué sabía él de ella antes de verla por primera vez?
5. ¿Dónde le dio ella cita?
6. Describa usted la entrada de Gelda en el café.
7. ¿Por qué se ponen molestos los parroquianos?
8. ¿Cómo es "amar de viva voz"?
9. Según él, ¿cómo son los ojos y las pestañas de Gelda?
10. ¿Cómo será abrazarla?
11. ¿Por qué se le acercó un guardia?
12. ¿Por qué está ella estupefacta cuando les echan del café?
13. ¿Dónde viven ahora?
14. ¿Por qué acuden los campesinos?

II. Lo **plus adjective** (or **adverb**) **plus** que **to render English "how"** (**but not in an exclamation or question**)

Example from the text:

Me habló . . de lo feliz que pensaba ser ahora.
She spoke to me of how happy she thought she would be now.

The adjective in this case will agree in gender and number with the noun it refers to. Observe:

No sabe lo contenta que se puso.
You don't know how happy she became.

---

[45] **meterme** to get involved
[46] **acudir** to come up, to gather around
[47] **de las cercanías** from nearby

¿Ves lo raras que están estas mujeres?
Do you see how strange these women are?

Supply the proper translation of *how* in the following.
1. ¿(How) es posible enamorarse por carta?
2. Me di cuenta de (how deaf) era esa muchacha.
3. ¿Sabes (how rich) son sus padres?
4. ¡(How pretty) estás esta noche!
5. ¿Ves (how well) escribe en español?
6. ¿(How) se escribe eso en español?
7. Me habló de (how much) ganaba como secretaria.
8. Se jacta (she boasts) de (how obedient) son sus hijas.

III. *The subjunctive in temporal clauses*

Example from text:

—y cuando puedas abrazarme . . .
And when you are (will be) able to embrace me . . .

The subjunctive is required in temporal clauses in which the time is future with reference to the main verb.
Other examples:

En cuanto venga, déle el dinero.
As soon as he comes, give him the money.
Te amaré hasta que me muera.   I will love you until I die.

If there is no suggestion of an incompleted future action, the indicative follows the conjunction of time.
Example from text:
Cuando (every time that) **nos amamos, acuden siempre los campesinos . . .**

Supply the proper form of the verb in parentheses, being careful to distinguish between the subjunctive and indicative:
1. En cuanto (he leaves), abre las ventanas.
2. Viviremos en una casa grande cuando (we get married).
3. Cuando (it rains), me quedo en casa.
4. Mis padres me esperaban cuando (I returned) a casa.
5. En cuanto (you have finished it), vámonos.
6. Bailaremos hasta que el café (closes).
7. Estaba leyendo cuando (he called me) por teléfono.
8. Podemos hablar hasta que el autobús (arrives).

IV. *Observe the idioms and expressions taken from the text, and translate the sentences below.*

volver a + *inf.*	to do (something) again
dar cuerda a	to wind (a watch)
no tener inconveniente (en) + *inf.*	not to mind, not to object (to)
estar enamorado de	to be in love with
darse cuenta de	to realize

1. I wound my watch and five minutes later I wound it again.
2. Do you realize how impatient he is to (por) meet her?
3. What will he do when he sees that she is deaf?
4. He is in love with a girl whom he knows only through correspondence (correo).
5. As soon as the policeman approached, they left the café.
6. He doesn't object to shrieking (chillar) that he loves her.
7. How can love be concealed when the woman is deaf?
8. The customers continued looking at them with hatred.

Ramón Gómez de la Serna
1891-1962

Prolific vanguard novelist, dramatist, biographer, and critic,
Ramón Gómez de la Serna is most famous for the hundreds, if not
thousands, of greguerías which he began to compose in Madrid in 1910.
Quite characteristically—his eccentricities, such as delivering lectures
from a trapeze or, as he did in Paris, mounted on the back of an
enormous elephant, were legion—he tells us that to baptize the new
genre, he pulled a word "out of the hat"; it was greguería (literally, din,
hubbub) in the singular, which he "planted and got a whole garden
of greguerías. I kept the word because of its euphony and the secrets
that it contains in its sex."

Definitions, including those of the author, seem to be about as
numerous as the greguerías themselves. With their predilection for
metaphor, perhaps it is not an exaggeration to call them miniature
poems in prose. As you will see, they are short, concise statements—he
refused to call them maxims—humorous, witty, skeptical, and ironic
observations provoked by any insignificant detail ("las cosas pequeñas
tienen valor de cosas grandes"). Startling images, in addition to the
metaphors, hyperbole, and igenious plays on word and idiom, are
favorite devices in his distortion of objective reality. In a simple but
telling formula, Ramón Gómez de la Serna, who died in Buenos Aires in
1962, once defined his product as humorismo + metáfora = greguería.

Don Ramón's humor, wit, and imagination are also evident in
what he called Caprichos, three of which are included after the
Greguerías.

Greguerías

Los cementerios están llenos de panteones[1] de los "que se rieron los últimos".

O se cura uno al salir del portal[2] del doctor, o habrá que volver muchas veces.

Cuando la mujer se da rouge[3] frente a su espejito,[4] parece que aprende a decir la O.

El ciego mueve su blanco bastón como si tomase la temperatura a[5] la indiferencia humana.

Los rumores son grandes equilibristas,[6] pues se suben unos sobre otros y nunca se caen.

Lo que obsesiona a la mujer moderna es lograr[7] que su pulsera[8] llegue a ser su cinturón.[9]

El que se tira del piso diecisiete ya no es un suicida, sino un aviador.

Lo más grave es que el burro tiene dentadura[10] de hombre.

Al atardecer,[11] pasa con vuelo rápido una paloma que lleva la llave con que cerrar el día.

Monólogo quiere decir el mono[12] que habla solo.

El que grita en la conferencia:[13] "¡Más fuerte,[14] que no se oye!", no se sabe si es un admirador, un saboteador o un sordo.[15]

La Medicina ofrece curar dentro de cien años a los que se están muriendo ahora mismo.

---

[1] **panteón** pantheon (here) tombstone
[2] **portal** (here) office
[3] **se da rouge** puts on lipstick
[4] **espejito** diminutive of **espejo,** mirror
[5] **a** of
[6] **equilibrista** acrobat
[7] **lograr** to attain, to succeed
[8] **pulsera** bracelet
[9] **cinturón** belt
[10] **dentadura** set of teeth

[11] **al atardecer** late afternoon, towards evening
[12] **mono** monkey. Note how the author humorously distorts the etymology (**monos,** alone, and **logos,** word, speech).
[13] **conferencia** lecture
[14] **más fuerte . . .** "louder, we can't hear"
[15] **sordo** deaf (person)

Después del eclipse, la luna se queda lavándose la cara para quitarse el tizne.[16]

El crespón[17] es la telaraña[18] de las viudas para pescar un nuevo marido.

El que en las estaciones se sienta en su maleta, parece un expulsado[19] del mundo.

Cada tumba tiene su reloj despertador[20] puesto en la hora del Juicio Final.

En la guía de teléfonos todos somos seres[21] casi microscópicos.

Después de usar el dentífrico,[22] nos miramos los dientes con gesto de fieras.[23]

El león daría la mitad de su vida por un peine.[24]

Si os tiembla la cerilla[25] al dar lumbre[26] a una mujer, estáis perdidos.

El cantar rabioso del gallo[27] quiere decir, traducido: ¡"Maldito sea el cuchillo!"

Si hubiese habido fotógrafo en el Paraíso, habría sido bochornoso[28] el retrato de bodas de Adán y Eva.

Los hombres de gran barriga[29] parece que se pasean con el salvavidas[30] puesto.

El grito más agudo de la noche es el del gato que se queja de una indigestión de ratones.

Los pingüinos[31] son unos niños que se han escapado de la mesa con el babero[32] puesto y manchado de huevo.

---

[16] **tizne**   soot
[17] **crespón**   crepe
[18] **telaraña**   cobweb
[19] **expulsado**   outcast
[20] **reloj despertador**   alarm clock
[21] **seres**   people, human beings
[22] **dentífrico**   toothpaste
[23] **fiera**   wild beast
[24] **peine**   comb

[25] **cerilla**   (little wax) match
[26] **lumbre**   light
[27] **gallo**   cock, rooster
[28] **bochornoso**   embarrassing
[29] **barriga**   belly
[30] **salvavidas**   life preserver
[31] **pingüinos**   penguins
[32] **babero**   bib

Los cocodrilos de circo son falsos, porque nunca les hemos oído llorar.

Era tan celoso, que temía que las máquinas de pesar[33] que entregan un *ticket* con el peso, le diesen a su mujer billetes[34] de amor.

Entre los carriles[35] de la vía[36] del tren crecen las flores suicidas.

Como con los sellos de correo, sucede con los besos: que hay los que pegan[37] y los que no pegan.

En las máquinas de escribir sonríe la dentadura postiza[38] del alfabeto.

El que al dar limosna[39] elige[40] la moneda más pequeña se quedará pidiendo limosna a la puerta del Paraíso.

El arco iris es la cinta que se pone la Naturaleza después de haberse lavado la cabeza.

El óvalo es el círculo que adelgazó.[41]

El beso es un paréntesis sin nada dentro.

Los perros nos enseñan la lengua como si nos hubiesen tomado por el doctor.

Los cigarros son los dedos del tiempo que se convierten en ceniza.[42]

Las pasas[43] parecen uvas octogenarias.

La mosca se posa sobre lo escrito, lo lee y se va, como despreciando lo que ha leído. ¡Es el peor crítico literario!

Las lágrimas que se vierten[44] en las despedidas[45] de barco son más saladas[46] que las otras.

---

[33] **máquina de pesar** scales
[34] **billete** pun on its meaning of "ticket" and "love note"
[35] **carril** rail
[36] **vía** track
[37] **pegar** to stick
[38] **postiza** false
[39] **limosna** alms

[40] **elegir la moneda** to select the coin
[41] **adelgazar** to become thin, to lose weight
[42] **ceniza** ashes
[43] **pasa** raisin
[44] **verter** to shed
[45] **despedida** farewell
[46] **salado** salty

La luna es la lavandera[47] de la noche.

El corazón es un puño[48] cerrado que boxea dentro del pecho.

Lo que más le molesta a la coquetería[49] de la gallina es estar siempre vestida con el mismo traje.

Los cuervos[50] están siempre vestidos de entierro.[51]   5

¿Los ángeles usan paracaídas?[52]

[47] **lavandera**   laundress
[48] **puño**   fist
[49] **coquetería**   flirtation

[50] **cuervo**   raven
[51] **entierro**   mourning (*lit.*, burial)
[52] **paracaídas**   parachute

Caprichos

Suicidio de un piano
Subían el piano a aquel cuarto piso en medio de toda la expectación de la calle, entre el chirrido[1] emocionado de las cabrias, cuando el gran piano vertical se escapó de sus amarras[2] y se estrelló[3] en mil pedazos y en más de mil notas.   10

La bomba musical conmovió[4] a toda la ciudad, y aparecieron bemoles[5] perdidos en los tejados lejanos y teclas[6] negras en guantes remotos.

El piano, fatigado, se había salvado de las monótonas lecciones de la señorita del sombrero verde.   15

[1] **el chirrido . . . cabrias**   the stirring
   screech of the crane
[2] **amarras**   cables
[3] **se estrelló**   crashed, shattered

[4] **conmover**   to stir, to touch
[5] **bemoles**   flats (music)
[6] **teclas**   keys (piano)

El abogado trapalón[1]
Aunque se encargaba[2] de todo, no acudía nadie a su bufete,[3] y entonces tuvo que acudir al usurero último,[4] al que había

[1] **trapalón**   cheater, trickster
[2] **se encargaba de todo**   he handled all
   kinds of cases

[3] **bufete**   (law) office
[4] **usurero último**   final moneylender;
   i.e., the devil

visto alguna vez en los pasillos de los tribunales husmeando[5] ruinas y desesperaciones.

Muy ducho[6] el letrado en la confección de contratos y escrituras,[7] embrolló[8] al diablo al hacer el convenio[9] de venta del alma, y después de recibir el estipendio vio con asombro que el gran 5 usurero con cuernos rompía el papel sellado[10] y escriturado porque resultaba que era él, el diablo, el que había vendido su alma al abogado.

---

[5] **husmeando** smelling out, seeking
[6] **ducho el letrado** skillful, the lawyer
[7] **escrituras** deeds
[8] **embrollar** to embroil, to confuse

[9] **convenio . . . alma** pact for the sale of his soul
[10] **sellado y escriturado** sealed and executed

El extraño panadero[1]

En París, en el principio de la mañana, cuando los panaderos pasan con sus cestas[2] de pan a la cabeza, cruza entre ellos un 10 extraño panadero, cuya cesta también humea[3] y huele a[4] vida fresca y tiene el tipo de las cestas del pan reciente y temprano. ¿Pero sabéis qué cesta es la que lleva a la cabeza tan temprano ese renegrido[5] panadero? Pues la cesta de la guillotina, con los que acaban de ser descabezados[6] y que va a enterrar al cementerio de 15 los espurios.[7]

---

[1] **panadero** baker
[2] **cesta** basket
[3] **humear** to smoke, to steam
[4] **huele (oler) a** smells of
[5] **renegrido** blackened (he's gotten grimy from his "job")

[6] **descabezados** (those who have just been) beheaded
[7] **de los espurios** for criminals

EXERCISES
Greguerías, Caprichos

I. Translate the words in parentheses into Spanish.
The sentences are taken from, or based on, the text.

1. (He who) se tira del piso diecisiete ya no es un suicida, (but) un aviador.
2. (The most serious thing) es que el burro tiene dentadura de hombre.
3. La Medicina ofrece curarnos dentro de (one hundred) años.
4. El león daría la mitad de su vida (for) un peine.
5. El grito más agudo de la noche es (the cat's).
6. Los mejores besos son (those which) pegan.
7. El beso es un paréntesis sin (anything) dentro.
8. La mosca se posa sobre (what is written). ¡Es el (best) crítico literario.
9. El piano se estrelló en más (than) mil pedazos.
10. El piano pertenece a la señorita (with the) sombrero verde.
11. Hay un extraño panadero (whose) cesta también humea.
12. ¿Sabes (what) cesta es (the one which) lleva a la cabeza ese panadero?

II. Translate the verbs in parentheses into Spanish.
Several uses of the subjunctive will be found among the sentences.

1. Si no se cura uno inmediatamente, (it will be necessary) volver muchas veces.
2. El ciego mueve su bastón como si nos (were taking) la temperatura.
3. Las mujeres esperan que su pulsera (will become) su cinturón.
4. Monólogo (means) el mono que habla solo.
5. (He is sitting) en su maleta.
6. Después de (using) el dentífrico, nos miramos los dientes.
7. El cantar del gallo quiere decir: ¡Maldito (be) el cuchillo!
8. Los cocodrilos son falsos porque nunca les (we have heard cry).
9. Temía que las máquinas de pesar (would give) a su mujer billetes de amor.
10. Los cuervos (are) siempre vestidos de entierro.
11. El que (upon giving) limosna elige la moneda más pequeña no llegará al Paraíso.
12. El abogado (had to) acudir al usurero último.

13. La cesta del panadero (smells of) vida fresca.
14. Es la cesta de la guillotina, con los que (have just been) descabezados.

III. *Translate the following sentences into Spanish.*

1. His basket is not full of bread but of heads.
2. I admire those who can deceive the devil.
3. He talks to me as if I had a lot of money.
4. The most beautiful picture (*retrato*) in the world is my mother's.
5. There is a smell of fresh bread in the air.
6. If I had been there, I would have given my life for her.
7. The bad thing is that he has to play the piano every day.
8. They have just seen a man on the moon.

Octavio Paz
1914-

One of the most outstanding and respected poets of present day
Spanish American literature, and widely hailed in the intellectual
circles of Europe, Octavio Paz, like his Argentine contemporaries
Borges and Cortázar, is a man of broad literary and philosophical
culture.

He was born and educated in Mexico City, where he obtained a
doctorate in law from the Universidad Nacional de México. Widely read
in American and other foreign literatures, he spent a year (1943)
studying in the United States, and he has held diplomatic posts all
over the world—France, Japan, Switzerland, India, and other countries.
He has also served with the Mexican delegation to the United Nations.
Always interested in social problems, Paz established a secondary
school for laborers, and was a partisan of the republican cause in the
Spanish Civil War (1936–1939).

Octavio Paz's mature poetry reveals a technique that is essentially
surrealistic, as he deals with themes like time, being, and existence,
the nature of poetry, and many others. His poems are deep and serious
meditations on man and his destiny. Paz has cultivated the essay (his
El laberinto de la soledad, 1950, translated into English and other
languages, brought him renown in this genre), and the short story, both
with great success. In his essays and stories he repeats some of his
poetic themes, like solitude and the search within the interior of being.
Imagination, mystery, the real and the unreal all combine in the
following story.

El ramo¹ azul

Desperté, cubierto de sudor. Del piso de ladrillos rojos, recién regado,² subía un vapor caliente. Una mariposa de alas grisáceas³ revoloteaba encandilada⁴ alrededor del foco⁵ amarillento. Salté de la hamaca⁶ y descalzo atravesé el cuarto, cuidando no pisar⁷ algún 5 alacrán⁸ salido de su escondrijo a tomar el fresco. Me acerqué al ventanillo y aspiré el aire del campo. Se oía la respiración de la noche, enorme, femenina. Regresé al centro de la habitación, vacié el agua de la jarra⁹ en la palangana de peltre¹⁰ y humedecí la toalla. Me froté el torso y las piernas con el trapo empapado,¹¹ 10 me sequé un poco y, tras de cerciorarme¹² que ningún bicho¹³ estaba escondido entre los pliegues¹⁴ de mi ropa, me vestí y calcé. Bajé saltando la escalera pintada de verde. En la puerta del mesón¹⁵ tropecé con el dueño, sujeto tuerto¹⁶ y reticente. Sentado en una sillita de tule,¹⁷ fumaba con los ojos entrecerrados.¹⁸ 15 Con voz ronca me preguntó:

—¿Onde¹⁹ va, señor?

—A dar una vuelta. Hace mucho calor.

—Hum, todo está ya cerrado. Y no hay alumbrado²⁰ aquí. Más le valiera quedarse. 20

Alcé los hombros,²¹ musité²² "ahora vuelvo" y me metí en lo oscuro. Al principio no veía nada. Caminé a tientas²³ por la calle empedrada. Encendí un cigarrillo. De pronto salió la luna de una nube negra, iluminando un muro blanco, desmoronado a trechos.²⁴

¹ **ramo**   cluster, bouquet
² **regar**   to water, to sprinkle
³ **una mariposa de alas grisáceas**   a greyish-winged butterfly
⁴ **encandilada**   blinded
⁵ **foco**   light
⁶ **hamaca**   hammock
⁷ **cuidando no pisar**   taking care not to step on
⁸ **alacrán**   scorpion
⁹ **jarra**   pitcher
¹⁰ **palangana de peltre**   pewter wash-bowl
¹¹ **trapo empapado**   wet cloth
¹² **tras de cerciorarme**   after making sure

¹³ **bicho**   bug, vermin
¹⁴ **pliegues**   folds, creases
¹⁵ **mesón**   inn
¹⁶ **sujeto tuerto**   one-eyed man
¹⁷ **sillita de tule**   small rush chair
¹⁸ **entrecerrados**   half-closed
¹⁹ **Onde**   i.e., **dónde**
²⁰ **alumbrado**   lights
²¹ **alzar los hombros**   to shrug
²² **musitar**   to mumble
²³ **a tientas**   groping
²⁴ **desmoronado a trechos**   crumbling in places

Me detuve, ciego ante tanta blancura. Sopló un poco de viento. Respiré el aire de los tamarindos.²⁵ Vibraba la noche, llena de hojas e insectos. Los grillos vivaqueaban²⁶ entre las hierbas altas. Alcé la cara: arriba también habían establecido campamento las estrellas. Pensé que el universo era un vasto sistema de señales, una conversación entre seres inmensos. Mis actos, el serrucho²⁷ del grillo, el parpadeo²⁸ de la estrella, no eran sino pausas y sílabas, frases dispersas de aquel diálogo. ¿Cuál sería esa palabra de la cual yo era una sílaba? ¿Quién dice esa palabra y a quién se la dice? Tiré el cigarrillo sobre la banqueta.²⁹ Al caer, describió una curva luminosa, arrojando breves chispas, como un cometa minúsculo.

Caminé largo rato, despacio. Me sentía libre, seguro entre los labios³⁰ que en ese momento me pronunciaban³¹ con tanta felicidad. La noche era un jardín de ojos. Al cruzar una calle, sentí que alguien se desprendía³² de una puerta. Me volví, pero no acerté a distinguir nada. Apreté³³ el paso. Unos instantes después percibí el apagado³⁴ rumor de unos huaraches³⁵ sobre las piedras calientes. No quise volverme, aunque sentía que la sombra se acercaba cada vez más. Intenté correr. No pude. Me detuve en seco,³⁶ bruscamente. Antes de que pudiese defenderme, sentí la punta de un cuchillo en mi espalda y una voz dulce:

—No se mueva, o se lo entierro.

Sin volver la cara, pregunté;

—¿Qué quieres?

—Sus ojos, señor—contestó la voz, suave, casi apenada.³⁷

—¿Mis ojos? ¿Para qué te servirán mis ojos? Mira, aquí tengo un poco de dinero. No es mucho, pero es algo. Te daré todo lo que tengo, si me dejas. No vayas a matarme.

—No tenga miedo, señor. No lo mataré. Nada más voy³⁸ a sacarle los ojos.

²⁵ **tamarindos** tamarind trees
²⁶ **los grillos vivaqueaban** the crickets were bivouaced
²⁷ **serrucho** handsaw (sound) of the cricket
²⁸ **parpadeo** blinking
²⁹ **banqueta** sidewalk
³⁰ **labios** refers back to the universe, described above as "a conversation among immense beings."
³¹ **me pronunciaban** were affirming me
³² **se desprendía de** detached himself from
³³ **apretar** to quicken
³⁴ **apagado** muffled
³⁵ **huaraches** sandals
³⁶ **en seco** suddenly
³⁷ **apenada** sorrowful
³⁸ **Nada más voy** I am only going

Volví a preguntar:

—Pero, ¿para qué quieres mis ojos?

—Es un capricho de mi novia. Quiere un ramito de ojos[39] azules. Y por aquí hay pocos que los tengan.

—Mis ojos no te sirven. No son azules, sino amarillos.   5

—Ay, señor, no quiera engañarme. Bien sé que los tiene azules.

—No se le sacan a un cristiano los ojos así. Te daré otra cosa.

—No se haga el remilgoso[40]—me dijo con dureza—. Dé la vuelta.   10

Me volví. Era pequeño y frágil. El sombrero de palma le cubría medio rostro. Sostenía con el brazo derecho un machete de campo, que brillaba con la luz de la luna.

—Alúmbrese la cara.

Encendí y me acerqué la llama[41] al rostro. El resplandor me   15 hizo entrecerrar los ojos. Él apartó mis párpados[42] con mano firme. No podía ver bien. Se alzó sobre las puntas de los pies y me contempló intensamente. La llama me quemaba los dedos. La arrojé. Permaneció un instante silencioso.

—¿Ya te convenciste? No los tengo azules.   20

—Ah, qué mañoso[43] es usted—me dijo—. A ver, encienda otra vez.

Froté otro fósforo y lo acerqué a mis ojos. Tirándome de la manga,[44] me ordenó:

—Arrodíllese.   25

Me hinqué.[45] Con una mano me cogió por los cabellos, echándome la cabeza hacia atrás. Se inclinó sobre mí, curioso y tenso, mientras el machete descendía lentamente hasta rozar[46] mis párpados. Cerré los ojos.

Ábralos bien—me dijo.   30

Abrí los ojos. La llamita me quemaba las pestañas. Me soltó de improviso.[47]

—Pues no son azules, señor. Dispense.

---

[39] **ojo**   eye (figuratively, center of a flower)

[40] **No se haga el remilgoso**   don't get smart

[41] **llama**   flame (of the match)

[42] **apartó mis párpados**   he pushed up my eyelids

[43] **mañoso**   tricky

[44] **manga**   sleeve

[45] **Me hinqué**   I fell to my knees.

[46] **rozar**   to graze

[47] **de improviso**   suddenly, unexpectedly

Y desapareció. Me acodé[48] junto al muro, con la cabeza entre las manos. Luego me incorporé. A tropezones,[49] cayendo y levantándome, corrí durante una hora por el pueblo desierto. Cuando llegué a la plaza, vi al dueño del mesón, sentado aún frente a la puerta. Entré sin decir palabra. Al día siguiente huí de aquel 5 pueblo.

[48] **acodarse** to lean   [49] **A tropezones** stumbling

EXERCISES
El ramo azul

I.   Cuestionario

1. ¿Qué vio el narrador al despertarse?
2. ¿Por qué tenía cuidado atravesando el cuarto?
3. ¿Es posible "oír la respiración de la noche"?
4. ¿Qué hizo el narrador antes de bajar la escalera?
5. ¿Con quién tropezó en la puerta del mesón?
6. ¿Por qué le dice el dueño que más le valiera quedarse?
7. ¿Qué vio el hombre al salir la luna?
8. ¿Con qué metáfora describe el universo?
9. ¿Qué significación hay en la imagen de la noche, que era "un jardín de ojos"?
10. ¿Qué sintió el narrador al cruzar una calle?
11. ¿Cómo le amenazó el desconocido?
12. ¿Qué quería éste? ¿Para qué?
13. ¿Mentía el narrador cuando dijo que tiene los ojos amarillos?
14. ¿Qué hizo el desconocido para ver los ojos del narrador?
15. ¿Los sacó por fin?
16. ¿Le parece a usted que el dueño tuvo algo que hacer con el episodio?
17. ¿Cómo se explica el título?
18. ¿Cómo nos indica el autor que su protagonista tiene un espíritu poético y sensible?

II.   Spelling-changing verbs

Observe a few examples from the text:
me sequé (secar)   **me acerqué** (acercarse)   **alcé** (alzar)

Recall that c (secar) changes to **qu** before **e** or **i** to keep the sound hard. Some other changes:

z to **c** before **e** or **i**

g to **gu** before **e** or **i** to keep the sound hard

g, when pronounced like Spanish **j** (coger), changes to **j** before **a** or **o**

Give the correct form of the verbs in parentheses:

1. En la puerta del mesón yo (*tropezar*) con el dueño.
2. En la puerta del mesón él (*tropezar*) con el dueño.
3. Después de bañarme ayer me (*secar*) con la toalla.
4. ¿Cuánto quiere usted que yo (*pagar*) por el ramo azul?
5. Siento mucho que usted no (*gozar*) de buena salud.
6. El hombre bajó la escalera y (*acercarse*) al dueño.
7. No (*coger*) Vd. el autobús en esa esquina.
8. (*Alzar*) la cara y pensé que el universo era un vasto sistema de señales.
9. Después de lavarse se vistió y (*calzar*).
10. Yo quiero que usted (*dirigirse*) al dueño lo más pronto posible.

III. *Translate the words in parentheses.*

1. Mis ojos no son azules, (but) amarillos.
2. (On crossing) una calle, sentí que alguien me miraba.
3. No puedo dormir porque (it is very hot).
4. (One could hear) la respiración de la noche.
5. Los ruidos no eran (only) los latidos de mi corazón.
6. Antes de que (I could) defenderme, sentí la punta de un cuchillo en mi espalda.
7. (I asked again: [two ways]): —¿Para qué quieres mis ojos?
8. Cerré los ojos.—(Open them), me dijo.
9. (On the following day) huí de aquel pueblo.

IV. *Translate the following sentences.*

1. I raised (*alzar*) my eyes and saw a shadow. What could it be?
2. I like the poetic prose of this story.
3. If you find some "blue eyes" in the field, don't pick (*recoger*) them.
4. I encountered (ran into) a small man in the dark night.
5. Falling and getting up, I ran through the deserted town.
6. When I arrived at the inn (*mesón*), I entered without saying a word to the owner.

Azorín
1873-1967

José Martínez Ruiz, better known by the pseudonym Azorín, was born in the province of Alicante, in southeastern Spain. After studying law in Valencia, he went to Madrid, where he began his literary career as a journalist and where he resided until his death in 1967.

Azorín's prolific production includes novels, plays, short stories, criticism, and, above all, essays. As with other members of the Generation of '98, his early writings reveal a violent protest against Spain's traditions. However, a change is soon noted; while continuing to seek reforms and showing traces of pessimism, his tone becomes personal, lyrical, as he looks for the essence of Spain in its common people, its towns and countryside, and in its classics. More so than anyone else, he becomes the elegant, impressionistic painter of Castilla, whose beauty he depicts with emotion and sensitivity, in a style characterized by simplicity, clarity, and precision, and with a technique that emphasizes the small details of everyday happenings. He is a miniaturist, a loving and tender one who gives a soul to the common things which he describes. In his poetic vision of Spain, Azorín seeks the intimate spiritual reality of its people and things. In many of Azorín's stories, such as the sketch that follows, we see that he is also not without a sense of irony and humor.

El maestro

Despacho[1] suntuoso de literato; gran mesa-escritorio[2] cargada de libros, revistas, papeles. Biblioteca.

I

El joven; después, El maestro.
Una voz: (Dentro.)   Pase usted al despacho . . . Voy a avisar[3] al señor . . .
El joven: (Veinte años; aire tímido. Entra, y después de mirar a su alrededor,[4] se sienta con cuidado en una butaca.[5] Se arregla   5
la corbata. Toma actitud solemne.)   Servidor de usted . . .[6]
El maestro: (Viejecillo ligeramente encorvado;[7] ojos vivarachos;[8] se frota las manos a menudo.[9] Procura estar siempre jovial. Traje negro, limpio, de larga levita[10] abierta.)   Muy señor mío . . . Usted dirá . . .[11] Pero ¡siéntese usted! (Se sientan.)   10
El joven: Yo traía para usted una carta de don Ramón Ossorio . . . (Saca y le entrega la carta.)
El maestro: ¡Hombre, don Ramón Ossorio! ¿Y qué hace por allá el bueno de[12] don Ramón? Pero ¡si yo creía! . . .[13] (Acercándose al balcón para leer la carta.) "Te presento y recomiendo   15
fraternalmente . . . al notable escritor y buen amigo . . . Sírvele de[14] maestro . . . Tu mucha experiencia . . ." (Cesando de leer.) ¿Y usted es escritor?
El joven: (Modestamente, turbado.[15])   Mire usted: yo . . . algunos artículos he escrito.   20
El maestro: ¿Y es usted de . . .?
El joven: De Gerona.[16]
El maestro: (Hablando para sí.)   De Barcelona . . . ¡Vaya, vaya!

[1] **despacho** study
[2] **mesa-escritorio** table desk
[3] **avisar** to inform
[4] **a su alrededor** around him
[5] **butaca** armchair
[6] **Servidor de usted** your servant
  (polite formula of address)
[7] **encorvado** stooped
[8] **vivarachos** lively
[9] **a menudo** often
[10] **levita** frock coat
[11] **Muy señor mío . . . Usted dirá . . .**
  My dear sir . . . Please tell me . . .
[12] **el bueno de** good old
[13] **¡si yo creía!** who would have
  thought!
[14] **de** as
[15] **turbado** confused, embarrassed
[16] **Gerona** city in northeast Spain,
  north of Barcelona

El joven: (*Más fuerte.*[17])   ¡De Gerona!

El maestro: ¡Ah, vamos! De Gerona . . . ¿Y qué tal tiempo hace por Gerona? ¿Allí hará mucho frío?

El joven: (*Por decir algo.*)   Sí, señor; allí hace ahora mucho frío. Y en el verano . . . , calor.   5

El maestro: ¿Hace calor en el verano en Gerona? ¡Vaya, vaya! Precisamente en Gerona tengo yo un amigo . . . ¡Oh, un erudito de gran entendimiento! Don Pablo Piferrer . . . ¿Conoce usted a don Pablo Piferrer?

El joven: No, señor . . . No tengo el honor de conocer al señor   10 Piferrer.

El maestro: ¡Calle![18] ¡Ahora que recuerdo! ¡Si[19] don Pablo Piferrer es de Tarragona! Dispense usted . . . , dispense usted. ¡Je, je, je! (*El Joven ríe también, para que el maestro no tome a mal*[20] *su seriedad.*) ¿Conque usted es escritor? ¡Vaya, vaya!   15 Y diga usted, diga usted . . . ¿Qué género[21] es el que prefiere usted? Vamos, la poesía . . . No, no lo niegue[22] usted . . . La poesía . . . así, algo tierna . . . algo . . . (*El Joven hace signos de que no.*) ¿No? ¿No es usted poeta? Pues entonces, ¡vaya!, pues entonces, el drama . . . ¿Tendrá usted[23] escrito ya su   20 drama? La generación nueva está por el teatro . . . No lo niegue usted; lo sé. El teatro es hoy el género más . . . , más . . .

El joven: (*Continúa negando.*)   No, señor; usted dispense . . . No es mi vocación el teatro . . .

El maestro: ¡Cómo! ¿No le gusta a usted el teatro? Pues en-   25 tonces . . . , pues entonces . . . ¡Ya caigo![24] ¡Oh, el sacerdocio de la crítica![25] ¡Descubrámonos,[26] ¡je, je¡, ante la crítica! ¡Vaya, vaya! . . . Conque crítico, ¿eh? Pues es un género muy difícil, sumamente difícil . . . , convenga usted conmigo. ¡Muy resbaladizo![27] ¡Mucho! . . . Y después . . . , después . . .   30

El joven: (*Niega nuevamente.*)   Perdón; pero la crítica . . . No es ésa mi vocación.

---

[17] **más fuerte**   louder
[18] **¡Calle!**   stop!
[19] **Si**   of course
[20] **tomar a mal**   to take offense at
[21] **género**   literary genre
[22] **negar**   to deny
[23] **tendrá usted**   (future of probability)
      I suppose you have

[24] **¡Ya caigo!**   (from **caer**) Now I have it!
[25] **¡el sacerdocio de la crítica!**   the
      sanctity of criticism!
[26] **Descubrámonos**   our hats off!
[27] **resbaladizo**   slippery

El maestro: (*Después de una pausa, en que le examina curiosa-*
mente.)   ¿Tampoco la crítica? . . . (*Encontrando la idea.*)
Pero, hombre, ¡si debí principiar por ahí! ¡Por la novela! ¡Por
mi género! . . . ¿De modo que[28] aspira usted a ser novelista?
Seremos compañeros . . . ¡Je, je, je!   5
El joven: (*Corrigiendo.*)   Discípulo . . .
El maestro: No, no; ¡quite usted![29] No me haga usted "dómine"[30]
. . . Nada de dogmas ni de pontífices. Compañeros, sencilla-
mente compañeros . . .(*El Joven hace signos de resignación.*)
Pues, hombre, celebro[31] mucho . . . , celebro infinito que se 10
dedique usted a la novela . . . ¡vaya, vaya! ¿Y habrá usted
escrito ya algo? ¡No, no lo oculte usted! Usted tiene ya hecho
algo . . .
El joven: Sí, señor; algunos cuentos . . .
El maestro: (*Echándose hacia atrás y mirándole otra vez atenta-* 15
mente.)   ¡Hombre!, ¿cuentos? ¡Mi especialidad! ¿Pues sabe
usted que eso es todavía más difícil? ¡Oh los cuentos! ¿Y ha
escrito usted muchos? ¿Prepara usted algún volumen? De
seguro . . . No lo oculte usted . . . ¡Entre compañeros! . . .
El joven: Algo hay, sí señor . . .   20
El maestro: ¿No lo dije? . . . No vacile usted en consultarme
nada.[32] Estoy a su disposición en lo poco que valgo . . . Tendré
mucho gusto . . . Tiene usted algo escrito, ¿no es eso?
El joven: (*Modestamente.*)   Sí, señor. He escrito un cuento largo
. . . , una novelita . . .   25
El maestro: Sí, sí; comprendo . . . Lo que llaman los franceses
nouvelle . . . ¡Je, je, je! Vaya, no tenga usted reparo[33] en consultármela.
El joven: (*Saca un manuscrito del bolsillo*[34])   Se titula "Triunfo
de amor".   30
El maestro: (*Lentamente.*)   ¿"Triunfo de amor"? Pues crea usted,
crea usted que me gusta. (*Tomando el manuscrito y leyendo.*)
"Triunfo de amor".
El joven: (*Queriendo explicar la acción.*)   Sí señor; un muchacho
. . . , un aldeano . . .[35] que . . .   35

---

[28] **De modo que**   so that
[29] **¡quite usted!**   none of that!
[30] **dómine**   master, lord
[31] **celebrar**   to welcome, to be glad

[32] **nada**   about anything
[33] **tener reparo**   to be bashful
[34] **bolsillo**   (here) briefcase
[35] **aldeano**   villager

El maestro: No, por Dios,[36] no. Quiero reservarme el placer de leer su obra . . . ¡Ah, y seré sincero, y le diré a usted sin rodeos[37] lo que me parezca! Porque supongo que usted no tendrá inconveniente[38] en . . .

El joven: ¡Oh, no, señor! Muy honrado . . .

El maestro: Pues la leeré; crea usted que tendré mucho gusto . . . ¡De ustedes es el porvenir . . . , de la gente nueva, que principia! Nosotros los viejos, ya hemos andado nuestro camino . . . ¡Ustedes son nuestro consuelo!

El joven: (*Tratando de retirarse.*) Con permiso de usted . . . Me parece que . . .

El maestro: ¡Oh, no! Usted no abusa . . .[39] Ésta es su casa y yo su compañero; maestro, no. (*Se levantan.*) Y . . . ya tendré el gusto de darle mi opinión . . . , pobre, pero honrada . . . ¡Je, je, je! Y venga usted por aquí, y hablaremos . . .

El joven: (*Sonriendo cándidamente.*) Sí, señor, sí . . .

El maestro: ¡Ah! Y cuando le escriba usted a don Ramón, expresiones mías . . .[40] ¡Caramba con[41] don Ramón! ¡Vaya, usted siga bien,[42] ilustre joven! (*Dándole palmaditas[43] en la espalda.*)

El joven: Beso a usted la mano.[44] (*Salen. Queda un momento desierta la estancia.*)

II

El maestro, solo; después, un **Criado**

El maestro: (*Entra frotándose las manos.*) ¡La juventud, la juventud! Gente nueva . . . ¡Je, je, je! Gente nueva . . . (*Misteriosamente.*) ¡La juventud no está en la cabeza; está aquí, en el corazón! . . . Ideas nuevas . . . , moldes nuevos . . . ¡ Tontería! Pero ¿qué se figuran[45] esos jóvenes! ¿Quieren echar abajo (*Marcando la frase.*[46]) a "los viejos"? Pues los viejos se de-

---

[36] **por Dios** goodness, please, etc. (Mild exclamation in Spanish)

[37] **sin rodeos** honestly, without beating around the bush

[38] **tener inconveniente en** to object to, to mind

[39] **abusar** to impose

[40] **expresiones mías** regards from me

[41] **Caramba con** that old

[42] **usted siga bien** farewell

[43] **palmaditas** pats

[44] **Beso a usted la mano** polite formula of departure

[45] **figurarse** to imagine

[46] **Marcando la frase** emphasizing the phrase

fenderán . . . , vaya, vaya . . . Se defenderán . . . ¿Que[47] no tenemos ideales? ¿Que estamos anticuados? ¿Que somos . . . "misoneístas"?[48] ¡Je, je, je! ¡Misoneístas! Pero, ¡qué horrores![49] (*Pausa. Se sienta a la mesa y revuelve papeles.*) ¡Ea! Hoy no pasa sin que principie[50] mis "Cuentos del campo" . . . ¿Cuen- 5 tos? ¿Qué tal será el de ese muchacho?[51] ¿Tendrá, "efectiva- mente",[52] talento el mozo? (*Coge el manuscrito y lee. Después, en tono semiasombrado.*[53]) ¡Pues es cierto! ¡Y está muy bien escrito! ¡Soberbio![54] Calor, energía, frescura de estilo . . . !Ah, mis veinte años . . . , mis fuerzas de entonces! Y ahora me 10 llaman "decadente" . . . Dicen que no hay en mis obras ni un solo destello[55] de aquel genio . . . ¡Ah!

Un criado: Señor, el chico de la imprenta que viene por origi- nal . . .[56]

El maestro: (*Sorprendido.*)   Es verdad . . . ¡Y no tengo nada! 15 (*Revolviendo papeles.*) Calla . . . Mira: toma esto, y que prin- cipien a componer . . . (*Coge el manuscrito de "Triunfo de amor", le arranca[57] la portada[58] y se lo entrega al criado.*) ¡Juventud, juventud!

---

[47] **Que** Omit, or supply "people say that"
[48] **misoneísta** misoneist (one who hates anything new or changed)
[49] **¡qué horrores!** horrors!
[50] **principie** subject is **yo**
[51] **¿Qué . . . muchacho?** I wonder how that young man's (story) is?

[52] **efectivamente** really
[53] **semiasombrado** astonished
[54] **¡Soberbio!** magnificent, superb
[55] **destello** flash
[56] **original** (printer's) copy
[57] **arrancar** to tear off
[58] **portada** title page

EXERCISES
El maestro

I.   Cuestionario

1. ¿Dónde tiene lugar este *sketch*?
2. ¿Qué diferencias hay entre los dos hombres?
3. ¿Qué impresión formamos del Maestro en la primera parte?
4. ¿Por quién ha sido recomendado el Joven?
5. ¿Qué opinión tiene el Maestro de la crítica?
6. ¿Por qué celebra el Maestro que el Joven sea escritor de cuentos?
7. ¿Por qué no puede éste explicar la acción de su novelita?
8. ¿Qué opinión tiene el Maestro de la "gente nueva"?

9. ¿Cuáles son sus ideas sobre la gente nueva en la Parte II?
10. ¿Ha encontrado el viejo Maestro la "fuente de la juventud"?

II. Identify the following adjectives, and give the adverbial form ending in –mente.

preciso	fraternal
misterioso	sencillo
modesto	lento
ligero	cándido
curioso	atento

III. Idiom and grammar review

A. Give the meaning of the italicized idioms in the following sentences.

1. *Hace* ahora mucho *frío*.
2. Supongo que usted no *tendrá inconveniente en* . . .
3. El Joven ríe para que el Maestro no *tome a mal* su seriedad.
4. Se frota las manos *a menudo*.
5. ¿*Qué tal tiempo hace* por Gerona?
6. La generación nueva *está por* el teatro.
7. Le diré a usted lo que me parezca *sin rodeos*.
8. Vaya, no *tenga usted reparo* en consultármela.
9. El porvenir *es de* la gente nueva.
10. Entra y mira *a su alrededor*.

B. Give all forms of the imperative, familiar and formal, of the following:

callar, negar, decir, quitar, creer

Recall that the familiar (tú) affirmative is the same as the third person singular indicative for regular verbs, and second person subjunctive for the negative.*

C. The future tense to express probability is used frequently in the text. For example:

¿**Tendrá talento el mozo?** I wonder if that young man has talent, *or,* Can he have talent?

---

* It should be noted that although the affirmative plural familiar is formed by dropping the r of the infinitive and adding d for all verbs, common modern usage employs the infinitive for this form.

Translate the following:

1. He is a great writer. You are probably right.
2. You must have written many stories.
3. I wonder what his sister is like? (¿Qué tal . . . ?)
4. María habrá sido una lindísima niña.
5. Juan no ha venido hoy; estará enfermo.

D. Note that **haber** with the past participle stresses the action of the verb; **tener** with the past participle, besides indicating possession, describes a state or condition. In the latter case, the past participle agrees with the direct object.

Examples from the text:

Tiene usted algo escrito, ¿no es verdad?
Sí señor, he escrito un cuento largo.

Also:
He pagado la cuenta.	I have paid the bill.
Tengo pagada la cuenta.	i.e., I have the bill paid.

Following the examples above, translate in two ways the English portions of the sentences below.

1. El profesor (had not corrected) todavía los exámenes.
2. (He has written) dos obras sobre la guerra civil.
3. ¿(Have you packed) [**hacer**] la maleta?
4. ¿Quiere saber cuántas páginas (I have translated)?
5. ¿Se enfada su profesor cuando (you have not prepared) la lección?

IV. *Translate the following sentences into Spanish.*

1. You are probably a writer of short stories. Do not deny it.
2. He looks at him again curiously.
3. Don't come to see me until you have written (*two ways*) something.
4. I will tell you what I think without beating around the bush.
5. The future belongs to the young.
6. You must not forget to let me read your story.
7. Tell him that his manuscript is not well written.
8. If he is young, he must be in favor of new ideas.

Pedro Espinosa Bravo
1934-

In addition to being a novelist and short story writer, Espinosa
Bravo is also editor of a periodical and director of Radio Miramar in
Barcelona, where he was born and still lives. He attended the University
of Barcelona, pursuing the course of study in law, like so many others
in Spain who eventually decided to devote themselves to a career in
writing.

By the time he was seventeen years old, he was beginning to
publish short stories in literary journals. Two of his books, Vosotros
desde cerca and Todos somos accionistas, received honorable mention
for the first Premio "Leopoldo Alas" and the Premio "Libros Plaza,"
respectively. La fábrica, part of a trilogy of short novels, was
published in 1959.

Well acquainted with modern novelistic techniques and with the
work of such American writers as Hemingway, Steinbeck, Faulkner,
Dos Passos, and others, Espinosa Bravo has assumed a respectable
position among the vanguard novelists of Spain, and his reputation
continues to increase steadily throughout the land. From his collection
of short stories, El viejo de las naranjas (1960), we have chosen El
limpiabotas, a story with a delicate, poetic tinge to its realistic setting,
written in neat and expressive sentences.

El limpiabotas[1]

—¿Limpio,[2] señor?

El hombre ha mirado con un poco de curiosidad al limpiabotas.

El limpiabotas no es ni alto, ni bajo, ni joven, ni viejo. Es
flaco y rugoso al sol.[3] Lleva una boina[4] sucia y un pitillo[5]—a lo   5
chulo[6]—en la oreja.

El hombre se mira ahora los zapatos. Unos zapatos corrientes[7]
y negros, algo polvorientos y cansados. Por fin, va hacia el limpiabotas. Y apoya un pie sobre la banqueta.[8]

El limpiabotas se ha dado por aludido.[9] En seguida, esgrime[10]   10
el cepillo en el aire, con una exacta voltereta.[11] Y comienza a
tantear el terreno.[12]

—¿Le pongo tinte?[13]

—Bueno . . .

El sol revienta[14] contra la pared que sirve de fondo. Se en-   15
rojece en sus ladrillos.[15] Y cae, al fin, suciamente en la acera,[16]
cerca del limpiabotas. Es esa hora de la tarde en la que el sol empieza a tener importancia.

El limpiabotas sigue arrodillado frente al cliente.

Le ha mirado de manera furtiva. Y: 20

—Bonito sol, ¿eh?

—Bonito . . .

—Aquí, en esta esquina, siempre da[17] el sol. Es una suerte.
Hay mucha luz . . .

—Sí.   25

El limpiabotas se ha dado cuenta de que molestaba. Y no continúa. Se limita a cepillar con más fuerza y rapidez. Se cala[18] otro

[1] **limpiabotas** shoeshine boy or man
[2] **limpio** shine
[3] **rugoso al sol** wrinkled by the sun
[4] **boina** beret
[5] **pitillo** cigarette
[6] **a lo chulo** like a **chulo** (flashy,
     affected fellow in the lower classes
     of Madrid)
[7] **corriente** common, ordinary
[8] **banqueta** stool
[9] **se ha dado por aludido** saw that he
     had a customer

[10] **esgrimir el cepillo** to wield or
     brandish the brush
[11] **voltereta** circular motion
[12] **tantear el terreno** to size up the
     terrain (i.e., the shoe)
[13] **tinte** polish
[14] **reventar** to smash, to burst
[15] **ladrillo** brick
[16] **acera** sidewalk
[17] **dar** (here) to shine
[18] **calar** to pull down

poco la boina. Oscura, gastada,[19] irónica. Y aplasta[20] los labios con desprecio.

Ha pasado una mujer. Alta y provocativa como el vino. Contonea[21] ligeramente. El limpiabotas:

—¡Anda!;[22] ya . . .   5

(Aquí una retahila[23] de palabras inconfundibles e inescuchables.[24])

—¡Anda, qué mujer!

El hombre parece más alto desde el suelo. No es joven, desde luego.[25] Pero tiene el pelo negro y profundo. Aún sigue sin ha- 10 blarle, sin inmutarse.[26] Mira hacia lo lejos, hacia el final de la calle, hacia el final de alguna parte, con una seriedad respetable. Quizá, por eso, el limpiabotas ha decidido callar de nuevo. Y continúa sacando brillo[27] a la piel arrugada del zapato.

Por cierto, ya ha terminado. Lo mira satisfecho. Con orgullo 15 de artista. Y solicita el otro pie al cliente.

—Estos zapatos . . . Estos zapatos han andado ya mucho . . . ¡Buenos zapatos!, ¿eh? . . .

—Desde luego.

—Van a quedar como charol.[28]   20

—Eso espero.

De repente, el limpiabotas observa fijo el zapato, con un gesto contrariado,[29] firme.

—¿Oiga? . . .   25

El hombre sigue sin hacerle caso. Sigue mirando lejos, indiferente. Tiene los ojos despreocupados[30] y grises y una extraña sonrisa involuntaria.

—Perdone, señor . . . Sus zapatos están manchados.

—¿De veras?   30

—Sí.

El limpiabotas los tiñe afanosamente.[31] Hay una mancha de

---

[19] **gastada** worn
[20] **aplastar** to flatten
[21] **contonear** to strut
[22] **¡Anda!** Wow!
[23] **retahila** string, stream
[24] **inconfundibles e inescuchables**
     unmistakable and unmentionable
[25] **desde luego** evidently

[26] **inmutarse** to change (countenance)
[27] **sacar brillo a** to shine, to get a shine
     out of
[28] **charol** patent leather
[29] **contrariado** vexed, upset
[30] **despreocupado** distinterested
[31] **los tiñe afanosamente** polishes
     them painstakingly

un rojo pardo[32] cerca de los cordones. Parece sangre. El limpiabotas ha asombrado[33] los ojos con mucha intriga.[34]

—No se va . . . Parece sangre. ¡Es raro que no se vaya! . . .

—¿A ver?

—¡Qué extraño! . . .   5

—Déjeme ver.

El hombre se ha mirado el zapato. Para hacerlo, tiene que
levantar cómicamente la rodilla. Al fin, con sorpresa:

—¿Dónde?

—Cerca del cordón.   10

—No veo nada . . . ¡Oiga! ¿me está tomando el pelo?[35]

—Señor, yo . . .

Ahora, el limpiabotas ha reprimido una exclamación. La
mancha ha desaparecido, casi tan misteriosamente como llegó.

—¡Le aseguro! . . .   15

—¡Limpie y déjese de cuentos![36]

—Sí, sí . . .

Otra vez, el limpiabotas se inclina reverente hacia el zapato.
Lo cepilla con fruición.[37] Parece como si estuviese rezando. En
sus ojos hay un poco de sorpresa, de incomprensión.   20

El zapato tiene personalidad propia. Con arrugas simétricas y
afiladas, parece algo vivo, caliente. Sin embargo, el limpiabotas
no se fija en eso. Está muy azorado.[38] Cepilla sin rechistar.[39]

Descuelga el pitillo de la oreja. Aplastado, vulgar. Lo enciende
con preocupación.   25

Mientras, el hombre ha vuelto a alejar la mirada. Sigue tranquilo. Sonríe aún involuntariamente.

El limpiabotas aseguraría que la calle ha quedado vacía y
solemne. Casi silenciosa. Con un silencio extraño y terrible. Pero
no se atreve a comentarlo.   30

Por fin, ha concluido. Ha tardado más con este zapato. Le ha
nacido, de repente, un cariño inexplicable por él. Es una mezcla
de compasión y miedo. No sabe a ciencia cierta[40] por qué, ni
cómo.

---

[32] **rojo pardo**   reddish brown
[33] **asombrar**   to shade
[34] **con mucha intriga**   in amazement
[35] **tomar el pelo**   to make fun of, to kid
[36] **déjese de cuentos**   enough of this
nonsense

[37] **fruición**   enjoyment
[38] **azorar**   to excite
[39] **rechistar**   to speak, to say a word
[40] **a ciencia cierta**   with certainty, for
sure

Con indiferencia, el hombre busca la cartera. Le paga.

—¡Gracias, señor!

El hombre mira a un lado y a otro, con cierta indecisión. Al fin, va hacia el bordillo.[41]

Antes de que baje a la calzada,[42] el impiabotas ha visto de nuevo la mancha. Parduzca,[43] desparramada. Y, ahora, brillante como los mismos zapatos. Va a decir algo. Levanta el brazo y señala. Pero, de súbito, un coche dobla a gran velocidad la esquina, y embiste[44] rabiosamente a aquel hombre.

Se ha oído un frenazo;[45] un golpe tremendo . . .

El coche desaparece a la misma velocidad.

Todo ha sucedido en un momento. La calzada se está manchando de sangre. Es un rojo intensísimo y vivo, como el de los ladrillos al sol. El hombre yace de bruces[46] contra el suelo.

El limpiabotas no ha dicho nada. No puede decir nada. Sólo se ha sentado anárquicamente[47] sobre la banqueta.

Pronto, un grupo de gente rodea a la víctima.

—¡Estos coches, Dios mío, estos coches! . . .

—¿Qué sucede?

—¡Pobre hombre!

—¡Un atropello![48]

—¿Quién es?

—¡Desgraciado!

El limpiabotas ha quedado sentado en la banqueta. Sin fuerza, sin voluntad para evitarlo. Se descubre lenta y respetuosamente. Estrecha la boina con un gesto desconcertado entre sus manos. Y piensa. Tiene la mirada lejana. Hacia el final de la calle. Hacia el final de alguna parte.

Y el sol continúa reventando contra la pared. Se enrojece en los ladrillos, como sangre. Es esa hora de la tarde en la que el sol empieza a tener importancia.

---

[41] **bordillo** curb
[42] **calzada** road, street
[43] **parduzca, desparramada** light brown, spreading
[44] **embestir** to hit, to strike

[45] **frenazo** slamming of brakes
[46] **yace de bruces** is lying face down
[47] **anárquicamente** numbly
[48] **atropello** collision *Cf.* **atropellar** to knock down, to run over

EXERCISES
El limpiabotas

I. Cuestionario

1. Describa usted al limpiabotas.
2. ¿Son nuevos los zapatos del hombre?
3. ¿Dónde tiene lugar esta escena?
4. ¿Está nublado el día?
5. ¿Por qué deja de hablar el limpiabotas con el hombre?
6. ¿Qué le sorprende al limpiabotas?
7. ¿Por qué se enfada el hombre?
8. Describa la calle antes del accidente. Descríbala después del accidente.
9. ¿Dónde tiene ahora el limpiabotas la mirada, como antes el hombre?
10. ¿En qué pensará?

II. Substitute a word or an expression of similar meaning, to be selected from the following list, for the italicized parts of the sentences below. Two of the words do not apply.

a ciencia cierta	de súbito	descubrirse
pitillo	fijarse en	por cierto
de nuevo	solicitar	embestir
mirar hacia lo lejos	lápiz	preguntar

1. Se *quita la boina* respetuosamente.
2. Le ha nacido, *de repente*, un cariño por el zapato.
3. No sabe *de seguro* por qué, ni cómo.
4. Tiene un *cigarrillo* en la oreja.
5. El hombre no *puso atención en* la mancha.
6. El hombre no es joven, *desde luego*.
7. El limpiabotas ha decidido callar *otra vez*.
8. Al terminar un zapato, el limpiabotas *pide* el otro pie al cliente.
9. El coche dobla la esquina y *choca con* aquel hombre.
10. Mientras, el hombre ha vuelto a *alejar la mirada*.

Pedro Espinosa Bravo   70

III. Supply the proper form of the infinitive (given in parentheses) in the following sentences.

1. (servir) La pared _____ de fondo.
2. (mirar) El hombre sigue _____ hacia lo lejos.
3. (bajar) Antes de que el hombre _____ a la calzada, el limpia-botas ha visto de nuevo la mancha.
4. (teñir) El limpiabotas los _____ afanosamente.
5. (perdonar) _____, señor. Sus zapatos están manchados.
6. (haber) _____ una mancha cerca de los cordones.
7. (estar) Parece como si _____ rezando.
8. (decir) El limpiabotas no ha _____ nada.

IV. Common meanings of mismo and propio

A. **Mismo** means: 1) (the) same (preceding the noun), 2) himself, herself, etc., with the noun (placed after, but also frequently before, the noun), 3) emphatic —self with subject and object pronouns, and 4) very.

Example from the text:

brillante como los mismos zapatos	gleaming like the shoes themselves

Other examples:

Leemos la misma novela.	We are reading the same novel.
Me lo dio el rey mismo.	The king himself gave it to me.
Ellos mismos lo hicieron.	They did it themselves.
Se lo mandé a ella misma.	I sent it to her (herself).
Viven en el mismo centro de Madrid.	They live in the very center of Madrid.

B. **Propio** means 1) one's own, 2) characteristic, typical, peculiar to, 3) appropriate, suitable, 4) very, exact, precise, 5) himself, etc.

Example from the text:

El zapato tiene personalidad propia.	The shoe has a personality of its own.

Other examples:

mi propia casa	my own house
Es su propio pelo.	It's her own hair.

Eso es muy propio de ella.　That is very typical of her.
Esas fueron sus propias palabras.　Those were his very words.
Me lo dijo el propio rey.　The king himself told me.

C. Translate the following. (Some of the sentences may have more than one possible translation.)

1. Es muy propio de él marcharse sin despedirse.
2. El autor mismo ha firmado esta carta.
3. Fue muerto por mis propias manos.
4. El autobús para en su misma calle.
5. Ese traje no es propio para ir al teatro.
6. Lo haré yo mismo.
7. El ministro fue asesinado por el propio dictador.
8. Entiendo este poema porque el mismo poeta me lo ha explicado.
9. El ladrón fue condenado por su propia confesión.
10. Murió en casa propia.

V.　*Translate the following sentences.*

1. He realized that his customer didn't want to talk.
2. The man pays no attention to him.
3. He thinks that the shoeshine boy is kidding him.
4. There is a spot on one of the shoes. It looks like blood.
5. Nevertheless, he doesn't dare tell him.
6. It disappeared as mysteriously as it had come.

Gregorio López y Fuentes
1897-1967

Those who believe that literature is primarily a mirror of life will find in the novels and stories of the Mexican Gregorio López y Fuentes a faithful panorama of modern Mexico. The social and human problems of the rural classes—Indians and peasants—and other aspects of Mexican life make up the themes of his major works. His novel El indio (1935) is a moving account of the exploitation of the Indian by the white man after the Revolution, and Tierra (1932) is a novelized account of the life of Emiliano Zapata.

As a boy, López y Fuentes got to know the rural types who came into his father's grocery store, and learned more about them later when he fought for the Revolution in 1914. His first-hand knowledge of the customs and life of these people is clearly seen in his collection of short stories, Cuentos campesinos de México (1940), from which we have chosen Una carta a Dios, without question one of the most widely read and admired short stories in the Spanish language. It has appeared in many anthologies, and merits a place in the present one for its humor and irony and for its excellent portrayal of a humble peasant whose great faith is pitted against an antagonistic Nature.

Una carta a Dios

La casa —única en todo el valle —estaba subida[1] en uno de
esos cerros truncados que, a manera de pirámides rudimentarias,
dejaron algunas tribus al continuar sus peregrinaciones. . . . Entre
las matas[2] del maíz, el frijol con su florecilla morada,[3] promesa
inequívoca de una buena cosecha.   5

Lo único que estaba haciendo falta a[4] la tierra era una lluvia,
cuando menos un fuerte aguacero,[5] de esos que forman charcos[6]
entre los surcos. Dudar de que llovería hubiera sido lo mismo que
dejar de creer en la experiencia de quienes,[7] por tradición, en-
señaron a sembrar[8] en determinado día del año.   10

Durante la mañana, Lencho —conocedor del campo, apegado
a[9] las viejas costumbres y creyente a puño cerrado[10]—no había
hecho más que examinar el cielo por el rumbo[11] del noreste.

—Ahora sí que se viene el agua,[12] vieja.

Y la vieja, que preparaba la comida, le respondió: 15
—Dios lo quiera.

Los muchachos más grandes limpiaban[13] de hierba la siembra, mientras que los más pequeños correteaban cerca de la casa,
hasta que la mujer les gritó a todos:
—Vengan que les voy a dar en la boca . . .[14]   20

Fue en el curso de la comida cuando, como lo había asegurado
Lencho, comenzaron a caer gruesas gotas de lluvia. Por el noreste
se veían avanzar grandes montañas de nubes. El aire olía a jarro
nuevo.[15]

—Hagan de cuenta,[16] muchachos —exclamaba el hombre   25
mientras sentía la fruición[17] de mojarse con el pretexto de recoger

[1] subida . . . cerros truncados built on
one of those low hills
[2] matas . . . el frijol stalks of corn, the
bean
[3] morada purple
[4] hacer falta a to be lacking, to need
[5] fuerte aguacero a heavy shower
[6] charcos entre los surcos puddles in
the ruts
[7] quienes those who
[8] sembrar to sow, to seed
[9] apegado a fond of, attached to
[10] creyente a puño cerrado a firm
believer

[11] por el rumbo de in the direction of
[12] Ahora . . . agua Now it's really going
to rain.
[13] limpiaban de hierba la siembra
were weeding out the sown field
[14] dar en la boca to feed
[15] olía a jarro nuevo smelled of fresh
clay
[16] Hagan de cuenta Just imagine
[17] la fruición de mojarse the enjoyment of getting wet

algunos enseres[18] olvidados sobre una cerca[19] de piedra—, que no son gotas de agua las que están cayendo: son monedas nuevas: las gotas grandes son de a diez[20] y las gotas chicas son de a cinco . . .

Y dejaba pasear sus ojos satisfechos por la milpa[21] a punto de jilotear, adornada con las hileras[22] frondosas del frijol, y entonces toda ella cubierta por la transparente cortina de la lluvia. Pero, de pronto, comenzó a soplar un fuerte viento y con las gotas de agua comenzaron a caer granizos[23] tan grandes como bellotas. Esos sí que parecían monedas de plata nueva. Los muchachos, exponiéndose a la lluvia, correteaban y recogían las perlas heladas de mayor tamaño.

—Esto sí que está muy mal —exlamaba mortificado el hombre—; ojalá que pase pronto . . .

No pasó pronto. Durante una hora, el granizo apedreó[24] la casa, la huerta, el monte, la milpa y todo el valle. El campo estaba tan blanco que parecía una salina.[25] Los árboles, deshojados. El maíz, hecho pedazos. El frijol, sin una flor. Lencho, con el alma llena de tribulaciones. Pasada la tormenta, en medio de los surcos, decía a sus hijos:

—Más hubiera dejado una nube de langosta[26] . . . El granizo no ha dejado nada: ni[27] una sola mata de maíz dará una mazorca, ni una mata de frijol dará una vaina . . .

La noche fue de lamentaciones:

—¡Todo nuestro trabajo, perdido!

—¡Y ni a quién acudir![28]

—Este año pasaremos hambre[29] . . .

Pero muy en el fondo[30] espiritual de cuantos convivían bajo aquella casa solitaria en mitad del valle, había una esperanza: la ayuda de Dios.

—No te mortifiques tanto, aunque el mal es muy grande. ¡Recuerda que nadie se muere de hambre!

[18] **enseres** implements
[19] **cerca de piedra** stone fence
[20] **son de a diez** are ten-centavo coins
[21] **milpa . . . jilotear** cornfield ready to yield
[22] **hileras . . . frijol** leafy rows of beans
[23] **granizos . . . bellotas** hailstones . . . acorns
[24] **apedrear** to stone
[25] **salina** salt marsh

[26] **Más . . . una nube de langosta** a cloud of locusts would have left more
[27] **ni . . . vaina** we won't get a single ear of corn or a single pod
[28] **¡Y ni a quién acudir!** And no one to turn to!
[29] **pasar hambre** to go hungry
[30] **muy en el fondo . . . convivían** deep inside those who lived together

—Eso dicen: nadie se muere de hambre . . .

Y mientras llegaba el amanecer, Lencho pensó mucho en lo que había visto en la iglesia del pueblo los domingos: un triángulo y dentro del triángulo un ojo, un ojo que parecía muy grande, un ojo que, según le habían explicado, lo mira todo, hasta lo que está 5 en el fondo de las conciencias.

Lencho era hombre rudo[31] y él mismo solía decir que el campo embrutece,[32] pero no lo era tanto[33] que no supiera escribir. Ya con la luz del día y aprovechando la circunstancia de que era domingo, después de haberse afirmado en su idea de que sí hay 10 quien vele[34] por todos, se puso a escribir una carta que él mismo llevaría al pueblo para echarla al correo.

Era nada menos que una carta a Dios.

"Dios —escribió—, si no me ayudas pasaré hambre con todos los míos, durante este año: necesito cien pesos para volver a 15 sembrar y vivir mientras viene la otra cosecha, pues el granizo . . ."

Rotuló[35] el sobre "A Dios", metió el pliego[36] y, aún preocupado, se dirigió al pueblo. Ya en la oficina de correos, le puso un timbre a la carta y echó ésta en el buzón. 20

Un empleado, que era cartero y todo en la oficina de correos, llegó riendo con toda la boca[37] ante su jefe: le mostraba nada menos que la carta dirigida a Dios. Nunca en su existencia de repartidor[38] había conocido ese domicilio. El jefe de la oficina —gordo y bonachón[39] —también se puso a reír, pero bien pronto 25 se le plegó el entrecejo[40] y, mientras daba golpecitos en su mesa con la carta, comentaba:

—¡La fe! ¡Quién tuviera[41] la fe de quien escribió esta carta! ¡Creer como él cree! ¡Esperar con la confianza con que él sabe esperar! ¡Sostener[42] correspondencia con Dios! 30

[31] **rudo**   coarse, uneducated
[32] **embrutecer**   to make dull, brutish
[33] **no lo era tanto . . . escribir**   but he wasn't so (dull) that he could not write
[34] **sí hay quien vele por todos**   there is indeed someone who watches over us all
[35] **rotuló el sobre**   he addressed the envelope
[36] **pliego**   sheet of paper

[37] **riendo . . . boca**   laughing as hard as he could
[38] **repartidor**   sorter, distributor
[39] **gordo y bonachón**   fat and good-natured
[40] **se le plegó el entrecejo**   wrinkled his brow, frowned
[41] **¡Quién tuviera . . .!**   Would that I had
[42] **¡Sostener correspondencia . . .!**   to correspond with

Y, para no defraudar aquel tesoro de fe, descubierto a través de una carta que no podía ser entregada, el jefe postal concibió una idea: contestar la carta. Pero una vez abierta, se vio que contestar necesitaba algo más que buena voluntad, tinta y papel. No por ello[43] se dio por vencido: exigió[44] a su empleado una dádiva, 5 él puso parte de su sueldo y a varias personas les pidió su óbolo[45] "para una obra piadosa".

Fue imposible para él reunir los cien pesos solicitados por Lencho, y se conformó[46] con enviar al campesino cuando menos lo que había reunido: algo más que la mitad. Puso los billetes en 10 un sobre dirigido a Lencho y con ellos un pliego que no tenía más que una palabra, a manera de firma: DIOS.

Al siguiente domingo Lencho llegó a preguntar, más temprano que de costumbre, si había alguna carta para él. Fue el mismo repartidor quien le hizo entrega[47] de la carta, mientras que 15 el jefe, con la alegría de quien ha hecho una buena acción, espiaba a través de un vidrio raspado,[48] desde su despacho.[49]

Lencho no mostró la menor sorpresa al ver los billetes —tanta era su seguridad—, pero hizo un gesto de cólera al contar el dinero . . . ¡Dios no podía haberse equivocado, ni negar lo que se 20 le había pedido!

Inmediatamente, Lencho se acercó a la ventanilla para pedir papel y tinta. En la mesa destinada al público, se puso a escribir, arrugando[50] mucho la frente a causa del esfuerzo que hacía para dar forma legible a sus ideas. Al terminar, fue a pedir un timbre 25 el cual mojó con la lengua y luego aseguró de un puñetazo.[51]

En cuanto la carta cayó al buzón, el jefe de correos fue a recogerla. Decía:

"Dios: Del dinero que te pedí, sólo llegaron a mis manos sesenta pesos. Mándame el resto, que me hace mucha falta; pero 30 no me lo mandes por conducto[52] de la oficina de correos, porque los empleados son muy ladrones.[53] *Lencho*".

---

[43] **No por ello . . . vencido** He didn't give up because of that
[44] **exigió . . . dádiva** he demanded . . . gift
[45] **óbolo** contribution
[46] **se conformó con** he resigned himself to
[47] **le hizo entrega de** delivered to him
[48] **vidrio raspado** scratched glass
[49] **despacho** office
[50] **arrugando . . . frente** frowning
[51] **aseguró de un puñetazo** affixed with a blow of his fist
[52] **por conducto . . . correos** through the mail
[53] **muy ladrones** a bunch of thieves

EXERCISES
Una carta a Dios

I. Cuestionario

1. ¿Dónde estaba la casa de Lencho?
2. ¿En qué consiste la cosecha de Lencho?
3. ¿Qué hacía falta a la tierra?
4. ¿Qué clase de hombre era Lencho?
5. ¿A qué compara Lencho las gotas de agua? ¿Por qué?
6. ¿Por qué cambió Lencho de idea y quería que dejase de llover?
7. ¿Qué daño causó el granizo?
8. ¿Por qué no pierden todos la esperanza?
9. ¿Qué había visto Lencho en la iglesia los domingos?
10. ¿Es Lencho analfabeto (*illiterate*)?
11. ¿A quién escribió Lencho? ¿Qué le pedía?
12. ¿Qué hizo Lencho con la carta?
13. ¿Cuál fue la reacción del jefe de la oficina?
14. ¿Qué decidió hacer el jefe con la petición de Lencho? ¿Por qué?
15. ¿Cuántos pesos pudo el jefe reunir? ¿De dónde vinieron?
16. ¿Cuál fue la reacción de Lencho al abrir la "respuesta de Dios"?
17. ¿Qué decía Lencho en su segunda carta a Dios?
18. ¿En qué consiste la ironía de este cuento?
19. ¿Qué se aprende de la vida y del carácter de los campesinos mexicanos?

II. Replace the italicized words or expressions in the sentences below with an appropriate equivalent from the following list. Make any necessary changes in grammar or syntax.

cesar	necesitar	todos los que
quien	empezar	considerarse
de nuevo	ojalá	haber

1. Lo que *hacía falta a* la tierra era una lluvia.
2. Se suele decir que *el que* vive en el campo es rudo.
3. Es imposible creer que Lencho *dejará de* tener fe en Dios.
4. En la mesa, Lencho *se puso a* escribir.
5. Una nube de langosta (*locusts*) *hubiera* dejado más.
6. La fe de *cuantos* convivían bajo aquella casa era extraordinaria.

7. ¡Quién tuviera (*I wish I had*) la fe de aquel hombre!
8. Al ver el revólver, *se dio por* muerto.
9. Lencho necesita cien pesos para *volver a* sembrar.

III. **Lo with an adjective or past participle to form a noun**
Observe from text:

lo único que . . .	the only thing that . . .
lo mismo que . . .	the same (thing) as . . .

Other examples:

Lo mío es mío.	What's mine is mine.
Devuelva lo robado.	Return what was stolen.

Translate the words in parentheses.
1. (The difficult thing) es tener fe.
2. Eso fue (the best part) del viaje.
3. (What is learned) no se olvida.
4. ¿Buscaba don Quijote (the impossible)?
5. (The bad thing) es que no sabe nadar.
6. El granizo destruyó (what was sown: *sembrar*).

IV. **In addition to the points covered above, observe the following before translating the sentences below.**

echar (al correo)	to mail	**ni**	not even
oler a	to smell like, or of	**al + inf.**	on (doing, etc.)
pasar hambre	to go hungry, starve	**cuando menos**	at least
pensar en	to think of (about)	**lo que**	what, that which

1. The sad thing is that they will have to go hungry this year.
2. The post office smelled of paper and ink.
3. Lencho needed one hundred pesos because he didn't have even a cent.
4. The postmaster (head of the office) began to laugh, but he sent the farmer at least what he had accumulated (*reunir*).
5. Lencho had to go to the village to mail the letter.
6. All farmers suffer the same thing as Lencho.
7. Lencho thought a lot about what he had seen in the church.
8. On seeing only sixty pesos, Lencho considered himself cheated (*defraudado*).

Miguel de Unamuno
1864-1936

For many critics Miguel de Unamuno is the major Spanish literary figure of the twentieth century. The one word which most faithfully characterizes the man and his works is passion, or, as he preferred to call it, agony. No matter what we read of his vast literary production— which includes all genres: the novel, the short story, the drama, the essay, poetry—we are struck by the anguish and the torment of his soul as it struggles to find an answer for his chief philosophical preoccupation: man and his destiny. Man, for Unamuno, is viewed not as an abstract entity, but as the man of flesh and blood (el hombre de carne y hueso). The best exposition of this human problem is to be found in Unamuno's famous work Del sentimiento trágico de la vida, 1912.

Unamuno was almost literally torn by the constant battle within him between faith, which strengthened his belief in immortality, and reason, which opposed it. "I need," he says, "the immortality of the soul, of my individual soul. Without faith in it I cannot live, and the doubt of reaching it torments me. And since I need it, my passion leads me to affirm it, even against reason."

Unamuno's whole preoccupation is projected into his fictional characters (whom he called his "agonists") and into the structure and style of his works. Antithesis, paradox, the coining of words, inversion, are all characteristic of his style.

In the play La venda that follows, Unamuno typically concentrates upon the intense emotional experience, the passion, of his protagonist María; everything else is subordinated, with the result that the other characters, instead of being developed, are like spectators. Unamuno's deeply religious preoccupation is evident throughout the play, and you will note also the effective use of paradox so typical of the author: María can "see" only when her eyes are blindfolded. The contrast of light and darkness, reason and faith, is introduced first by a dialogue, and then developed as the play begins.

La venda

Drama En Un Acto Y Dos Cuadros

Personajes:

DON PEDRO
DON JUAN
MARÍA
SEÑORA EUGENIA
EL PADRE
MARTA
JOSÉ
CRIADA

Cuadro Primero

En una calle de una vieja ciudad provinciana.

Don Pedro: ¡Pues lo dicho,[1] no, nada de ilusiones! Al pueblo debemos darle siempre la verdad, toda la verdad, la pura verdad, y sea luego lo que fuere.[2]

Don Juan: ¿Y si la verdad le[3] mata y la ilusión le vivifica?

Don Pedro: Aun así. El que a manos de la verdad muere, bien   5
muerto está, créemelo.

Don Juan: Pero es que hay que vivir . . .

Don Pedro: ¡Para conocer la verdad y servirla! La verdad es vida.

Don Juan: Digamos más bien: la vida es verdad.

Don Pedro: Mira, Juan, que estás jugando con las palabras . . .   10

Don Juan: Y con los sentimientos tú, Pedro.

Don Pedro: ¿Para qué se nos dio la razón, dime?

Don Juan: Tal vez para luchar contra ella y así merecer la vida . . .

Don Pedro: ¡Qué enormidad![4] No, sino más bien[5] para luchar en   15
la vida y así merecer la verdad.

---

[1] **lo dicho**   just what I said
[2] **sea luego lo que fuere**   come what may (The future subjunctive is rarely used today.)
[3] **le**   i.e., **el pueblo**
[4] **¡Qué enormidad!**   Nonsense!
[5] **sino más bien**   rather

Don Juan: ¡Qué atrocidad![6] Tal vez nos sucede con la verdad lo que, según las Sagradas Letras,[7] nos sucede con Dios, y es que quien le ve se muere . . .

Don Pedro: ¡Qué hermosa muerte! ¡Morir de haber visto la verdad! ¿Puede apetecerse[8] otra cosa? 5

Don Juan: ¡La fe, la fe es la que nos da vida; por la fe vivimos, la fe nos da el sentido de la vida, nos da a Dios!

Don Pedro: Se vive por la razón, amigo Juan; la razón nos revela el secreto del mundo, la razón nos hace obrar . . .

Don Juan: (*Reparando en* **María**.)   ¿Qué le pasará[9] a esa mujer? 10
(*Se acerca* **María** *como despavorida y quien no sabe dónde anda. Las manos extendidas, palpando el aire.*)

María: ¡Un bastón, por favor! Lo olvidé en casa.

Don Juan: ¿Un bastón? ¡Ahí va! (*Se lo da.* **María** *lo coge.*)

María: ¿Dónde estoy? (*Mira en derredor.*) ¿Cuál es el camino? 15
Estoy perdida. ¿Qué es esto? ¿Cuál es el camino? Tome, tome; espere. (*Le devuelve el bastón.* **María** *saca un pañuelo y se venda con él los ojos.*)

Don Pedro: Pero, ¿qué está usted haciendo, mujer de Dios?[10]

María: Es para mejor ver el camino. 20

Don Pedro: ¿Para mejor ver el camino taparse los ojos? ¡Pues no lo comprendo!

María: ¡Usted no, pero yo sí!

Don Pedro: (*A* **Don Juan**, *aparte.*)   Parece loca.

María: ¿Loca? ¡No, no! Acaso no fuera peor.[11] ¡Oh, qué desgra- 25
cia, Dios mío, qué desgracia! ¡Pobre padre! ¡Pobre padre! Vaya, adiós y dispénsenme.

Don Pedro: (*A* **Don Juan**.)   Lo dicho, loca.

Don Juan: (*Deteniéndola.*)   Pero ¿qué le pasa, buena mujer?

María: (*Vendada ya.*)   Déme ahora el bastón, y dispénsenme. 30

Don Juan: Pero antes explíquese . . .

María: (*Tomando el bastón.*) Dejémonos[12] de explicaciones, que se muere mi padre. Adiós. Dispénsenme. (*Lo toma.*) Mi pobre padre se está muriendo y quiero verle; quiero verle antes que

---

[6] **¡Qué atrocidad!** That's ridiculous!
[7] **Sagradas Letras** Holy Scriptures
[8] **apetecer** to long for
[9] **¿Qué le pasará?** I wonder what can be the matter with . . .
[10] **mujer de Dios** my good woman

[11] **Acaso no fuera peor** Perhaps it might not be worse; i.e., madness could not be worse than my father's death.
[12] **dejarse de** to put aside

se muera. ¡Pobre padre! ¡Pobre padre! (*Toca con el bastón en los muros de las casas y parte.*)

Don Pedro: (*Adelantándose.*[13])   Hay que detenerla; se va a matar. ¿Dónde irá así?

Don Juan: (*Deteniéndole.*)   Esperemos a ver. Mira qué segura va,   5 con qué paso tan firme. ¡Extraña locura! . . .

Don Pedro: Pero si es que está loca . . .

Don Juan: Aunque así sea. ¿Piensas con[14] detenerla, curarla? ¡Déjala!

Don Pedro: (*A la* **Señora Eugenia,** *que pasa.*)   Loca, ¿no es verdad? 10

Señora Eugenia: ¿Loca? No, ciega.

Don Pedro: ¿Ciega?

Señora Eugenia: Ciega, sí. Recorre así, con su bastón, la ciudad toda y jamás se pierde. Conoce sus callejas y rincones todos. Se casó hará cosa de un año,[15] y casi todos los días va a ver a 15 su padre, que vive en un barrio de las afueras.[16] Pero ¿es que ustedes no son de la ciudad?

Don Juan: No, señora; somos forasteros.[17]

Señora Eugenia: Bien se conoce.

Don Juan: Pero diga, buena mujer, si es ciega, ¿para qué se venda 20 así los ojos?

Señora Eugenia: (*Encogiéndose*[18] *de hombros.*)   Pues si he de decirles a ustedes la verdad, no lo sé. Es la primera vez que le[19] veo hacerlo. Acaso la luz le ofenda . . .

Don Juan: ¿Si no ve, cómo va a dañarle la luz?   25

Don Pedro: Puede la luz dañar a los ciegos . . .

Don Juan: ¡Más nos daña a los que vemos!
(*La* **Criada,** *saliendo de la casa y dirigiéndose a la* **Señora Eugenia.**)

Criada: ¿Ha visto a mi señorita,[20] señora Eugenia?   30

Señora Eugenia: Sí; por allá abajo[21] va. Debe de estar ya en la calle del Crucero.

Criada: ¡Qué compromiso,[22] Dios mío, qué compromiso!

---

[13] **adelantarse** to move ahead
[14] **Piensas con** Do you think you can
[15] **hará cosa de un año** it must be about a year ago
[16] **afueras** outskirts
[17] **forastero** outsider, stranger
[18] **encoger** to shrug

[19] **le** her (Compare the next sentence.)
[20] **señorita** mistress (Servants use the diminutive form of **señor** and **señora** to refer to master and mistress.)
[21] **por allá abajo** down that way
[22] **compromiso** situation

Don Pedro: (*A la Criada.*)   Pero dime, muchacha: ¿tu señora está ciega?

Criada: No, señor; lo estaba.

Don Pedro: ¿Cómo que[23] lo estaba?

Criada: Sí; ahora ve ya.   5

Señora Eugenia: ¿Que ve? . . . ¿Cómo . . . , cómo es eso? ¿Qué es eso de[24] que ve ahora? Cuenta, cuenta.

Criada: Sí, ve.

Don Juan: A ver,[25] a ver eso.

Criada: Mi señorita era ciega, ciega de nacimiento, cuando se 10 casó con mi amo, hará cosa de un año; pero hace cosa de un mes vino un médico que dijo podía dársele la vista, y le operó y le hizo ver. Y ahora ve.

Señora Eugenia: Pues nada de eso sabía yo . . .

Criada: Y está aprendiendo a ver y conocer las cosas. Las toca 15 cerrando los ojos y después los abre y vuelve a tocarlas y las mira. Le mandó el médico que no saliera a la calle hasta conocer bien la casa y lo de[26] la casa, y que no saliera sola, claro está. Y ahora ha venido no sé quién a decirle que su padre está muy malo, muy malo, muriéndose, y se empeñaba[27] en ir a 20 verle. Quería que le acompañase yo, y es natural, me he negado[28] a ello. He querido impedírselo,[29] pero se me ha escapado. ¡Vaya un compromiso![22]

Don Juan: (*A Don Pedro.*)   Mira, mira lo de[30] la venda; ahora me lo explico. Se encontró en un mundo que no conocía de vista. 25 Para ir a su padre no sabía otro camino que el de las tinieblas. ¡Qué razón tenía al decir que se vendaba los ojos para mejor ver su camino! Y ahora volvamos a lo de la ilusión y la verdad pura, a lo de la razón y la fe. (*Se van.*)

Don Pedro: (*Al irse.*)   A pesar de todo, Juan, a pesar de todo . . . 30 (*No se les oye.*)

Señora Eugenia: Qué cosas tan raras dicen estos señores, y dime: ¿y qué va a pasar?

---

[23] **¿Cómo que . . . ?** What do you mean?

[24] **eso de** this business of (her seeing now)

[25] **A ver** Let's see; (here) tell us

[26] **lo de** everything in

[27] **empeñarse en** to insist on

[28] **negarse a** to refuse

[29] **impedir** to prevent (the person involved (her) is indirect object, **le > se**.)

[30] **lo de** like **eso de,** this matter of, this business of

Criada: ¡Yo qué sé! A mí me dejó encargado[31] el amo, cuando salió a ver al abuelo—me parece que de ésta[32] se muere—que no se le dijese a ella nada, y no sé por quién lo ha sabido . . .

Señora Eugenia: ¿Conque dices que ve ya?

Criada: Sí; ya ve. 5

Señora Eugenia: ¡Quién lo diría, mujer, quién lo diría, después que una la ha conocido así toda la vida, cieguecita[33] la pobre! ¡Bendito sea Dios! Lo que somos, mujer, lo que somos. Nadie puede decir "de esta agua no beberé".* Pero dime: ¿así que[34] cobró vista, qué fue lo primero que hizo? 10

Criada: Lo primero, luego que[34] se le pasó el primer mareo, pedir un espejo.

Señora Eugenia: Es natural . . .

Criada: Y estando mirándose en el espejo, como una boba,[35] sintió rebullir[36] al niño, y tirando el espejo se volvió a él, a verlo, 15 a tocarlo . . .

Señora Eugenia: Sí; me han dicho que tiene ya un hijo . . .

Criada: Y hermosísimo . . . ¡Qué rico![37] Fue apenas se repuso[38] del parto cuando le dieron vista. Y hay que verla con el niño. ¡Qué cosa hizo cuando le vio primero! Se quedó mirándole 20 mucho, mucho, mucho tiempo y se echó a llorar. "¿Es esto mi hijo?", decía. "¿Esto?" Y cuando le da de mamar[39] le toca y cierra los ojos para tocarle, y luego los abre y le mira y le besa y le mira a los ojos para ver si le ve, y le dice: "¿Me ves, ángel? ¿Me ves, cielo?" Y así . . . 25

Señora Eugenia: ¡Pobrecilla! Bien merece la vista. Sí, bien la merece, cuando hay por ahí tantas pendengonas[40] que nada se perdería aunque ellas no viesen ni las viese nadie. Tan buena, tan guapa . . . ¡Bendito sea Dios!

Criada: Sí, como buena, no puede ser mejor . . . 30

Señora Eugenia: ¡Dios se la conserve! ¿Y no ha visto aún a su padre?

---

[31] **me dejó encargado** made me promise (**que no se le dijese a ella nada,** below) that nothing be told to her.

[32] **de ésta** this time

[33] **cieguecita** diminutive of **ciega** (the poor) dear blind woman

[34] **así que** and **luego que** as soon as

[35] **boba** simpleton

[36] **rebullir** to stir

[37] **¡Qué rico!** How precious!

[38] **Fue apenas se repuso** She had scarcely recovered

[39] **le da de mamar** she nurses him

[40] **pendengona** busybody

* Proverb: However foul it be, never say, "of this water I will not drink."

Criada: ¿Al abuelo? ¡Ella no! Al que lo ha llevado a que lo vea[41] es al niño. Y cuando volvió le llenó de besos, y le decía: "¡Tú, tú le has visto, y yo no! ¡Yo no he visto nunca a mi padre!"

Señora Eugenia: ¡Qué cosas pasan en el mundo! . . . ¿Qué le 5 vamos a hacer, hija? . . . Dejarlo.

Criada: Sí, así es. Pero ahora ¿qué hago yo?

Señora Eugenia: Pues dejarlo.

Criada: Es verdad.

Señora Eugenia: ¡Qué mundo, hija, qué mundo! 10

Cuadro Segundo

Interior de casa de familia clase media.

El Padre: Esto se acaba. Siento que la vida se me va por momentos. He vivido bastante y poca guerra[42] os daré ya.

Marta: ¿Quién habla de dar guerras, padre? No diga esas cosas; cualquiera creería . . .

El Padre: Ahora estoy bien; pero cuando menos lo espere volverá 15 el ahogo[43] y en una de éstas . . .[44]

Marta: Dios aprieta, pero no ahoga, padre.

El Padre: ¡Así dicen! . . . Pero ésos son dichos,[45] hija. Los hombres se pasan la vida inventando dichos. Pero muero tranquilo, porque os veo a vosotras, a mis hijas, amparadas[46] ya en 20 la vida. Y Dios ha oído mis ruegos y me ha concedido que mi María, cuya ceguera fue la constante espina[47] de mi corazón, cobre la vista antes de yo morirme. Ahora puedo morir en paz.

Marta: (*Llevándole una taza de caldo.*[48]) Vamos, padre, tome, que hoy está muy débil; tome. 25

El Padre: No se cura con caldos mi debilidad, Marta. Es incurable. Pero trae, te daré gusto. (*Toma el caldo.*) Todo esto es inútil ya.

Marta: ¿Inútil? No tal.[49] Esas son aprensiones, padre, nada más

[41] **Al que lo ha llevado a que lo vea**
The one whom she took to see him
[42] **guerra** trouble; **dar guerra** to annoy, to be troublesome
[43] **ahogo** suffocation, shortness of breath
[44] **éstas** i.e., times or occasions
[45] **dicho** saying
[46] **amparar** to protect, to shelter
[47] **espina** thorn
[48] **caldo** broth
[49] **No tal** No, not at all.

que aprensiones. No es sino debilidad. El médico dice que se
ha iniciado una franca[50] mejoría.

El Padre: Sí, es la frase consagrada.[51] ¿El médico? El médico y
tú, Marta, no hacéis sino tratar de engañarme. Sí, sí, ya sé que
es con buena intención, por piedad, hija, por piedad; pero   5
ochenta años resisten a todo engaño.

Marta: ¿Ochenta? ¡Bah! ¡Hay quien vive ciento!

El Padre: Sí, y quien se muere de veinte.

Marta: ¿Quién habla de morirse, padre?

El Padre: Yo, hija; yo hablo de morirme.   10

Marta: Hay que ser razonable . . .

El Padre: Sí, te entiendo, Marta. Y dime: tu marido, ¿dónde anda
tu marido?

Marta: Hoy le tocan trabajos de campo. Salió muy de mañana.

El Padre: ¿Y volverá hoy?   15

Marta: ¿Hoy? ¡Lo dudo! Tiene mucho que hacer, tarea[52] para
unos días.

El Padre: ¿Y si no vuelvo a verle?

Marta: ¿Pues no ha de volver a verle, padre?

El Padre: ¿Y si no vuelvo a verle? Digo . . .   20

Marta: ¿Qué le vamos a hacer? . . . Está ganándose nuestro pan.

El Padre: Y no puedes decir el pan de nuestros hijos, Marta.

Marta: ¿Es un reproche, padre?

El Padre: ¿Un reproche? No . . . , no . . . , no . . .

Marta: Sí; con frecuencia habla de un modo que parece como si   25
me inculpara[53] nuestra falta de hijos . . . Y acaso debería regocijarse[54] por ello . . .

El Padre: ¿Regocijarme? ¿Por qué, por qué, Marta? . . .

Marta: Porque así puedo yo atenderle mejor.

El Padre: Vamos sí, que yo, tu padre, hago para ti las veces de[55]   30
hijo . . . Claro, estoy en la segunda infancia . . . , cada vez
más niño . . . ; pronto voy a desnacer . . .[56]

Marta: (*Dándole un beso.*)   Vamos, padre, déjese de esas cosas . . .

---

[50] **franca** clear, evident
[51] **consagrada** sacred, time-honored
[52] **tarea** job, work
[53] **inculpar** to blame
[54] **regocijarse** to rejoice; **acaso debería
regocijarse por ello** And perhaps
you should even be glad about it.

[55] **hacer las veces de** to serve as, to
substitute
[56] **desnacer** to get or become unborn.
(This kind of antithetical word
coining is characteristic of
Unamuno.)

El Padre: Sí, mis cosas, las que me dieron fama de raro . . . Tú siempre tan razonable, tan juiciosa,[57] Marta. No creas que me molestan tus reprimendas . . .

Marta: ¿Reprimendas, yo? ¿Y a usted, padre?

El Padre: Sí, Marta, sí; aunque con respeto, me tratas como a un 5
chiquillo antojadizo.[58] Es natural . . . (*Aparte.*) Lo mismo hice con mi padre yo. Mira: que Dios os dé ventura, y si ha de seros para bien, que os dé también hijos. Siento morirme sin haber conocido un nieto que me venga de ti.

Marta: Ahí está el de mi hermana María. 10

El Padre: ¡Hijo mío! ¡Qué encanto de chiquillo! ¡Qué flor de carne![59] ¡Tiene los ojos mismos de su madre . . . , los mismos! Pero el niño ve, ¿no es verdad, Marta? El niño ve . . .

Marta: Sí, ve . . . ; parece que ve . . .

El Padre: Parece . . . 15

Marta: Es tan pequeñito, aún . . .

El Padre: ¡Y ve ella, ve ya ella, ve mi María! ¡Gracias, Dios mío, gracias! Ve mi María . . . Cuando yo ya había perdido toda esperanza . . . No debe desesperarse nunca, nunca . . .

Marta: Y progresa de día en día. Maravillas hace hoy la cien- 20
cia . . .

El Padre: ¡Milagro eterno es la obra de Dios!

Marta: Ella está deseando venir a verle, pero . . .

El Padre: Pues yo quiero que venga, que venga en seguida, en seguida, que la vea yo, que me vea ella, y que le[60] vea como 25
me ve. Quiero tener antes de morirme el consuelo de que mi hija ciega me vea por primera, tal vez por última vez . . .

Marta: Pero, padre, eso no puede ser ahora. Ya la verá usted y le verá ella cuando se ponga mejor . . .

El Padre: ¿Quién? ¿Yo? ¿Cuando me ponga yo mejor? 30

Marta: Sí, y cuando ella pueda salir de casa.

El Padre: ¿Es que no puede salir ahora?

Marta: No, todavía no; se lo ha prohibido el médico.

El Padre: El médico . . . , el médico . . . , siempre el médico . . . Pues yo quiero que venga. Ya que he visto, aunque sólo 35

---

[57] **juiciosa** wise, judicious

[58] **antojadizo** capricious

[59] **¡Qué flor de carne!** What smooth skin!

[60] **le** her

sea un momento, a su hijo, a mi nietecillo, quiero antes de morir ver que ella me ve con sus hermosos ojos . . .

(*Entra* José.)

El Padre: Hola, José, ¿tu mujer?

José: María, padre, no puede venir. Ya se la traeré cuando pasen 5 unos días.

El Padre: Es que cuando pasen unos días habré yo ya pasado.

Marta: No le hagas caso; ahora le ha entrado la manía de que tiene que morirse.

El Padre: ¿Manía? 10

José: (*Tomándole el pulso.*) Hoy está mejor el pulso, parece.

Marta: (*A José, aparte.*) Así; hay que engañarle.

José: Sí, que se muera sin saberlo.

Marta: Lo cual no es morir.

El Padre: ¿Y el niño, José? 15

José: Bien, muy bien, viviendo.

El Padre: ¡Pobrecillo! Y ella loca de contenta con eso de ver a su hijo . . .

José: Figúrese, padre.

El Padre: Tenéis que traérmelo otra vez, pero pronto, muy 20 pronto. Quiero volver a verle. Como que me rejuvenece. Si le viese aquí, en mis brazos, tal vez todavía resistiese[61] para algún tiempo más.

José: Pero no puede separársele mucho tiempo de su madre.

El Padre: Pues que me le traiga ella. 25

José: ¿Ella?

El Padre: Ella, sí; que venga con el niño. Quiero verla con el niño y con vista y que me vean los dos . . .

José: Pero es que ella . . .

(*El Padre* sufre un ahogo.) 30

José: (*A Marta.*) ¿Cómo va?

Marta: Mal, muy mal. Cosas del corazón . . .

José: Sí, muere por lo que ha vivido; muere de haber vivido.[62]

Marta: Está, como ves, a ratos tal cual.[63] Estos ahogos se le pasan pronto, y luego está tranquilo, sosegado, habla bien, discurre 35

---

[61] **resistiese** More common as a substitute for the conditional tense is the subjunctive in **-ra**.

[62] **Sí, muere . . . vivido** another typical example of Unamuno's style

[63] **a ratos tal cual** from time to time like this

bien . . . El médico dice que cuando menos lo pensemos se nos quedará muerto, y que sobre todo hay que evitarle las emociones fuertes. Por eso creo que no debe venir tu mujer; sería matarle . . .

José: ¡Claro está!   5

El Padre: Pues, sí, yo quiero que venga.

   (Entra **María** *vendada*.)

José: Pero mujer, ¿qué es esto?

Marta: (*Intentando detenerla*.)   ¿Te has vuelto loca, hermana?

María: Déjame, Marta.   10

Marta: Pero ¿a qué vienes?

María: ¿A qué? ¿Y me lo preguntas, tú, tú, Marta? A ver al padre antes que se muera . . .

Marta: ¿Morirse?

María: Sí; sé que se está muriendo. No trates de engañarme.   15

Marta: ¿Engañarte yo?

María: Sí, tú. No temo a la verdad.

Marta: Pero no es por ti, es por él, por nuestro padre. Esto puede precipitarle su fin . . .

María: Ya que ha de morir, que muera conmigo.   20

Marta: Pero . . . ¿qué es eso? (*Señalando la venda*.) ¡Quítatelo!

María: No, no, no me la quito; dejadme. Yo sé lo que me hago.

Marta: (*Aparte*.)   ¡Siempre lo mismo!

El Padre: (*Observando la presencia de **María**.*) ¿Qué es eso? ¿Quién anda ahí? ¿Con quién hablas? ¿Es María? ¡Sí, es María! 25 ¡María! ¡María! ¡Gracias a Dios que has venido!

(*Se adelanta **María**, deja el bastón y sin desvendarse se arrodilla al pie du su padre, a quien acaricia.*)

María: Padre, padre; ya me tienes[64] aquí, contigo.

El Padre: ¡Gracias a Dios, hija! Por fin tengo el consuelo de verte antes de morirme. Porque yo me muero . . .

María: No, todavía no, que estoy yo aquí.

El Padre: Sí, me muero.

María: No; tú no puedes morirte, padre.   30

El Padre: Todo nacido muere . . .

[64] **tienes** Note that María uses **tú** with her father, unlike Marta, who uses **usted**.

María: ¡No, tú no! Tú . . .

El Padre: ¿Qué? ¿Que no nací? No me viste tú nacer, de cierto, hija. Pero nací . . . y muero . . .

María: ¡Pues yo no quiero que te mueras, padre!

Marta: No digáis bobadas. (*A José.*) No se debe hablar de la muerte, y menos a moribundos.

José: Sí, con el silencio de la conjura.[65]

El Padre: (*A María.*)   Acércate, hija, que no te veo bien; quiero que me veas antes de yo morirme, quiero tener el consuelo de morir después de haber visto que tus hermosos ojos me vieron. Pero, ¿qué es eso? ¿Qué es eso que tienes, ahí, María?

María: Ha sido para ver el camino.

El Padre: ¿Para ver el camino?

María: Sí; no lo conocía.

El Padre: (*Recapacitando.*[66])   Es verdad; pero ahora que has llegado a mí, quítatelo. Quítate eso. Quiero verte los ojos; quiero que me veas; quiero que me conozcas . . .

María: ¿Conocerte? Te conozco bien, muy bien, padre. (*Acariciándole.*) Éste es mi padre, éste, éste y no otro. Éste es el que sembró[67] de besos mis ojos ciegos, besos que al fin, gracias a Dios, han florecido; el que me enseñó a ver lo invisible y me llenó de Dios el alma. (*Le besa en los ojos.*) Tú viste por mí, padre, y mejor que yo. Tus ojos fueron míos. (*Besándole en la mano.*) Esta mano, esta santa mano, me guió por los caminos de tinieblas de mi vida. (*Besándole en la boca.*) De esta boca partieron[68] a mi corazón las palabras que enseñan lo que en la vida no vemos. Te conozco, padre, te conozco; te veo, te veo muy bien, te veo con el corazón. (*Le abraza.*) ¡Éste, éste es mi padre y no otro! Éste, éste, éste . . .

José: ¡María!

María: (*Volviéndose.*)   ¿Qué?

Marta: Sí, con esas cosas le estás haciendo daño. Así se le excita . . .

María: ¡Bueno, dejadnos! ¿No nos dejaréis aprovechar la vida que nos resta?[69] ¿No nos dejaréis vivir?

José: Es que eso . . .

---

[65] **conjura** conspiracy
[66] **recapacitar** to run over in one's mind
[67] **sembrar** to seed, to sow
[68] **partieron (a)** came
[69] **restar** to remain

María: Sí, esto es vivir, eso. (*Volviéndose a su padre.*) Esto es vivir, padre, esto es vivir.

El Padre: Sí, esto es vivir; tienes razón, hija mía.

Marta: (*Llevando una medicina.*) Vamos, padre, es la hora; a tomar[70] esto. Es la medicina . . . 5

El Padre: ¿Medicina? ¿Para qué?

Marta: Para sanarse.

El Padre: Mi medicina (*señalando a* **María**) es ésta. María, hija mía, hija de mis entrañas . . .[71]

Marta: Sí, ¿y la otra? 10

El Padre: Tu viste siempre, Marta. No seas envidiosa.

Marta: (*Aparte.*) Sí, ella ha explotado su desgracia.

El Padre: ¿Qué rezongas[72] ahí tú, la juiciosa?

María: No la reprendas,[73] padre. Marta es muy buena. Sin ella, ¿qué hubiéramos hecho nosotros? ¿Vivir de besos? Ven, her- 15 mana, ven. (**Marta** *se acerca, y las dos hermanas se abrazan y besan.*) Tú, Marta, naciste con vista; has gozado siempre de la luz. Pero déjame a mí, que no tuve otro consuelo que las caricias de mi padre.

Marta: Sí, sí, es verdad. 20

María: ¿Lo ves, Marta, lo ves? Si tú tienes que comprenderlo . . . (*La acaricia.*)

Marta: Sí, sí; pero . . .

María: Deja los peros,[74] hermana. Tú eres la de los peros . . . ¿Y qué tal? ¿Cómo va padre? 25

Marta: Acabando . . .

María: Pero . . .

Marta: No hay pero que valga.[75] Se le va la vida por momentos . . .

María: Pero con la alegría de mi curación, con la de ver al nieto. 30 Yo creo . . .

Marta: Tú siempre tan crédula y confiada, María. Pero no, se muere, y acaso sea mejor. Porque esto no es vida. Sufre y nos hace sufrir a todos. Sea lo que haya de ser, pero que no sufra . . . 35

María: Tú siempre tan razonable, Marta.

---

[70] **a tomar**   let's take
[71] **entrañas**   heart
[72] **rezongar**   to grumble, to mutter

[73] **reprender**   to scold, to reproach
[74] **peros**   referring to **pero**, above, but's
[75] **No hay pero que valga**   no but about it

Marta: Vaya, hermana, conformémonos[76] con lo inevitable. (*Abrázanse.*) Pero quítate eso,[77] por Dios. (*Intenta quitárselo.*)

María: No, no, déjamela . . .[78] Conformémonos, hermana.

Marta: (*A José.*) Así acaban siempre estas trifulcas[79] entre nosotras.   5

José: Para volver a empezar.

Marta: ¡Es claro! Es nuestra manera de querernos . . .

El Padre: (*Llamando.*) María, ven. ¡Y quítate esa venda, quítatela! ¿Por qué te la has puesto? ¿Es que la luz te daña?

María: Ya te he dicho que fue para ver el camino al venir a verte. 10

El Padre: Quítatela; quiero que me veas a mí, que no soy el camino.

María: Es que te veo. Mi padre es éste y no otro. (*El Padre intenta quitársela y ella le retiene las manos.*) No, no; así, así.

El Padre: Por lo menos que te vea los ojos, esos hermosos ojos 15 que nadaban en tinieblas, esos ojos en los que tantas veces me vi mientras tú no me veías con ellos. Cuántas veces me quedé extasiado contemplándotelos, mirándome dolorosamente[80] en ellos y diciendo: "¿Para qué tan hermosos si no ven?"

María: Para que tú, padre, te vieras en ellos; para ser tu espejo, 20 un espejo vivo.

El Padre: ¡Hija mía! ¡Hija mía! Más de una vez mirando así yo tus ojos sin vista, cayeron a[81] ellos desde los míos lágrimas de dolorosa resignación . . .

María: Y yo las lloré luego, tus lágrimas, padre.   25

El Padre: Por esas lágrimas, hija, por esas lágrimas, mírame ahora con tus ojos; quiero que me veas . . .

María: (*Arrodillada al pie de su padre.*) Pero sí te veo, padre, sí te veo . . .

Criada: (*Desde dentro, llamando.*) ¡Señorito!   30

José: (*Yendo a su encuentro.*[82]) ¿Qué hay?

Criada: (*Entra llevando al niño.*) Suponiendo que no volverían y como empezó a llorar, lo he traído; pero ahora está dormido . . .

José: Mejor; déjalo; llévalo.   35

---

[76] **conformarse (con)** to resign oneself (to)

[77] **eso** i.e., the handkerchief over her eyes

[78] **déjamela la** refers to **la venda**

[79] **trifulca** squabble, row

[80] **dolorosamente** sorrowfully

[81] **a** on

[82] **Yendo a su encuentro** going over to (meet) her

María: (*Reparando.*)   ¡Ah! ¡Es el niño! Tráelo, José.
El Padre: ¿El niño? ¡Sí, traédmelo!
Marta: ¿Pero, por Dios! . . .

(*La* **Criada** *trae al niño; lo toma* **María,** *lo besa y se lo pone delante al abuelo.*)

María: Aquí lo tienes, padre. (*Se lo pone en el regazo.*[83])
El Padre: ¡Hijo mío! Mira cómo sonríe en sueños. Dicen que es[84]   5
   que está conversando con los ángeles . . . ¿Y ve, María, ve?
María: Ve sí, padre, ve.
El Padre: Y tiene tus ojos, tus mismos ojos . . . A ver, a ver, que
   los abra . . .
María: No, padre, no; déjale que duerma. No se debe despertar a   10
   los niños cuando duermen. Ahora está en el cielo. Está mejor
   dormido.
El Padre: Pero tú ábrelos . . . , quítate eso . . . , mírame . . . ;
   quiero que me veas y que te veas aquí, ahora, quiero ver que
   me ves . . . , quítate eso. Tú me ves acaso, pero yo no veo que   15
   me ves, y quiero ver que me ves; quítate eso . . .
Marta: ¡Bueno, basta de estas cosas! ¡Ha de ser el último![85] ¡Hay
   que dar ese consuelo al padre! (*Quitándole la venda.*) ¡Ahí
   tienes a nuestro padre, hermana!
María: ¡Padre! (*Se queda como despavorida mirándole. Se frota*   20
   los ojos, los cierra, etc. **El Padre** *lo mismo.*)
José: (*A* **Marta.**)   Me parece demasiado fuerte la emoción. Temo
   que su corazón no la resista.
Marta: Fue una locura esta venida de tu mujer . . .
José: Estuviste algo brutal . . .   25
Marta: ¡Hay que ser así con ella!

(*El Padre* *coge la mano de* **Marta** *y se deja caer en el sillón, exánime.*[86]
Marta *le besa en la frente y se enjuga*[87] *los ojos. Al poco rato,* **María** *le*
toca la otra mano, la siente fría.)   30

María: ¡Oh, fría, fría! . . . Ha muerto . . . ¡Padre! ¡Padre! No me
   oye . . . ni me ve . . . ¡Padre! ¡Hijo, voy,[88] no llores! . . . ¡Padre!
   . . . ¡La venda, la venda otra vez! ¡No quiero volver a ver!

[83] **regazo** lap
[84] **que es** that this means
[85] **el último** i.e., **consuelo** or **favor**

[86] **exánime** lifeless
[87] **enjugar** to dry, to wipe
[88] **voy** I'm coming

EXERCISES
La venda (cuadro primero)

I. Cuestionario

1. ¿Sobre qué disputan don Pedro y don Juan?
2. ¿Para qué sirve el diálogo entre los dos hombres?
3. ¿Quién se acerca a los dos señores? Describa Vd. esta persona.
4. ¿Qué hace ella con un pañuelo?
5. ¿Por qué cree don Pedro que María está loca?
6. Señora Eugenia dice que María está ciega. ¿Es verdad?
7. ¿Qué es un forastero?
8. ¿Cómo recobró María la vista?
9. Así que cobró la vista, ¿qué fue lo primero que hizo?
10. ¿A dónde va María? ¿Por qué?

II. Fill in the blanks in the sentences below with an appropriate word from the following list.

camino	vendar	morir
médico	tapar	barrio
forastero	ciego	extranjero
conocer	bastón	bendito

1. María pide a los hombres un _____.
2. Estoy perdida. ¿Cuál es el _____?
3. Me _____ los ojos para mejor ver el camino.
4. Quiero ver a mi padre antes que se _____.
5. Su padre vive en un _____ de las afueras.
6. No soy de la ciudad; soy _____.
7. Mi señora no está _____; lo estaba.
8. Hace un mes vino un _____ que le operó y le hizo ver.
9. María está aprendiendo a ver y a _____ las cosas.
10. Bien merece la vista. ¡_____ sea Dios!

III. Imperative

A. Substitute for *creer*, in the following command, the verbs in parentheses. Then give the forms in the negative: *créemelo* (*decir, mandar, poner, dar, escribir*).

B. Give the appropriate form of the verb in parentheses. Several uses of the subjunctive will be found.

1. Nada se perdería aunque ellas no (ver).
2. Su padre mandó que María (quitarse) la venda.
3. ¡Dios se la (conservar)!
4. Cuando (volver), le llenó de besos.
5. Mi señora quería que la (acompañar) yo.
6. Quiero verle antes que (irse).

C. Offer original sentences in Spanish using the following idioms.

tener razón	volver a + infinitive
a pesar de	lo de or eso de
haber de + infinitive	empeñarse en

IV. *Translate the following sentences into Spanish.*

1. Tell me, good woman, why do you cover your eyes?
2. She must be mad.
3. The doctor ordered her not to go out into the street.
4. In spite of her blindness (ceguera), she knows the whole city better than I.
5. I don't understand this matter of the bandage.
6. She insists on seeing her father before he dies.
7. One lives for truth.
8. The best thing is that she can now see her child.

La venda (*cuadro segundo*)

I. *Cuestionario*

1. ¿Cómo trata Marta a su padre?
2. ¿Qué piensa el padre del médico?
3. ¿Es María "tan juiciosa" como Marta?
4. ¿Tiene el viejo la misma fe en la ciencia que Marta?
5. ¿Por qué no quiere Marta que venga María a casa del padre?
6. ¿Cómo indica Unamuno estilísticamente (stylistically) que la relación entre el padre y María es más estrecha que la de él y Marta?
7. ¿Por qué no se ha quitado María la venda?
8. ¿Qué fue el padre para María?

9. ¿Qué es la mejor medicina para el padre?
10. ¿Es envidiosa Marta?
11. ¿Cuál es la mayor preocupación del padre por su nietecillo?
12. ¿Quién le quita a María la venda?
13. ¿Es lógico que sea esta persona quien lo hace?
14. Al morirse su padre, ¿quiere María volver a ver?

II. Translate the words in parentheses into Spanish.

1. No quiere ir (with me).
2. El padre quiere más (Mary), (whose) ceguera fue la espina de su corazón.
3. Esas son aprensiones, nada (but) aprensiones.
4. Mi marido no vuelve porque tiene mucho (to do).
5. No tengo hijo, pero ahí está (my sister's).
6. Que se muera sin saberlo, (which) no es morir.
7. Éste es mi padre, (the one who) me enseñó a ver (that which is invisible).
8. Tus ojos fueron (mine).
9. ¡(What a) niño tan hermoso!
10. Hice (the same thing) con mi padre.

III. Select the appropriate verb form.

1. Dios me ha concedido que María (cobra, cobre, cobrase) la vista.
2. Parece como si usted me (inculpara, inculpe) nuestra falta de hijos.
3. La verá usted cuando (se pone, se ponga, se pondrá) mejor.
4. No se debe despertar a los niños cuando (duermen, duerman).
5. El médico dice que cuando menos lo (pensamos, pensemos, pensábamos) se nos quedará muerto.
6. A ver al padre antes que (se muera, se muere, morirse).
7. Si (está, esté, estuviese) el niño aquí, tráemelo.
8. Quiero tener antes de (me muera, me muere, morirme) el consuelo de ver a mi hija.
9. Si (viese, veía, vería) al chiquillo aquí, resistiría para algún tiempo más.
10. No toques al niño; déjale que (dormir, duerma, duerme).

IV. Substitute object pronouns for the nouns in the following sentences.

Recall that the indirect precedes the direct object pronoun, and that when two third person pronouns come together, the indirect (*le*, *les*) becomes *se*.

Example: **Dio el bastón a María.**

Se lo dió (a ella).

1. Quieren quitar a María la venda.
2. No me traiga al niño.
3. Siempre digo la verdad a mis padres.
4. Déle a él el bastón.
5. Está enseñando el coche a su hijo.
6. No, padre, no me quito la venda.

V. *Review the following idioms, and translate the sentences below.*

Hacer caso a	¿qué hay?
dar guerra	muy de mañana

1. My husband left very early.
2. I doubt that he will return tonight.
3. He has too much to do.
4. Did you call me? What's the matter?
5. He says that he is going to die, but don't mind him.
6. I know that I have been troublesome to you.

Julio Cortázar
1914-

Like his famous countryman Jorge Luis Borges, Julio Cortázar is respected as an important literary figure not only in Argentina and in the rest of Spanish America, but also in many non Spanish-speaking countries. Having lived for many years abroad—his father was in the diplomatic service—Cortázar is cosmopolitan and Argentinian at the same time. The translation in this country of two novels, Los premios and Rayuela, has brought him great acclaim.

Cortázar was early attracted by the literature of the fantastic and the absurd, and become an outstanding cultivator of this genre, as can be seen in the collection of stories entitled Bestiario (1951). He shows himself to be an extremely original author, fond of the irrational, the abstract, the incoherent, but preoccupied with the anguish and the moral dilemmas of the contemporary world.

Cortázar is also a very realistic author. His stories, written in a very personal style, reflect all kinds and levels of society and settings, with characters that are exceptionally well drawn. It will not be difficult to guess that he had an American patented phenomenon in mind when he wrote Los amigos (from Final del juego, 1956).

Los amigos

En ese juego[1] todo tenía que andar rápido. Cuando el Número
Uno decidió que había que liquidar a Romero y que el Número
Tres se encargaría del trabajo, Beltrán[2] recibió la información
pocos minutos más tarde. Tranquilo pero sin perder un instante,
salió del café de Corrientes y Libertad y se metió en un taxi. Mien-   5
tras se bañaba en su departamento,[3] escuchando el noticioso,[4] se
acordó de que había visto por última vez a Romero en San Isidro,
un día de mala suerte en las carreras.[5] En ese entonces Romero
era un tal[6] Romero, y él un tal Beltrán; buenos amigos antes de
que la vida los metiera por caminos tan distintos. Sonrió casi sin   10
ganas, pensando en la cara que pondría Romero al encontrárselo
de nuevo, pero la cara de Romero no tenía ninguna importancia
y en cambio había que pensar despacio en la cuestión del café y
del auto. Era curioso que al Número Uno se le hubiera ocurrido[7]
hacer matar a Romero en el café de Cochabamba y Piedras, y a   15
esa hora; quizá, si había que creer en ciertas informaciones, el
Número Uno ya estaba un poco viejo. De todos modos la torpeza[8]
de la orden le daba una ventaja: podía sacar el auto del garaje,
estacionarlo con el motor en marcha por el lado de Cochabamba,
y quedarse esperando a que Romero llegara como siempre a en-   20
contrarse con los amigos a eso de las siete de la tarde. Si todo salía
bien evitaría[9] que Romero entrase en el café, y al mismo tiempo[10]
que los del café vieran o sospecharan su intervención. Era cosa de
suerte y de cálculo, un simple gesto (que Romero no dejará de
ver,[11] porque era un lince[12]), y saber meterse en el tráfico y pegar   25
la vuelta a toda máquina.[13] Si los dos hacían las cosas como era
debido—y Beltrán estaba tan seguro de Romero como de él
mismo—todo quedaría despachado en un momento. Volvió a
sonreír pensando en la cara del Número Uno cuando más tarde,

---

[1] **juego** business
[2] **Beltrán** same person as **Número Tres**
[3] **departamento** apartment
[4] **el noticioso** the news
[5] **las carreras** the (horse racing) track
[6] **un tal** just a guy named
[7] **al Número Uno . . . ocurrido** it
should have occurred to No. 1

[8] **torpeza** awkwardness
[9] **evitar** to prevent
[10] insert **evitaría**
[11] **no dejar de (ver)** not to fail to (see)
[12] **lince** lynx
[13] **pegar . . . máquina** get back at full
speed

bastante más tarde, lo llamara desde algún teléfono público para informarle de lo sucedido.

Vistiéndose despacio, acabó el atado[14] de cigarrillos y se miró un momento al espejo. Después sacó otro atado del cajón, y antes 5 de apagar las luces comprobó que todo estaba en orden. Los gallegos[15] del garaje le tenían el Ford como una seda.[16] Bajó por Chacabuco, despacio, y a las siete menos diez se estacionó a unos metros de la puerta del café, después de dar dos vueltas a la manzana[17] esperando que un camión de reparto[18] le dejara el sitio. 10 Desde donde estaba era imposible que los del café lo vieran. De cuando en cuando apretaba un poco el acelerador para mantener el motor caliente; no quería fumar, pero sentía la boca seca y le daba rabia.[19]

A las siete menos cinco vio venir a Romero por la vereda[20] de 15 enfrente; lo reconoció en seguida por el chambergo[21] gris y el saco cruzado.[22] Con una ojeada[23] a la vitrina del café, calculó lo que tardaría en cruzar[24] la calle y llegar hasta ahí. Pero a Romero no podía pasarle nada a tanta distancia del café, era preferible dejarlo que cruzara la calle y subiera la vereda. Exactamente en 20 ese momento, Beltrán puso el coche en marcha y sacó el brazo por la ventanilla. Tal como había previsto, Romero lo vio y se detuvo sorprendido. La primera bala[25] le dio entre los ojos, después Beltrán tiró al montón[26] que se derrumbaba. El Ford salió en diagonal, adelantándose limpio[27] a un tranvía, y dio la vuelta por Ta- 25 cuarí. Manejando sin apuro,[28] el Número Tres pensó que la última visión de Romero había sido la de un tal Beltrán, un amigo del hipódromo[29] en otros tiempos.

---

[14] **atado**   pack
[15] **gallegos**   Galicians (*of Spain*)
[16] **como una seda**   smooth as silk
[17] **manzana**   (city) block
[18] **camión de reparto**   delivery truck
[19] **le daba rabia**   it made him angry (to be so nervous)
[20] **vereda**   sidewalk
[21] **chambergo**   soft hat
[22] **saco cruzado**   double-breasted jacket

[23] **ojeada**   glance
[24] **lo que tardaría en cruzar**   how long it would take to cross
[25] **bala**   bullet
[26] **tiró al montón**   fired at the heap
[27] **adelantándose limpio a**   neatly racing ahead of
[28] **Manejando sin apuro**   driving without haste
[29] **hipódromo**   race track

EXERCISES
Los amigos

I. Cuestionario

1. ¿Qué decidió el Número Uno?
2. ¿Quién se encargaría del trabajo?
3. ¿Qué hizo Beltrán después de recibir la información?
4. ¿Se conocen Beltrán y Romero?
5. ¿Dónde había visto Beltrán a Romero por última vez?
6. ¿Por qué dicen que el Número Uno ya estaba un poco viejo?
7. ¿A qué hora suele [soler] Romero llegar al café?
8. ¿Lo matará Beltrán en el café?
9. ¿A dónde se dirige Beltrán después de salir de su apartamento?
10. Al llegar al café, ¿por qué no pudo estacionarse en seguida?
11. ¿Por dónde vio venir a Romero?
12. ¿Por qué va Beltrán a dejarlo cruzar la calle?
13. ¿Lo asesinó con una sola bala?
14. ¿Ocurren estas clases de asesinato en este país?
15. ¿Siente Beltrán algún remordimiento?

II. Complete the sentences below by selecting the appropriate expressions from the following list.

pensar en	de nuevo	hacer matar
haber que	por última vez	a eso de
no dejar de	encontrarse con	lo sucedido
tardar en	de cuando en cuando	ocurrírsele a uno
volver a		

1. Beltrán había de asesinarlo (about) _____ las siete de la tarde.
2. Romero llega siempre al café a esa hora a (meet) _____ los amigos.
3. Beltrán sonrió, (thinking about) _____ la cara que pondría Romero.
4. Había visto (the last time) _____ a Romero en San Isidro.
5. El jefe decidió que (it was necessary) _____ liquidar a Romero.
6. Desea (to have him killed) _____ delante del café.
7. Beltrán no sabe cómo eso (had occurred to him) _____.

8. (From time to time) _____ Beltrán apretaba el acelerador.
9. Romero (would not fail to) _____ ver que su asesino es su amigo.
10. Romero (did not delay) _____ cruzar la calle y llegar hasta el café.
11. Beltrán se escapó en su coche después de (what happened) _____.
12. Por fin los dos amigos se habían encontrado (again) _____.

III. Uses of the subjunctive

The subjunctive is widely used in this story, occurring with impersonal expressions (**era curioso, era imposible**), with the conjunctions **antes de que** and **hasta que,** and with such verbs as **esperar, evitar,** and **dejar.** In the following sentences, supply the correct form of the verb in parentheses (be aware that the construction could require either the subjunctive, the indicative, or the infinitive).

1. Es curioso que Beltrán (tener) _____ que matar a su amigo.
2. Espero que esto no (suceder) _____ con frecuencia.
3. Si todo salía bien prohibiría que Romero (entrar) _____ en el café.
4. Es cierto que los dos hombres se (conocer) _____ desde hace tiempo.
5. Eran buenos amigos antes de que la vida los (meter) _____ por caminos distintos.
6. Antes de (apagar) _____ la luz, comprobó que todo estaba en orden.
7. Estaba seguro de que era imposible que los del café lo (ver) _____.
8. Es preferible dejarlo que (cruzar) _____ la calle y (subir) _____ a la vereda.
9. Es curioso que después de (tomar) _____ otro atado de cigarillos, Beltrán no (querer) _____ fumar.
10. Cortázar ha escrito un cuento que nos ha (dejar) _____ muy impresionados.

IV. Translate. Keep Exercises II and III in mind.

1. When it is necessary to liquidate his friends, he does not fail to do it.

2. He intends (*pensar*) to kill Romero before he can enter the café.
3. I will meet you at the school about 8:00 A.M.
4. He smiled *again* [two ways] when he saw Romero coming along the street.
5. It is curious that he wants to have me killed.
6. The train will not be late (slow) in arriving.
7. He smoked a cigarette from time to time while he was waiting for Romero to cross the street.
8. Before returning home, he called No. 1 to inform him of what was done.

Ignacio Aldecoa
1925-1969

The career of this promising novelist and outstanding short story
writer was cut short by an early death. Educated at the universities of
Salamanca and Madrid, Aldecoa began to establish a reputation with
his first novel in 1954, and became well known in 1958 with the publication of his award-winning novel Gran Sol. This was the first of a
trilogy that deals with the life of some fishermen. In it the author tries
to provide an objective, intimate study of the characters through their
own "testimony," as if he had recorded their thoughts and conver-
sations. The tragic, paradoxical destiny of man, a common theme in
Aldecoa's work, reaches its most human evocation in this novel.
Another outstanding characteristic of his work is the richness and
effectiveness of his style, with its precision, economy of language, and a
lyricism spiced with bold poetic images and metaphors.

The major part of Aldecoa's literary career, however, has been
devoted to the short story, which incorporates many of the stylistic and
thematic features of the novels. In most of his vast production of stories
we find Aldecoa's concern for social justice, particularly with regard
to the lower classes: the beggars, the gypsies, the prostitutes, and
many others. They are all very moving and human stories. Thus, in the
example that follows, we find Aldecoa's concern for human dignity
and his love for the humble and unfortunate expressed with great
tenderness.

Un cuento de Reyes

El ojo del negro es el objeto de una máquina fotográfica.[1] El hambre del negro es un escorpioncito[2] negro con los pedipalpos[3] mutilados. El negro Omicrón Rodríguez silba por la calle, hace el visaje[4] de retratar a una pareja, siente un pinchazo[5] doloroso en el estómago. Veintisiete horas y media lleva sin comer; doce y tres cuartos, no contando la noche, sin retratar; la mayoría de las[6] de su vida, silbando.

Omicrón vivía en Almería[7] y subió, con el calor del verano pasado, hasta Madrid. Subió con el termómetro. Omicrón toma, cuando tiene dinero, café con leche muy oscuro en los bares de la Puerta del Sol,[8] y copas de anís,[9] vertidas en vasos mediados de agua, en las tabernas de Vallecas,[10] donde todos le conocen. Duerme, huésped,[11] en una casita de Vallecas, porque a Vallecas llega antes que a cualquier otro barrio la noche. Y por la mañana, muy temprano, cuando el sol sale, da en su ventana un rayo tibio que rebota[12] y penetra hasta su cama, hasta su almohada. Omicrón saca una mano de entre las sábanas y la calienta en el rayo de sol, junto a su nariz de boxeador principiante, chata,[13] pero no muy deforme.

Omicrón Rodríguez no tiene abrigo, no tiene gabardina, no tiene otra cosa que un traje claro y una bufanda[14] verde como un lagarto, en la que se envuelve el cuello cuando, a cuerpo limpio,[15] tirita por las calles. A las once de la mañana se esponja,[16] como una mosca gigante, en la acera donde el sol pasea, porque el sol pasea sólo por un lado, calentando a la gente sin abrigo y sin gabardina que no se puede quedar en casa, porque no hay cale-

[1] The idea is that he holds his camera up to his eye to suggest taking a picture, as indicated also in footnote 4.
[2] **escorpioncito** little scorpion
[3] **pedipalpos** legs
[4] **hace el visaje de retratar** makes a gesture of photographing
[5] **pinchazo doloroso** a gnawing pain
[6] **las** i.e., **las horas**
[7] **Almería** city and province of the same name in southern Spain
[8] **Puerta del Sol** central square in Madrid
[9] **copas de anís, vertidas . . .** ''shots'' of anisette (a liqueur), poured into . . .
[10] **Vallecas** a section **(barrio)** of Madrid
[11] **huésped** as a boarder
[12] **rebota** bounces
[13] **chata** flat
[14] **bufanda . . . lagarto** scarf . . . lizard
[15] **a cuerpo limpio, tirita . . .** without a coat, he shivers . . .
[16] **se esponja** he puffs up

facción[17] y vive de vender[18] periódicos, tabaco rubio, lotería, hilos de nylon[19] para collares, juguetes de goma y de hacer fotografías a los forasteros.[20]

Omicrón habla andaluza y onomatopéyicamente.[21] Es feo, muy feo, feísimo, casi horroroso. Y es bueno, muy bueno; por eso 5 aguanta todo lo que le dicen las mujeres de la boca del Metro,[22] compañeras de fatigas.

—Satanás, muerto de hambre, ¿por qué no te enchulas[23] con la Rabona?

—No me llames Satanás, mi nombre es Omicrón. 10

—¡Bonito nombre! Eso no es cristiano. ¿Quién te lo puso, Satanás?

—Mi señor padre.

—Pues vaya humor.[24] ¿Y era negro tu padre?

Omicrón miraba a la preguntante casi con dulzura: 15

—Por lo visto.

De la pequeña industria fotográfica, si las cosas iban bien, sacaba Omicrón el dinero suficiente para sostenerse. Le llevaban[25] veintitrés duros por la habitación alquilada en la casita de Vallecas. Comía en restaurantes baratos platos de lentejas[26] y 20 menestras extrañas. Pero días tuvo en que se alimentó con una naranja, enorme, eso sí, pero con una sola naranja. Y otros en que no se alimentó.

Veintisiete horas y media sin comer y doce y tres cuartos, no contando la noche, sin retratar son muchas horas hasta para 25 Omicrón. El escorpión le pica una y otra vez en el estómago y le obliga a contraerse. La vendedora de lotería le pregunta:

—¿Qué, bailas?

—No, no bailo.

—Pues chico, ¡quién lo diría!, parece que bailas. 30

---

[17] **calefacción**   heat
[18] **vive de vender**   (people who) live by selling . . .
[19] **hilos de nylon** . . .   nylon thread (for necklaces, rubber toys)
[20] **forasteros**   strangers, outsiders
[21] **andaluza y** . . .   with an Andalusian accent and onomatopoetically
[22] **de la boca del Metro**   who hang around the subway entrance

[23] **¿Por qué no te enchulas con** . . . ?   Why don't you live off of (la Rabona)?
[24] **Pues vaya humor**   Oh, that's funny (sarcastic)
[25] **Le llevaban**   They charged him
[26] **lentejas y menestras**   lentils and dried vegetables

—Es el estómago.

—¿Hambre?

Omicrón se azoró,[27] poniendo los ojos en blanco,[28] y mintió:

—No, una úlcera.

—¡Ah!   5

—¿Y por qué no vas al dispensario a que te miren?

Omicrón Rodríguez se azoró aún más:

—Sí, tengo que ir, pero . . .

—Claro que tienes que ir, eso es muy malo. Yo sé de un
señor, que siempre me compraba,[29] que se murió de no cuidarla. 10

Luego añadió nostálgica y apesadumbrada:[30]

—Perdí un buen cliente.

Omicrón Rodríguez se acercó a una pareja que caminaba
velozmente.

—¿Una foto? ¿Les hago una foto?   15

La mujer miró al hombre y sonrió:

—¿Qué te parece, Federico?

—Bueno, como tú quieras . . .

—Es para tener un recuerdo. Sí, háganos una foto.

Omicrón se apartó unos pasos. Le picó el escorpioncito. Por 20
poco[31] sale movida la fotografía. Le dieron la dirección: Hotel . . .

La vendedora de lotería le felicitó:

—Vaya, has empezado con suerte, negro.

—Sí, a ver si hoy se hace algo.

Rodríguez hizo un silencio lleno de tirantez.[32]   25

—Casilda, ¿tú me puedes prestar un duro?

—Sí, hijo, sí; pero con vuelta.

—Bueno, dámelo y te invito a café.

—¿Por quién me has tomado? Te lo doy sin invitación.

—No, es que quiero invitarte.   30

La vendedora de lotería y el fotógrafo fueron hacia la esquina.
La volvieron y se metieron en una pequeña cafetería. Cucarachas
pequeñas, pardas, corrían por el mármol donde estaba asentada la
cafetera exprés.[33]

—Dos con leche.   35

---

[27] **azorarse**   to get upset, mad
[28] **poniendo . . . blanco**   rolling his eyes
[29] **compraba**   i.e., a lottery ticket
[30] **apesadumbrada**   grieved, distressed
[31] **Por poco . . . fotografía**   The picture
   was almost ruined

[32] **tirantez**   tenseness, strain
[33] **donde estaba asentada la . . .**   where
   the expresso coffee machine was
   placed

Les sirvieron. En las manos de Omicrón temblaba el vaso alto, con una cucharilla amarillenta y mucha espuma. Lo bebió a pequeños sorbos.[34] Casilda dijo:

—Esto reconforta, ¿verdad?

—Sí.   5

El "sí" fue largo, suspirado.

Un señor, en el otro extremo del mostrador, les miraba insistentemente. La vendedora de lotería se dio cuenta y se amoscó.[35]

—¿Te has fijado, negro, cómo nos mira aquel tipo? Ni que 10 tuviéramos monos[36] en la jeta. Aunque tú, con eso de ser negro, llames la atención, no es para tanto.[37]

Casilda comenzó a mirar al señor con ojos desafiantes. El señor bajó la cabeza, preguntó cuánto debía por la consumición,[38] pagó y se acercó a Omicrón: 15

—Perdonen ustedes.

Sacó una tarjeta del bolsillo.

—Me llamo Rogelio Fernández Estremera, estoy encargado[39] en el Sindicato del . . . de organizar algo en las próximas fiestas de Navidad.   20

—Bueno —carraspeó—,[40] supongo que no se molestará.[41] Yo le daría veinte duros si usted quisiera hacer el Rey negro[42] en la cabalgata de Reyes.[43]

Omicrón se quedó paralizado.

—¿Yo?   25

—Sí, usted. Usted es negro y nos vendría muy bien,[44] y si no, tendremos que pintar a uno, y cuando vayan los niños a darle la mano o besarle en el reparto[45] de juguetes se mancharán. ¿Acepta?

---

[34] **sorbos** sips
[35] **se amoscó** became annoyed
[36] **Ni que . . . jeta** We're not that funny looking
[37] **no es para tanto** it's not that bad
[38] **consumición** order (of food or drink)
[39] **encargado . . . organizar** in charge, in my union, of organizing
[40] **carraspeó** he said hoarsely
[41] **supongo . . . molestará** I hope you don't mind
[42] **el Rey negro** Balthasar, one of the three Wise Men (**Reyes Magos**) who

came from the Orient bearing gifts for the Christ child
[43] **la cabalgata de Reyes** the procession of the three Wise Men
[44] **vendría muy bien** would suit us very well
[45] **reparto . . . se mancharán** in the distribution of gifts (the children) will get dirty. (In Spain, presents are brought to the children not by Santa Claus on Christmas, but by the Three Wise Men on Epiphany, January 6.)

Omicrón no reaccionaba. Casilda le dio un codazo:[46]

—Acepta, negro, tonto . . . Son veinte chulís[47] que te vendrán muy bien.

El señor interrumpió:

—Coja la tarjeta. Lo piensa[48] y me va a ver a esa dirección. ¿Qué quieren ustedes tomar?   5

—Yo un doble de café con leche —dijo Casilda—, y éste un sencillo y una copa de anís, que tiene esa costumbre.

El señor pagó las consumiciones y se despidió.

—Adiós, piénselo y venga a verme.

Casilda le hizo una reverencia[49] de despedida.   10

—Orrevuar,[50] caballero. ¿Quiere usted un numerito del próximo sorteo?[51]

—No, muchas gracias; adiós.

Cuando desapareció el señor, Casilda soltó la carcajada.[52]

—Cuando cuente a las compañeras que tú vas a ser Rey se van   15
a partir[53] de risa.

—Bueno, eso de que voy a ser Rey . . . —dijo Omicrón.

Omicrón Rodríguez apenas se sostenía en el caballo. Iba dando tumbos.[54]   20

Le dolían las piernas. Casi se mareaba.[55] Las gentes desde las aceras sonreían al verle pasar. Algunos padres alzaban a sus niños.

—Mírale bien, es el rey Baltasar.

A Omicrón Rodríguez le llegó la conversación de dos chicos.

—¿Será[56] de verdad negro o será pintado?   25

Omicrón Rodríguez se molestó. Dudaban por vez primera en su vida si él era blanco o negro, y precisamente cuando iba haciendo de Rey.

La cabalgata avanzaba. Sentía que se le aflojaba[57] el turbante. Al pasar cercano a la boca del Metro, donde se apostaba[58] coti-   30

---

[46] le dio un codazo   poked him with an elbow
[47] veinte chulís   twenty duros (100 pesetas)
[48] Lo piensa   (you) think it over
[49] le hizo una reverencia   made a bow
[50] Orrevuar   i.e., "Au revoir"
[51] sorteo   drawing (lottery)
[52] soltó la carcajada   burst out laughing
[53] partir   to split, to break

[54] Iba dando tumbos   He was swaying unsteadily.
[55] Casi se mareaba   He was almost sick.
[56] ¿Será . . . ?   (future of conjecture) Can he really be . . . ?
[57] se le aflojaba el turbante   his turban was loose
[58] se apostaba cotidianamente   he stationed himself every day

dianamente, volvió la cabeza, no queriendo ver reírse a Casilda y sus compañeras. La Casilda y sus compañeras estaban allí, esperándole; se adelantaron de la fila; se pusieron frente a él y, cuando esperaba que iban a soltar la risa, sus risas guasonas,[59] temidas y estridentes, oyó a la Casilda decir: 5

—Pues, chicas, va muy guapo, parece un rey de verdad.

Luego unos guardias las echaron hacia la acera.

Omicrón Rodríguez se estiró en el caballo y comenzó a silbar tenuemente.[60] Un niño le llamaba, haciéndole señales con la mano: 10

—¡Baltasar, Baltasar!

Omicrón Rodríguez inclinó la cabeza solemnemente. Saludó.

—¡Un momento, Baltasar!

Los *flash* de los fotógrafos de Prensa le deslumbraron.[61]

---

[59] **guasonas**   churlish, heavy   [61] **deslumbrar**   to dazzle
[60] **tenuemente**   softly, lightly

EXERCISES
Un cuento de Reyes

I.   *Cuestionario*

1. ¿Qué es el negro Omicrón Rodríguez?
2. ¿De qué está sufriendo?
3. ¿Qué suele hacer en la Puerta del Sol y en Vallecas?
4. ¿Por qué anda tiritando por las calles?
5. Describa usted a Omicrón.
6. ¿Qué tal son sus comidas?
7. ¿Con quién entabla (begin) una conversación?
8. ¿Qué le pide a ella? ¿A dónde van?
9. ¿Quién se acercó a Omicrón?
10. ¿Para qué busca este señor al negro?
11. ¿Qué hace el señor para ellos antes de despedirse?
12. ¿Por qué le molestó a Omicrón la conversación de los chicos?
13. ¿Se rieron de él Casilda y sus compañeras?
14. ¿Qué cambio se nota después en Omicrón?
15. ¿Qué significación tiene la última frase?

II. Llevar *is used much like* hacer *in time expressions. Unlike* hacer, *however,* llevar *is the main verb in this kind of sentence:*

Llevo tres años aquí.   I have been here for three years.
Hace tres años que
estoy aquí.

Lleva media hora esperando.   He has been waiting for half
Hace media hora que espera.   an hour.

With a negative, **llevar** is followed by **sin** and an infinitive. Example from the text:

Veintisiete horas y media lleva sin comer.
Hace veintisiete horas y media que no come (*or* **que no ha comido**).

A. Translate the sentences below using both constructions.
1. She has been selling lottery tickets for twenty years.
2. How long (*cuánto tiempo*) have you been in this school?
3. Omicrón has not eaten for two days.
4. His companions have been waiting for him for an hour.
5. Have you been studying Spanish for a long time?

B. Answer the following in Spanish.
1. ¿Lleva usted mucho tiempo en esta ciudad?
2. ¿Cuánto tiempo llevas sin ver a tu familia?
3. ¿Cuántos años llevan casados sus padres?
4. ¿Cuántas horas lleva él escribiendo esa carta?
5. Diga usted cuánto tiempo hace que conoce a su profesor de español.

III. *Fill in the blanks in the sentences below with an appropriate word from the following list. Make any necessary changes of grammar or syntax.*

andaluz	silbar	hacer fotos
café con leche	abrigo	eso de
hacer	reírse	fotógrafo
alimentarse	lotería	insistentemente

1. Aunque tiene hambre, Omicrón _____ por la calle.
2. El negro gana la vida _____.
3. Habla con un acento _____.
4. Cuando tiene dinero, toma _____ en los bares.

5. Tiene días en que no _____.
6. Tirita por las calles porque no tiene _____.
7. Casilda es una vendedora de _____.
8. Un señor les miraba _____ en el bar.
9. El señor quiere que Omicrón _____ el Rey negro.
10. Omicrón se preocupa por _____ ser Rey.
11. Temía ver _____ a Casilda y sus compañeras.
12. Los _____ de Prensa hacen fotos al Rey Baltasar.

IV. *Translate the sentences below.*

In the story we find the following idioms and expressions, and the use of the definite article with parts of the body (instead of the possessive adjective). You will also find instances where two adverbs are used together; remember that the first drops the **–mente,** remaining in the feminine singular.

eso de	that matter (business) of
hacer una foto (a)	to take a picture (of)
hacer (de)	to play the role of
soltar la carcajada	to burst out laughing
venir bien a	to fit, suit, become

1. Omicrón does not close his eyes when he takes a picture.
2. His companions have been working near the subway for many months.
3. Omicrón bowed (*inclinar*) his head proudly and solemnly.
4. Nobody burst out laughing when he played the part of Balthasar.
5. You would suit us very well because you are black.
6. That business of the three Wise Men (*Reyes Magos*) who bring presents on January 6 is an old Spanish custom.
7. Omicrón must feel like a real king when the press photographer takes his picture.
8. Have you been reading other Spanish short stories for some time?

Camilo José Cela
1916-

In 1942, post-Civil War Spanish letters received a badly needed
shot in the arm with the appearance of a "tremendous" novel, La
familia de Pascual Duarte, by a young writer named Camilo José Cela,
born in Galicia in 1916. Today he is generally acknowledged to be
Spain's foremost novelist. The harshly realistic story of Pascual
Duarte, narrated in the first person, established the controversial
reputation of its author as well as the vogue of the tremendista novel:
realism characterized by physical and spiritual violence, directness of
style, and such common themes as anguish, despair, pessimism,
loneliness.

Since then, Cela has written excellent books of short stories,
lyrical accounts of his many travels throughout Spain, and many other
novels, the most prominent of which is La colmena (The Hive), 1951.
Imitating a technique used by others (e.g., John Dos Passos), Cela
presents his bitter "slice of life" in a series of short but powerfully
precise vignettes, or candid-camera shots. In spite of the fact that both of
these novels were originally censored in Spain and created enemies
as well as admirers for him, Cela was elected to the Spanish Academy
of Letters in 1957. In recent years, the major part of his time has been
devoted to being editor of the prestigious journal, Papeles de Son
Armandans.

A kind of enfant terrible of contemporary Spanish literature, Cela
is aggressive, egotistic, experimental, independent. His individualism
and the boldness and vigor of his style remind us very much of Pío
Baroja, whom he greatly admired. "De Baroja, de quien tanto aprendí,
he recibido la última y más saludable lección: la de la humildad
humilde, que es la más noble y difícil . . ." Cela's language and characters are not restricted by convention; indeed, he does not hesitate to
bend reality to caricature and the grotesque. His humor is ironic. His
tone is often mocking, sometimes bitter, but not without compassion.
No one work can capture the whole of this brilliant writer, but a part
of him is evident in the two short stories that follow.

Don Elías Neftalí Sánchez, mecanógrafo[1]

Don Elías Neftalí Sánchez, en realidad no tan sólo mecanógrafo, sino Jefe de Negociado de tercera[2] del Ministerio de Finanzas[3] de no recuerdo cuál república, estuvo[4] otro día a verme en casa.

—¿Está[5] el señor?   5

—¿De parte de quién?[6]

—Del señor Elías Neftalí Sánchez, escritor y mecanógrafo.

—Pase, tenga la bondad.

A don Elías lo pasaron al despacho. Yo estaba en la cama copiando a máquina[7] una novela. La máquina estaba colocada sobre 10
una mesa de cama, en equilibrio inestable;[8] las cuartillas extendidas sobre la colcha,[9] y los últimos libros consultados, abiertos sobre las sillas o sobre la alfombra.

Dos golpecitos sobre la puerta.

—Pase.   15

La criada, con el delantal a la espalda[10]—quizá no estuviera demasiado limpio—, asomó medio cuerpo.[11]

—El señor Elías, señorito; ese que es escritor.

En sus palabras se adivinaba[12] un desprecio absoluto hacia la profesión.   20

—Que pase.

Al poco tiempo, don Elías Neftalí Sánchez, moreno, bigotudo,[13] del orden y de los postulados de la revolución francesa, poeta simbolista—tan simbolista como si fuera duque—, quizá judío,[14] semioriginal[15] y melífluo, se sentaba a los pies de mi 25
cama.

—Con que[16] escribiendo, ¿eh?

---

[1] **mecanógrafo** typist
[2] **Jefe de Negociado de tercera** third-class bureau chief
[3] **Ministerio de Finanzas** Treasury Department
[4] **estuvo** (here) came
[5] **Está** i.e., at home
[6] **¿De parte de quién?** Who shall I say is calling?
[7] **copiando a máquina** typing

[8] **en equilibrio inestable** unsteady
[9] **colcha** quilt, cover
[10] **espalda** back
[11] **asomó medio cuerpo** leaned into the room
[12] **se adivinaba** one could detect
[13] **bigotudo** having a mustache (**bigote**)
[14] **judío** Jew, Jewish
[15] **semioriginal** not very original
[16] **Con que . . .** So (you are writing)

—Pues, sí; eso parece.

—Algún selecto y exquisito artículo, ¿eh?

—Psch . . . Regular . . .

—Alguna deliciosa y alada[17] narración, ¿eh?

—Ya ve . . .   5

—Algún encantador poemita, ¿eh?

—Sí . . . , no . . .

—Algún dulce y emotivo trozo,[18] ¿eh?

—Oiga, don Elías, ¿quiere usted mirar para otro lado,[19] que
me voy a levantar?   10

Me levanté, me vestí, cogí al señor Sánchez de un brazo y nos
marchamos a la calle.

—¡Hombre, amigazo![20] ¿Nos[21] tomamos dos copas?[22]

—Bueno.

Nos las tomamos.   15

—¿Otras dos?

—Bueno.

Nos las volvimos a tomar. Pagué y salimos a la calle, a dar
vueltas por el pueblo como canes[23] abandonados, como meditati-
vos niños errabundos.   20

—¿Y usted sigue escribiendo a máquina con un solo dedo?

—Sí señor. ¿Para qué voy a usar los otros?

Don Elías me informó—¡cuántas veces llevamos ya,[24] Dios
mío!—de las ventajas de un método que él había inventado para
escribir a máquina; me pintó con las más claras luces y los más   25
vivos colores las dichas del progreso y de la civilización;
aprovechó la ocasión para echar su cuarto a espadas en pro de[25]
los eternos postulados de Libertad, Igualdad, Fraternidad (bien
entendidas,[26] claro, porque don Elías—nadie sabe por qué lejano e
ignoto escarmiento[27]—tenía la virtud de curarse en sano[28];   30

---

[17] **alada** winged

[18] **trozo** piece (here, literary)

[19] **mirar para otro lado** turn away

[20] **amigazo** old pal (said ironically)

[21] **Nos** (indirect object) for ourselves
(omit in translation)

[22] **copas** drinks

[23] **canes** dogs

[24] **llevamos ya** (Translate) have I heard
all this

[25] **echar su cuarto a espadas en pro de**
to intervene, to speak out in favor of

[26] **bien entendidas** very understand-
able, comprehensible

[27] **ignoto escarmiento** unknown
caution

[28] **tenía la virtud de curarse en sano**
had the good sense to talk in
down-to-earth terms

siguió hablándome de las virtudes de la alimentación exclusiva-
mente vegetal, de las propiedades de los rayos solares y de la
gimnasia sueca[29] para la curación de las enfermedades; de las
ganancias que a la Humanidad reportaría[30] el empleo del idioma
común . . .   5

Yo entré en una farmacia a comprar un tubo de pastillas
contra[31] el dolor de cabeza.

—¿Tiene usted jaqueca,[32] mi buen amigo?

—Regular . . .

—Luego yo le dejo, amigo, que no quiero serle molesto.   10

Cuando don Elías Neftalí Sánchez, en realidad, no tan sólo
mecanógrafo, sino Jefe de Negociado de tercera del Ministerio de
Finanzas de no recuerdo cuál república, me abandonó a mis
fuerzas,[33] un mundo de esperanzas se abrió ante mis ojos.

Sus últimas palabras, ya mano sobre mano,[34] fueron dignas   15
del bronce.[35]

—¿Ve usted todos mis títulos? Pues todos los desprecio. Como
siempre al despedirme: ElíasNeftalí Sánchez, escritor y mecanógrafo para servirle. Es mi mayor timbre[36] de gloria.

Cuando volví a mi casa aquella noche, abatido y desazonado,[37] 20
me tiré sobre una butaca y llamé a la criada.

—Si viene don Elías Neftalí Sánchez le dice[38] que me he
muerto. ¿Entendido?

—Sí, señorito.

—A ver: repita.   25

—Si viene don Elías Neftalí Sánchez le digo que se ha muerto
usted.

—Eso. No lo olvide, por lo que más quiera.[39]

Pasaron algunos días, y una mañana vi en el periódico la siguiente esquela:[40]   30

---

[29] **gimnasia sueca** Swedish gymnastics;
  i.e., without any apparatus such as
  parallel bars, etc.

[30] **reportaría** would bring (subject is
  el empleo)

[31] **tubo de pastillas contra** box of
  tablets for

[32] **jaqueca** migraine headache

[33] **a mis fuerzas** on my own, alone

[34] **ya mano sobre mano** as we were
  parting

[35] **dignas del bronce** worthy of being
  preserved

[36] **timbre** seal

[37] **desazonado** cross, ill-humored

[38] **le dice** you are to tell him

[39] **por lo que más quiera** on your life

[40] **esquela** obituary notice

DON ELÍAS NEFTALÍ SÁNCHEZ
Ha muerto
Descanse en paz.

Así lo quiere el Señor. Descanse en paz don Elías ahora que los que le sobrevivimos[41] tan en paz hemos quedado.[42] 5

La vida es una paradoja, como decía don Elías. Una inexplicable paradoja.

[41] **sobrevivir**   to survive
[42] **tan en paz hemos quedado**   are now so peaceful

EXERCISES
Don Elías Neftalí Sánchez, mecanógrafo

I.   **Cuestionario**

1. ¿Dónde está el narrador al principio de esta historia? ¿Qué hace?
2. ¿A dónde van los dos hombres?
3. ¿Qué tipo de hombre es don Elías?
4. ¿Cuáles son algunas de sus ideas sobre la salud?
5. ¿Cómo logra el narrador librarse de don Elías?
6. Cuando el narrador vuelve a su casa, ¿qué orden le da a su criada?
7. ¿Por qué no vuelve don Elías otra vez?
8. ¿Cuál es el tono de esta historia? ¿Es trágica la muerte de don Elías? ¿Por qué?

II.   *The use of the subjunctive alone in a subordinate clause (with the main verb being understood) is frequent in this story.*

This is called the indirect command and is generally, but not always, introduced by **que,** which is translated by *let, may, have* . . . Examples from the text:

Que pase.   Have him come in. (I want that he come in.)
Descanse en paz.   May he rest in peace.

Translate.
1. Que ellos lo hagan.
2. ¡Viva el rey!

Camilo José Cela   118

3. Así lo quiera el Señor.
4. Sea la luz.

5. Let George do it.
6. Have her read the first page.
7. Blessed (*bendito*) be your name.
8. May she always think of (en) me.

III. *In the following sentences, give the appropriate form of the verbs in parentheses.*

1. Yo (levantarse) y (coger) al señor Sánchez de un brazo.
2. En las palabras de la criada (adivinarse) un desprecio absoluto hacia la profesión.
3. Yo (estar) en la cama copiando a máquina una novela.
4. —El señor Elías, señorito.
   —Que (pasar).
5. Cuando don Elías se despidió de mí, un mundo de esperanzas (abrirse) ante mis ojos.
6. —Luego, yo le (dejar), amigo, que no quiero serle molesto.
7. Don Elías siguió (hablar) de varias cosas.
8. Cuando volví a mi casa aquella noche, (tirarse) sobre una butaca.

IV. *Translate the following sentences into Spanish.*

1. When someone has died, one says: May he rest in peace.
2. He took leave of me, and I continued typing my novel.
3. How can I find peace if he never stops talking?
4. After having a drink, we strolled around the town.
5. He is not a writer but a typist.
6. Have him leave immediately.
7. He went in a drugstore to buy something for his headache.
8. If that man comes again, tell him I have died.

Claudito, el espantapájaros[1]

(*novela*)

Nota

Por un error puramente casual, esta novela apareció anunciada, en su primera edición, de una manera distinta a[2] la verdadera. Donde se leía: "Don Abundio y el espantapájaros" debiera haberse leído,[3] como hoy se lee: "Claudito, el espantapájaros," que es el título originario y primitivo de esta dulce historia de   5
Navidad,[4] concebida para ser comentada al amor de la lumbre.[5]

Don Abundio es un tío de nuestro personaje; pero esta razón no puede considerarse como suficiente para llevar su nombre a la cabecera[6] de este trabajito. Hombre desleal,[7] de pocos amigos y que no nos inspira ninguna confianza, no queremos contribuir a   10
darle aire,[8] y, a pesar del anuncio, retiramos su nombre del título. Claudito, en cambio, ya es otro cantar.[9] Claudito es un tonto crecido . . .[10]

Capítulo I

Era la Nochebuena.[11] Sobre el paisaje nevado,[12] Claudito, que era un tonto crecido y con cara de mirlo,[13] se dedicaba a pasear,   15
para arriba y para abajo,[14] tocando en su ocarina los tristes, los amargos valses de las fiestas de familia,[15] esas fiestas presididas[16] siempre por el pertinaz recuerdo de aquel hijo muerto en la flor de su juventud.

Claudito, calado hasta los huesos[17] y con una gota color   20
marfil colgada de la nariz, soplaba[18] en su ocarina el *Good night* o el *Vals de las velas*, mientras sus manos, rojas de sabañones[19]

---

[1] **espantapájaros** scarecrow
[2] **distinta a** different from
[3] **debiera haberse leído** it should have read
[4] **Navidad** Christmas
[5] **al amor de la lumbre** by the fireside
[6] **cabecera** beginning, head (cf. **cabeza**)
[7] **desleal** disloyal, traitorous
[8] **aire** (here) importance, prestige
[9] **otro cantar** another story, horse of a different color
[10] **crecido** full-fledged

[11] **Nochebuena** Christmas Eve
[12] **nevado** snow-covered
[13] **mirlo** blackbird
[14] **para arriba y para abajo** up and down
[15] **fiestas de familia** family get-togethers
[16] **presididas** governed, overshadowed
[17] **calado hasta los huesos** soaked to the skin
[18] **soplar** to blow
[19] **sabañones** chilblains

malvolaban[20] sobre los agujeritos[21] por donde salían las notas y el viento.

Detrás de los visillos[22] Clementina, su viejo y platónico amor, lloraba furtivas lágrimas de compasión.

Capítulo II

Don Abundio Hodgson (esta historia no es española, sino 5
neworleansiana), el padre de Clementina y tío carnal[23] de Claudito, sorprendió el amoroso espiar[24] de la hija.

—Pero Clementina, ¡a tus años!

—¡Papá!

—Sí hija, yo soy tu papá, aunque tu abuelito siempre decía 10
que no había más nietos seguros que los hijos de las hijas. ¿Por qué me das estos disgustos? Yo creo, hija mía, que no me merezco este despiadado[25] trato. ¿Por qué no dejas de mirar ya para[26] Claudito?

Clementina suspiró, mientras arreciaba[27] la nevada y el soplar 15
del primo tonto.

—Es que el corazón . . .

—Sí, Clementina; ya lo sé. Pero dominando los locos raptos[28] del corazón deben prevalecer siempre los convenientes raciocinios[29] del cerebro. 20

Clementina estaba ahogada por el llanto.

—Ya me hago cargo,[30] papá; pero . . .

—Pero, ¿qué, hijita? ¿Qué duda puede aún caber[31] en esta cabecita loca?

Don Abundio Hodgson, propietario del restorán "La digestiva 25
Lubina Cuáquera",[32] cambió el tono de su voz:

—Y además, hija, ¿tú no sabes que los hijos de primos—Clementina, con las mejillas arreboladas,[33] bajó la vista—tú no sabes

---

[20] **malvolaban** moved clumsily
[21] **agujeritos** little holes (of the ocarina)
[22] **visillos** curtains
[23] **tío carnal** "blood" uncle
[24] **espiar** to spy (with **el**, spying)
[25] **despiadado** cruel
[26] **mirar para** concern yourself with
[27] **arreciaba** grew stronger
[28] **rapto** rapture, ecstasy

[29] **convenientes raciocinios** beneficial reasoning
[30] **hacerse cargo** to make oneself re-
sponsible for
[31] **caber** (here) to remain, to be
[32] **"La digestiva Lubina Cuáquera"**
"The Quaker Haddock Café"
[33] **mejillas arreboladas** red cheeks, blushing

que los hijos de primos, aunque ninguno de los dos sea tonto, suelen[34] salir algo tontos?

Capítulo III

"Mi muy querido e imposible corazón:

"Renuncio a ser tuya jamás.[35] Sé bien que esta decisión me puede acarrear[36] la muerte, pero no me importa: a todo estoy 5 decidida. Debo sacrificarme y lo hago. No me pidas que te explique nada: no podría hacerlo. Reza por mí. Adiós vida. Adiós, buenas tardes. Que la vida te colme[37] de dichas. Que seas muy feliz sin mí. Si no soy tuya, te juro que tampoco seré de nadie. Recuerda siempre a tu desgraciada, 10

Clementina"

—¡Qué tía![38]—exclamó Claudito—. ¡Qué cartas escribe! ¡Y parecía tonta!

Capítulo IV

Por el campo cubierto por el blanco sudario[39] de la nieve, etc., Claudito echó a andar en compañía de su ocarina. 15

Llegado que hubo[40] a una pradera . . . Vamos,[41] queremos decir: en cuanto llegó a una pradera se puso en pie,[42] como una cigüeña,[43] y se dijo: "Los pajarillos del cielo vendrán a reconfortar mis flacos ánimos."[44]

Pero los pajarillos del cielo, al verlo, echaron a volar des- 20 pavoridos.

—¡Un espantapájaros mecánico!—se decían unos a otros los pajarillos de New Orleáns—. ¡Un espantapájaros filarmónico!

Capítulo V

Claudito, el Espantapájaros, fue durante unos días el héroe local de su pueblo. 25

[34] **suelen** (from **soler**) are wont to, usually
[35] **jamás** forever
[36] **acarrear** to cause
[37] **Que . . . colme** (subjunctive) May . . . fill
[38] **tía** woman
[39] **sudario** shroud
[40] **Llegado que hubo** Arrived as he had

(in mock imitation of an older style, such as that of the pastoral novel and love poetry)
[41] **Vamos** Well, all right
[42] **ponerse en pie** to stand up (here) on one foot
[43] **cigüeña** stork
[44] **flacos ánimos** weak spirits

—Pero, ¡hombre, Claudito! ¿Cómo se te ocurrió[45] ir a tocarles el *Good night* a los gorriones?

—Pues, ¡ya ves! . . .

—Pero, ¡y no tenías frío?

—Sí, algo . . .   5

—¡Claro, hombre, claro! Oye: nos han dicho que te cogieron tieso[46] sobre una pata, como las grullas.[47] ¿Es verdad eso?

—Pues sí . . .

—¿Y por qué te pusiste sobre una pata?

—Pues, ¡ya ves! . . .   10

Clementina, en el fondo de su corazón, estaba orgullosa del proceder[48] de Claudito.

Fuera, la nieve caía mansamente.

---

[45] **¿Cómo se te ocurrió?** How did you get the idea?

[46] **te cogieron tieso** they found you stiff

[47] **grullas** cranes

[48] **proceder** the action

EXERCISES
Claudito, el espantapájaros

I.   Cuestionario

1. ¿Por qué retiró el autor el nombre de don Abundio del título?
2. ¿Dónde tiene lugar esta historia?
3. ¿Qué clase de música tocaba Claudito en su ocarina?
4. ¿Qué disgustos le da Clementina a su padre?
5. ¿Por qué decidió Clementina escribir la carta?
6. ¿Qué hizo Claudito al llegar a una pradera?
7. ¿Por qué no vinieron los pajarillos del cielo?
8. ¿Qué impresión le dan a Vd. expresiones como éstas: "un espanta-pájaros filarmónico", "te cogieron tieso sobre una pata", "esta dulce historia de Navidad"? ¿Humor? ¿Ironía? ¿Caricatura?

II.   *Give the diminutives of the following nouns, and use them in simple sentences.*

cabeza	hija
trabajo	pájaro
abuelo	agujero

III. Indicate whether the following statements are true or false.

1. Según don Abundio, los hijos de primos suelen salir algo tontos.
2. Clementina jura que si no es de Claudito, tampoco será de nadie.
3. Claudito se dedicaba a tocar valses alegres para Clementina.
4. Don Abundio es un hombre leal, y que nos inspira confianza.
5. Claudito toca la ocarina en la orquesta filarmónica de New Orleáns.
6. Clementina nunca dejó de querer a Claudito.

IV. Observe the following idioms, and translate the sentences below.

echar a + *inf*.   dejar de + *inf*.
querer decir   en cambio
tener frío   a pesar de

1. What a fool! He didn't stop playing his ocarina in spite of the cold night.
2. Clementina, may life be happy for you.
3. On the other hand, the little birds started to fly when they saw Claudito.
4. Do you mean that you were not cold in the meadow?
5. Did you like birds when you were young?
6. I don't know which of the two is more stupid.
7. This story is not Spanish but American.
8. It was Christmas Eve and the countryside was covered with snow.

Wenceslao Fernández Flórez
1885-1964

Galicia, the same province that produced the humorist Julio Camba, was also the birthplace of this very popular and well-known novelist and humorist. Even before he came to Madrid to live and work, Fernández Flórez was already a known journalist, and remained one all his life. He also earned a living by writing original scenarios for the movies. His literary production, including novels, short stories, and what he called crónicas, earned him election to the Spanish Royal Academy in 1945.

Humor, for Fernández Flórez, may have many facets: "burla, sarcasmo, cólera, ironía, y risa". Although biting at times, his criticism of Spanish life and society is generally compassionate rather than cruel. Like Camba, he possessed a fertile imagination and a keen insight into human psychology. In the following selection, Historia de un loco, we see him attack that vicious Spanish institution of the cacique, or regional political "boss" in the worst sense of the term, with humor and irony.

Historia de un loco

Estaba tendido[1] en su celda, inmóvil, con las manos cruzadas sobre el vientre y los ojos cerrados. Me acerqué, deseándole buenos días; pero no se movió. Entonces me senté junto a su lecho. Pasaron diez minutos, abrió cautelosamente[2] un ojo y comprobó que yo le observaba. Dijo sin corregir su postura:[3]   5

—¿Qué hace usted aquí?

—Vengo a verle.

—¿No sabe usted que soy un difunto?[4]

—Sí, pero hoy es dos de noviembre[5]—mentí—, el día de visitar a los muertos.   10

—¡Ah! —exclamó—. En ese caso . . . —Después se dolió—:[6] Siento mucho recibirle a usted así; yo siempre he pensado que me enterrarían con mi traje negro de los domingos; en mi aldea, todos los cristianos se entierran con su traje negro, y muchos llevan un pañuelo, bien limpio y bien doblado, asomándole[7] en el bolsillo.   15 Pero el cacique[8] me dejó hasta sin traje.

—Ya no hay caciques —afirmé.

Volvió a abrir un ojo para mirarme de soslayo.[9]

—¿Es usted un loco? —preguntó—. Dígalo con franqueza; desde que estoy muerto no les tengo ningún miedo a los locos.   20

—Ya no hay caciques —insistí—; los han dejado cesantes.[10]

Encogió[11] ligeramente sus hombros.

—Es la primera vez, desde que soy un pobre difunto, que siento no poderme reír. No está bien que un difunto se ría. Pero yo le digo a usted que eso que me cuenta es imposible. No sé lo que   25 ocurrirá en los demás rincones del mundo, pero en Galicia no han podido desaparecer los caciques. ¿Quién los ha echado?

—Un general.

—No bastaría un general ni un ejército. Sería preciso un

---

[1] **tendido en su celda** stretched out in his cell

[2] **cautelosamente** cautiously

[3] **corregir su postura** changing position

[4] **difunto** dead (person)

[5] **dos de noviembre** All Souls' Day (**Día de Difuntos**)

[6] **se dolió** he became distressed

[7] **asomándole en el bolsillo** sticking out of the pocket

[8] **cacique** powerful political boss, whose name is synonymous with abuses, corruption, and tyranny

[9] **de soslayo** obliquely, sideways

[10] **cesantes** *lit.*, unemployed, dismissed

[11] **Encogió . . . hombros** He shrugged slightly.

brujo.[12] ¿Ignora usted que los caciques son brujos también? Los irían a coger y no los encontrarían, porque tienen poder para transformarse en lo que quieran. Yo lo he visto con mis ojos humanos. ¿Quiere usted que le cuente? Escuche: «Yo nací y viví en Terra-Cativa. El alcalde a perpetuidad de Terra-Cativa era un 5 monstruo. Pagábamos dos veces los impuestos[13] municipales y los devoraba él; era agente[14] de embarques y prestamista, y nos daba dinero con hipoteca[15] usuraria de nuestras fincas. . . . Era el cacique aldeano, en fin, y no creo que sea preciso aburrirle a usted con descripciones. Existían desde no se sabe cuándo, quizá desde 10 el comienzo de las edades, y nadie le había vencido jamás, porque su astucia era tan grande como su perversión. Se cuenta que una vez, cuando el Señor intervenía más en los asuntos de los hombres, vino un ángel al mundo a atenuar[16] los dolores de la gente de Terra-Cativa. Las siete feligresías[17] fueron a esperar al enviado 15 celeste a la cumbre del monte más alto, y al frente de todos, con su vara[18] en la mano y su gesto de compunción[19] en el rostro, iba el cacique. El ángel llegó, y la frente[20] que más tiempo estuvo pegada a la húmeda tierra fue la del alcalde. El cura hubiese querido hospedar[21] al ángel en su casa, pero bien sabía que esto le 20 costaba la parroquia,[22] y dejó que lo llevase el cacique. De sobremesa,[23] el divino inspector dijo al alcalde:

»—Las escuelas están cerradas; los hombres de Terra-Cativa viven en una negra ignorancia. Esto aflige al Señor.

»Y el cacique abrió sus brazos con desespero. 25

»—Bien lo sé —gimió—,[24] pero somos pobres y no tenemos para gastos[25] de material para esas escuelas. Es inútil que vayan los niños, porque no habría péñolas[26] ni papel con que enseñarles a escribir. ¿Por qué no nos dejas las hermosas plumas[27] de tus

---

[12] **brujo**   magician, sorcerer
[13] **impuestos**   taxes
[14] **agente . . . prestamista**   a shipping agent and a money lender
[15] **hipoteca usuraria . . . fincas**   exorbitant mortgage on our farms
[16] **atenuar**   to alleviate
[17] **feligresías**   (representatives of) rural parishes
[18] **vara**   staff (of authority)
[19] **compunción**   remorse, sorrow

[20] **la frente**   forehead
[21] **hospedar**   to put up, to lodge
[22] **costaba la parroquia**   would cost him his parish
[23] **de sobremesa**   after dinner
[24] **gimió (gemir)**   to moan
[25] **para gastos de material**   money for supplies
[26] **péñolas**   quill pens
[27] **plumas de tus alas**   feathers (quills) from your wings

alas, que yo haría cortar hábilmente para que los muchachos trabajasen con ellas?

»Y el ángel, todo caridad, dio las hermosas plumas de sus alas. Después dijo:

»—Cuando la noche borra[28] los caminos sobre la tierra, los 5 hombres esperan emboscados[29] a sus hermanos y los acuchillan y roban. Esto aflige al Señor.

»—Verdad es —se dolió el cacique—; el Espíritu Malo elige[30] las tinieblas para verter sus terribles consejos al oído de las débiles criaturas. ¡Si yo pudiese iluminar los caminos! Pero el 10 concejo[31] es pobre. ¿Por qué no nos dejas tu deslumbrante aureola,[32] que se haría colgar[33] en el árbol más alto, para que su bella luz bañase la aldea y los alrededores de la aldea?

»Y el ángel, todo caridad, dio su deslumbrante aureola. Después dijo: 15

»—Las tierras están mal cultivadas, los hombres padecen hambre y frío en sus chozas[34] humildes, su trabajo incesante no basta para procurarles el pan de cada día que piden a Dios en sus oraciones.[35] Esto aflige al Señor.

»—Es cierto —sollozó[36] el cacique—; los infelices viven mal; 20 la tierra poco produce, porque las labores[37] son rudimentarias. No tenemos dinero para mercar[38] abonos ni máquinas. ¿Por qué no nos dejas tu fuerte espada diamantina, que yo haría de ella reja[39] para un arado que removiese la tierra exhausta y abriese las fuentes de la fertilidad ? 25

»Y el ángel dio la fuerte espada diamantina.

»Y cuando lo tuvo a su merced,[40] sin alas para marchar, sin aureola para revelarse, sin espada para defenderse, el cacique le ofreció un destino de escribiente[41] en el consistorio. Y vendió a buen precio los dones del enviado en un *bric-a-brac*[42] de la capital 30 de la provincia.

[28] **borrar**   to rub out; (here) to darken
[29] **emboscados**   lying in ambush
[30] **elige . . . verter**   chooses darkness in order to pour
[31] **concejo**   town (council)
[32] **deslumbrante aureola**   dazzling halo
[33] **se haría colgar**   could be hung
[34] **choza**   poor dwelling, hut
[35] **oración**   prayer
[36] **sollozar**   to sob

[37] **labores**   farming methods
[38] **mercar abonos**   to buy fertilizers
[39] **reja . . . removiese**   a plowshare that would till
[40] **a su merced**   at his mercy
[41] **escribiente en el consistorio**   clerk in the town hall
[42] **bric-a-brac**   collection of miscellaneous articles

Wenceslao Fernández Flórez   128

»Esto se cuenta —siguió el loco—, pero esto no tiene nada que ver con mi historia. Un día, harto[43] de soportar los vejámenes del cacique, provoqué una sublevación[44] contra él. Los aldeanos me siguieron en turba[45] enfurecida. Junto a mí iba un hombre que gritaba más que yo y que parecía poseído de un mayor encono.[46] "¡Abajo el cacique!", rugía. Apedreamos[47] la casa del malvado. El hombre que iba junto a mí arrojó asimismo grandes piedras. Cuando terminó la algarada,[48] me vino a buscar: "¿Tú quieres colocar una bomba en la casa del cacique?", me dijo. "Sí." Y me ayudó. La bomba fue un fracaso. Apenas chamuscó[49] una puerta. Miré a mi compañero con desolación y vi, de pronto, que era el mismo cacique. Había sacado de sus bolsillos un papel y anotaba: "Veinte cristales rotos, una puerta averiada;[50] para cobrar[51] con creces en el nuevo presupuesto." "¿Rompemos algo más?", me dijo. Le mandé al diablo.[52] Me prendieron[53] y se vio la causa contra mí. Miré desde el banquillo a un jurado,[54] y poco a poco, advertí que su cara era la del cacique. Y el que estaba a su lado era el cacique también. Y el otro, y todos los doce . . . Entonces grité: "¡Señor presidente, el jurado es el cacique!" Y el presidente[55] —un anciano de barba blanca— me dirigió una mirada severa. Y yo vi cómo desaparecía la barbita y cómo se dibujaba[56] el rostro del cacique debajo del negro birrete.[57] "¡Orden!", gritó, y agitó una campanilla. Desde entonces yo he visto siempre al cacique en todas partes: era el médico, el carcelero, el periodista, el tendero, el recaudador . . .;[58] era todo y todos; se transfiguraba y multiplicaba, pero siempre era él. Cuando fallecí, impidió[59] que me enterrasen en sagrado. Cuando entré en el infierno, un diablo menor dijo a Luzbel:[60]

[43] **harto . . . vejámenes** sick and tired of putting up with the abuses
[44] **sublevación** uprising
[45] **turba enfurecida** infuriated mob
[46] **encono** anger, hatred
[47] **apedrear** to stone
[48] **algarada** din, uproar
[49] **apenas chamuscó** it scarcely singed
[50] **averiada** damaged
[51] **cobrar . . . presupuesto** to collect with interest in the new budget
[52] **Le mandé al diablo** I told him to go to hell.

[53] **Me prendieron . . . contra mí** I was arrested and brought to trial.
[54] **jurado** juror, jury
[55] **el presidente** the presiding judge
[56] **se dibujaba** (here) appeared
[57] **birrete** judge's cap
[58] **recaudador** tax collector
[59] **impidió . . . sagrado** he (the cacique) kept me from being buried in consecrated ground
[60] **Luzbel** Lucifer

»—Este sujeto[61] no nos pertenece.

»—No —contestó Luzbel—; pero es un favor que me pide el cacique de Terra-Cativa. Hazle un hueco.»[62]

[61] **sujeto** guy

[62] **Hazle un hueco** Find him a place.

EXERCISES
Historia de un loco

I. Cuestionario

1. ¿A quién visita el narrador? ¿Dónde?
2. ¿Por qué miente el narrador al dar la fecha (el dos de noviembre)?
3. Según el loco, ¿por qué no le enterraron con su traje negro?
4. ¿Por qué no cree el loco que los caciques hayan desaparecido?
5. ¿Qué es un cacique? ¿Quién es el cacique de este cuento?
6. ¿Qué poder les atribuye el loco a los caciques?
7. ¿Por qué no había sido vencido jamás el cacique aldeano?
8. ¿Con qué motivo se introduce el tema del ángel?
9. ¿Qué condiciones en la aldea afligen al Señor?
10. ¿Cómo ayuda el ángel a mejorar estas condiciones?
11. Teniendo al ángel a su merced, ¿qué le ofrece el alcalde?
12. Por fin, ¿qué hizo el loco cuando estaba harto de los abusos del cacique?
13. ¿Cuál fue la primera manifestación de su locura?
14. ¿Cómo se extendió la locura?
15. Explique cómo el cacique siguió al loco hasta el infierno.

II. The subjunctive is used in this selection in a wide variety of ways.

Some of them are: with 1) impersonal expressions that do not express a certainty, 2) verbs that express an attitude (desire, permission, etc.), 3) *if* clauses that express uncertainty or a contrary-to-fact situation, 4) doubt **(no creer),** and 5) **para que.**
Choose between the subjunctive and indicative in the following sentences, many of which are taken from the text.

1. Es inútil que (van, vayan) los niños.
2. ¿Quiere usted que le (cuente, cuenta)?

Wenceslao Fernández Flórez   130

3. Sabemos que ya no (hay, haya) caciques.
4. No creo que (es, sea) preciso aburrirle a usted.
5. Impidió que me (enterraron, enterrasen) en tierra sagrada.
6. No hay duda de que ese hombre (sea, es) un loco.
7. Si yo (pudiese, podría) iluminar los caminos, lo haría en seguida.
8. El cura dejó que lo (llevase, llevaba) el cacique.
9. Es cierto que hasta el infierno no le (quiere, quiera).
10. Danos tu aureola para que su bella luz (baña, bañe) la aldea.

III. *You are already aware of the considerable number of Spanish and English words that resemble each other in form and meaning (cognates).*

Some are **rudimentario, municipal, perversión,** among many others from the story.

However, be careful of those that do *not* have similar meanings: in the story, **ignorar** means *not to know*, rather than *to ignore*, and **oración** *prayer*, rather than *oration*.

Using a dictionary when necessary, translate the italicized words in the sentences below.

1. Ese autor ha tenido mucho *éxito*.
2. No puedo *soportar* los *bigotes*.
3. Eso no puede *suceder* aquí.
4. ¿No quieres *quitar* el sombrero?
5. Su padre habla muchos *idiomas*.
6. Su mujer acaba de morirse en mis brazos. ¡Qué *desgracia*!
7. Es el *único* amigo que tengo.
8. Es una chica *vulgar*.
9. Vivimos en una casa *particular*.
10. Te veré en la *librería*.

IV. *Utilizing the following list, give the Spanish for the word or words in parentheses in the sentences below. Make any necessary changes in grammar or syntax.*

hacer + *inf.*	ya no	el, la, etc., de
tan . . . como	gemir	provocar
no tener nada que ver	tener miedo a	volver a
desde que		

1. Advertí que su cara era (the cacique's).
2. (Since) estoy muerto, (I do not fear) a los locos.
3. —Bien lo sé— (he moaned) —pero somos pobres.
4. Me afirmó que (no longer) hay caciques.
5. (He had the feathers sent) a la escuela.
6. Su astucia era (as great as) su perversión.
7. Entonces (he shouted again): ¡El jurado es el cacique!
8. Pero esto (has nothing to do) con mi historia.
9. Un día (I provoked) una sublevación contra él.
10. Las palabras que hemos leído eran (the madman's).

Ana María Matute

Together with Camilo José Cela and other men who have gradually brought the novel back to a place of literary prominence from the retrogression of the 1930's, a relatively large number of women writers, such as Ana María Matute, Carmen Laforet, Elena Quiroga, Dolores Medio, and Carmen Martín Gaite, have also made noteworthy contributions.

Ana María Matute is a native of Barcelona and currently lives in a town just south of that city. She began to write at a very early age, finishing her first novel Pequeño teatro (third in publication), when she was only seventeen years old. She first came into prominence at the age of twenty-two with her novel Los Abel (1948), which deals with one of her recurrent themes: the ambivalence of love and hate in man's relationship to man. Ana María Matute's literary production is very impressive: to date she has written nine novels, many short novels, and numerous stories, and has been awarded many prizes including the Premio Planeta, the Premio Café Gijón, the Premio Nacional de Literatura, the Premio Nadal (Primera memoria, 1960), and in 1965 the Premio Lazarillo for her books about children.

A woman of extraordinary sensitivity, deeply intuitive, Ana María Matute seeks and finds in her works the image of her own spiritual reality. Tenderness, death, grief are the determinant factors of her literary production. She writes with a vigorous, bold, and poetic style. A certain negative and deterministic attitude seems to run through her work, both in the portrayal of man's loneliness and in the numerous stories she has written about children. The tragic atmosphere of many of these stories is often mitigated by the sensitive understanding of child psychology and the poetic treatment of the theme, which we find in the story El árbol de oro (from her collection Historias de la Artámila, 1961). From her book of stories El arrepentido (1967), we have chosen the story of the same name. It is an admirable example of the author's style and character portrayal.

El arrepentido[1]

El café era estrecho y oscuro. La fachada principal[2] daba a[3] la
carretera y la posterior a la playa. La puerta que se abría a la playa
estaba cubierta por una cortina de cañuelas,[4] bamboleada[5] por la
brisa. A cada impulso sonaba un diminuto crujido,[6] como de un
pequeño entrechocar de huesos.[7]   5

Tomeu el Viejo estaba sentado en el quicio[8] de la puerta. Entre
las manos acariciaba lentamente una petaca[9] de cuero negro, muy
gastada. Miraba hacia más allá de la arena, hacia la bahía. Se oía
el ruido del motor de una barcaza[10] y el coletazo[11] de las olas
contra las rocas. Una lancha vieja, cubierta por una lona,[12] se   10
mecía blandamente, amarrada[13] a la playa.

—Así que es eso[14]—dijo Tomeu, pensativo. Sus palabras eran
lentas y parecían caer delante de él, como piedras. Levantó los
ojos y miró a Ruti.

Ruti era un hombre joven, delgado y con gafas. Tenía ojos   15
azules, inocentes, tras los cristales.

—Así es—contestó. Y miró al suelo.

Tomeu escarbó[15] en el fondo de la petaca, con sus dedos
anchos y oscuros. Aplastó[16] una brizna de tabaco entre las
yemas[17] de los dedos y de nuevo habló, mirando hacia el mar: 20

—¿Cuánto tiempo me das?

Ruti carraspeó:[18]

—No sé . . . a ciencia cierta,[19] no puede decirse así. Vamos:
quiero decir, no es infalible.

—Vamos, Ruti. Ya me conoces: dilo.   25

Ruti se puso encarnado. Parecía que le temblaban los labios.

—Un mes . . . , acaso dos . . .

[1] **arrepentido**   the repentant man
[2] **fachada principal**   the main part in
   front
[3] **dar a**   to look out on, to face
[4] **cañuela**   fescue grass
[5] **bambolear**   to swing, sway
[6] **crujido**   creak
[7] **entrechocar de huesos**   rattling of
   bones
[8] **quicio**   opening (*lit.*, door jamb)
[9] **petaca de cuero**   leather tobacco
   pouch
[10] **barcaza**   barge
[11] **coletazo**   lash
[12] **lona**   canvas
[13] **amarrar**   to moor, to tie up
[14] **Así que es eso**   So that's the way it is.
[15] **escarbar**   to scratch
[16] **Aplastó una brizna**   He crushed a
   hunk
[17] **yemas de los dedos**   fingertips
[18] **carraspeó**   said hoarsely
[19] **a ciencia cierta**   with certainty

—Está bien, Ruti. Te lo agradezco, ¿sabes? . . . Sí; te lo agradezco mucho. Es mejor así.

Ruti guardó silencio.

—Ruti—dijo Tomeu—. Quiero decirte algo: ya sé que eres escrupuloso, pero quiero decirte algo, Ruti. Yo tengo más dinero [5] del que la gente se figura: ya ves, un pobre hombre, un antiguo pescador, dueño de un cafetucho de camino[20] . . . Pero yo tengo dinero, Ruti. Tengo mucho dinero.

Ruti pareció incómodo. El color rosado de sus mejillas se intensificó: [10]

—Pero, tío . . . , yo . . . ¡no sé por qué me dice esto!

—Tú eres mi único pariente, Ruti—repitió el viejo, mirando ensoñadoramente[21] al mar—. Te he querido mucho.

Ruti pareció conmovido.

—Bien lo sé—dijo—. Bien me lo ha demostrado siempre. [15]

—Volviendo a lo de antes:[22] tengo mucho dinero, Ruti. ¿Sabes? No siempre las cosas son como parecen.

Ruti sonrió. (*Acaso quiere hablarme de sus historias de contrabando. ¿Creerá acaso que no lo sé? ¿Se figura, acaso, que no lo sabe todo el mundo? ¡Tomeu el Viejo! ¡Bastante conocido, en* [20] *ciertos ambientes! ¿Cómo hubiera podido costearme[23] la carrera de no ser así?*) Ruti sonrió con melancolía. Le puso una mano en el hombro:

—Por favor, tío . . . No hablemos de esto. No, por favor . . . Además, ya he dicho: puedo equivocarme. Sí: es fácil equivocarse. [25] Nunca se sabe . . .

Tomeu se levantó bruscamente. La cálida brisa le agitaba los mechones grises:[24]

—Entra, Ruti. Vamos a tomar una copa juntos.

Apartó con la mano las cañuelas de la cortinilla y Ruti pasó [30] delante de él. El café estaba vacío a aquella hora. Dos moscas se perseguían, con gran zumbido.[25] Tomeu pasó detrás del mostrador y llenó dos copas de coñac. Le ofreció una:

—Bebe, hijo.

---

[20] **cafetucho de camino** cheap roadside cafe

[21] **ensoñadoramente** nostalgically

[22] **lo de antes** what I was just saying

[23] **¿Cómo hubiera podido . . . así?** How could he have afforded to pay for my studies if it were not so?

[24] **mechones grises** gray head of hair

[25] **zumbido** buzzing

Nunca antes le llamó hijo. Ruti parpadeó[26] y dio un sorbito.[27]

—Estoy arrepentido—dijo el viejo, de pronto.

Ruti le miró fijamente.

—Sí—repitió—, estoy arrepentido.

—No le entiendo, tío. 5

—Quiero decir: mi dinero, no es un dinero limpio. No, no lo es.

Bebió su copa de un sorbo, y se limpió los labios con el revés de la mano.

—Nada me ha dado más alegría: haberte hecho lo que eres, un 10 buen médico.

—Nunca lo olvidaré—dijo Ruti, con voz temblorosa. Miraba al suelo otra vez, indeciso.

—No bajes los ojos, Ruti. No me gusta que desvíen[28] la mirada cuando yo hablo. Sí, Ruti: estoy contento por eso. ¿Y sabes por 15 qué?

Ruti guardó silencio.

—Porque gracias a ello tú me has avisado de la muerte. Tú has podido reconocerme,[29] oír mis quejas, mis dolores, mis temores . . . Y decirme, por fin: *acaso un mes, o dos.* Sí, Ruti: estoy con- 20 tento, muy contento.

—Por favor, tío. Se lo ruego. No hable así . . . , todo esto es doloroso. Olvidémoslo.

—No, no hay por qué olvidarlo. Tú me has avisado y estoy tranquilo. Sí, Ruti: tú no sabes cuánto bien me has hecho. 25

Ruti apretó la copa entre los dedos y luego la apuró,[30] también de un trago.

—Tú me conoces bien, Ruti. Tú me conoces muy bien.

Ruti sonrió pálidamente.

El día pasó como otro cualquiera. A eso de las ocho, cuando 30 volvían los obreros del cemento, el café se llenó. El viejo Tomeu se portó[31] como todos los días, como si no quisiera amargar las vacaciones de Ruti, con su flamante título recién estrenado.[32] Ruti parecía titubeante,[33] triste. Más de una vez vio que le miraba en silencio. 35

---

[26] **parpadear** to blink	[31] **portarse** to conduct oneself
[27] **sorbito** little sip	[32] **flamante título recién estrenado**
[28] **desviar** to turn away	brand new M.D. recently used
[29] **reconocer** to examine	[33] **titubeante** shaky
[30] **apurar** to drain, to finish	

El día siguiente transcurrió, también, sin novedad. No se volvió a hablar del asunto entre ellos dos. Tomeu más bien parecía alegre. Ruti, en cambio, serio y preocupado.

Pasaron dos días más. Un gran calor se extendía sobre la isla. Ruti daba paseos en barca, bordeando[34] la costa. Su mirada azul, pensativa, vagaba[35] por el ancho cielo. El calor pegajoso[36] le humedecía la camisa, adhiriéndosela al cuerpo.[37] Regresaba pálido, callado. Miraba a Tomeu y respondía brevemente a sus preguntas. 5

Al tercer día, por la mañana, Tomeu entró en el cuarto de su sobrino y ahijado.[38] El muchacho estaba despierto. 10

—Ruti—dijo suavemente.

Ruti echó mano de sus gafas,[39] apresuradamente. Su mano temblaba:

—¿Qué hay, tío?

Tomeu sonrió. 15

—Nada—dijo—. Salgo, ¿sabes? Quizá tarde[40] algo. No te impacientes.

Ruti palideció:

—Está bien—dijo. Y se echó hacia atrás, sobre la almohada.

—Las gafas, Ruti—dijo Tomeu—. No las rompas. 20

Ruti se las quitó despacio y se quedó mirando al techo. Por la pequeña ventana entraban el aire caliente y el ruido de las olas.

Era ya mediodía cuando bajó al café. La puerta que daba a la carretera estaba cerrada. Por lo visto su tío no tenía intención de atender a la clientela. 25

Ruti se sirvió café. Luego, salió atrás, a la playa. La barca amarrada se balanceaba lentamente.

A eso de las dos vinieron a avisarle. Tomeu se había pegado un tiro,[41] en el camino de la Tura. Debió de hacerlo cuando salió, a primera hora de la mañana. 30

Ruti se mostró muy abatido. Estaba pálido y parecía más miope[42] que nunca.

---

[34] **bordeando** staying close to
[35] **vagar** to roam, to wander
[36] **pegajoso** sticky
[37] **adhiriéndosela al cuerpo** making it stick to his body
[38] **ahijado** godchild
[39] **echó mano de sus gafas** put on his glasses

[40] **tarde** (subjunctive of **tardar**) Perhaps I'll be a little late.
[41] **se había pegado un tiro** had shot himself
[42] **miope** myopic, nearsighted

—¿Sabe usted de alguna razón que llevara a su tío a hacer esto?

—No, no puedo comprenderlo . . . , no puedo imaginarlo. Parecía feliz.

Al día siguiente, Ruti recibió una carta. Al ver la letra con su 5 nombre en el sobre,[43] palideció y lo rasgó,[44] con mano temblorosa. Aquella carta debió de echarla su tío al correo antes de suicidarse, al salir de su habitación.

Ruti leyó:

"Querido Ruti: Sé muy bien que no estoy enfermo, porque no 10 sentía ninguno de los dolores que te dije. Después de tu reconocimiento consulté a un médico y quedé completamente convencido. No sé cuánto tiempo habría vivido aún con mi salud envidiable, porque estas cosas, como tú dices bien, no se saben nunca del todo.[45] Tú sabías que si me creía condenado, no esperaría la 15 muerte en la cama, y haría lo que he hecho, a pesar de todo; y que, por fin, me heredarías. Pero te estoy muy agradecido, Ruti, porque yo sabía que mi dinero era sucio, y estaba ya cansado. Cansado y, tal vez, eso que se llama arrepentido. Para que Dios no me lo tenga en cuenta[46]—tú sabes, Ruti, que soy buen creyente a 20 pesar de tantas cosas—, dejo mi dinero a los niños del Asilo."[47]

[43] **sobre**   envelope
[44] **lo rasgó**   he tore it open
[45] **del todo**   completely
[46] **no me lo tenga en cuenta**   not hold it against me

[47] **Asilo**   asylum, home (for poor, orphans, etc.)

EXERCISES
El arrepentido

I.   *Cuestionario*

1. ¿Dónde está situado el café de Tomeu el Viejo?
2. ¿Qué hace Tomeu cuando le vemos por primera vez?
3. ¿A quién está hablando?
4. ¿Qué le había avisado Ruti?
5. ¿Había ganado Tomeu su fortuna pescando?
6. ¿Cómo podía Ruti saber que el viejo tenía mucho dinero?
7. ¿Qué toman los dos en el café?

8. ¿Qué efecto tiene la descripción de las dos moscas que se perseguían, con gran zumbido?
9. ¿Por qué dice Tomeu que está arrepentido?
10. ¿Qué le debe Ruti al viejo?
11. ¿Tiene miedo Tomeu de morirse?
12. ¿Cómo pasaba Ruti los días de sus vacaciones?
13. ¿Qué le avisaron a Ruti?
14. ¿Qué le hace saber a Ruti la carta?
15. ¿Puede decirse que Tomeu se había vengado? ¿Cómo?
16. ¿Logró el autor engañarnos respecto al final de este cuento?
17. ¿Lo había adivinado usted?

II. **Substitute a word of equivalent meaning from the following list for the italicized portions of the sentences below. Make any necessary changes of syntax or grammar.**

si	volver a	eso
deber de	imaginarse	quizá
equivocarse	examinar	transcurrir

1. Sacó un cigarrillo y *de nuevo* habló.
2. Salgo, ¿sabes? *Acaso* no vuelva.
3. *De no* ser rico mi tío yo nunca hubiera terminado la carrera.
4. Volviendo a *lo de* ayer; ¿cuánto tiempo me das?
5. *Se habrá suicidado* a primera hora de la mañana.
6. El hijo *se figuraba* ser un gran médico.
7. No te preocupes. Puedo *estar en error*.
8. El médico le *reconoció* sin encontrar enfermedad alguna.
9. El día siguiente *pasó* sin novedad.

III. **"Than"**

Observe the example from the text:
Yo tengo más dinero del que la gente se figura.

When a noun is the object of comparison in a sentence with two clauses, *than* becomes **de** plus the definite article that agrees with the noun plus **que.** When an adjective, an adverb, or a whole idea is being compared, *than* becomes **de lo que.**
Example: **Es más inteligente de lo que esperábamos.**
           Sabe más de lo que crees.

Translate the "than" in the sentences below. Use **que** (or **de** before numbers) alone where appropriate.

1. Tomeu es más viejo than Ruti.
2. Trabaja más than creíamos.
3. Me dio menos cerveza than había pedido.
4. Su carrera le costó más than diez mil pesetas.
5. Mi hermano es mayor than yo.
6. Lee más rápidamente than se figura.
7. Tiene más amigos than puede invitar.
8. Canta mejor than nos habían dicho.
9. Esta iglesia es más grande than todas la iglesias de España.
10. Los alumnos entienden más than creemos.

IV. *Translate the following sentences.*

1. There is more sand on the beach than you think.
2. The waves [*olas*] of the sea could be heard in the cafe.
3. Where are your eyeglasses? Don't break them.
4. He must be crazy. He killed himself when he wasn't sick.
5. Perhaps he is not dead after all.
6. If he weren't rich [two ways: *si . . .* , and *de no* plus inf.], he couldn't live near the sea.
7. Let's have a drink together.
8. He left all his money to the children of the Asylum.

El árbol de oro

Asistí durante un otoño a la escuela de la señorita Leocadia, en la aldea, porque mi salud no andaba bien y el abuelo retrasó[1] mi vuelta a la ciudad. Como era el tiempo frío y estaban los suelos embarrados[2] y no se veía rastro[3] de muchachos, me aburría dentro de la casa, y pedí al abuelo asistir a la escuela. El abuelo consintió, y acudí[4] a aquella casita alargada y blanca de cal,[5] con el tejado pajizo y requemado[6] por el sol y las nieves, a las afueras del pueblo.

5

[1] **retrasar** to put off (The narrator is a young girl visiting her grandfather.)
[2] **embarrados** muddy
[3] **rastro** trace
[4] **acudir** to come
[5] **cal** lime
[6] **tejado pajizo y requemado** straw roof parched (by)

La señorita Leocadia era alta y gruesa,[7] tenía el carácter más bien áspero y grandes juanetes[8] en los pies, que la obligaban a andar como quien arrastra cadenas.[9] Las clases en la escuela, con la lluvia rebotando[10] en el tejado y en los cristales, con las moscas pegajosas[11] de la tormenta persiguiéndose alrededor de la bombilla,[12] tenían su atractivo. Recuerdo especialmente a un muchacho de unos diez años, hijo de un aparcero[13] muy pobre, llamado Ivo. Era un muchacho delgado, de ojos azules, que bizqueaba[14] ligeramente al hablar. Todos los muchachos y muchachas de la escuela admiraban y envidiaban un poco a Ivo, por el don que poseía de atraer la atención sobre sí, en todo momento. No es que fuera ni inteligente ni gracioso, y, sin embargo, había algo en él, en su voz quizás, en las cosas que contaba, que conseguía cautivar[15] a quien le escuchase. También la señorita Leocadia se dejaba prender[16] de aquella red de plata que Ivo tendía a cuantos atendían[17] sus enrevesadas[18] conversaciones, y—yo creo que muchas veces contra su voluntad—la señorita Leocadia le confiaba a Ivo tareas deseadas por todos, o distinciones que merecían alumnos más estudiosos y aplicados.

Quizá lo que más se envidiaba de Ivo era la posesión de la codiciada[19] llave de *la torrecita*. Ésta era, en efecto, una pequeña torre situada en un ángulo de la escuela, en cuyo interior se guardaban los libros de lectura. Allí entraba Ivo a buscarlos, y allí volvía a dejarlos, al terminar la clase. La señorita Leocadia se lo encomendó[20] a él, nadie sabía en realidad por qué.

Ivo estaba muy orgulloso de esta distinción, y por nada del mundo la hubiera cedido. Un día, Mateo Heredia, el más aplicado y estudioso de la escuela, pidió encargarse de[21] la tarea—a todos nos fascinaba el misterioso interior de la torrecita, donde no entramos nunca—, y la señorita Leocadia pareció acceder. Pero Ivo se levantó, y acercándose a la maestra empezó a hablarle en su

5

10

15

20

25

30

---

[7] **gruesa**   heavy set
[8] **juanete**   bunion
[9] **cadena**   chain
[10] **rebotar**   to bounce
[11] **pegajosas**   pesky
[12] **bombilla**   light bulb
[13] **aparcero**   sharecropper
[14] **bizquear**   to squint, to cross one's eyes
[15] **cautivar**   to captivate, to win over

[16] **prender de aquella red**   to be caught in that net
[17] **atender**   to pay attention to
[18] **enrevesadas**   complex, intricate
[19] **codiciar**   to covet
[20] **encomendar**   to entrust
[21] **encargarse de**   to take charge of, to be entrusted with

voz baja, bizqueando los ojos y moviendo mucho las manos, como tenía por costumbre.[22] La maestra dudó un poco, y al fin dijo:

—Quede todo como estaba. Que siga encargándose Ivo de la torrecita.

A la salida de la escuela le pregunté: 5

—¿Qué le has dicho a la maestra?

Ivo me miró de través[23] y vi relampaguear[24] sus ojos azules.

—Le hablé del árbol de oro.

Sentí una gran curiosidad.

—¿Qué árbol? 10

Hacía frío y el camino estaba húmedo, con grandes charcos[25] que brillaban al sol pálido de la tarde. Ivo empezó a chapotear[26] en ellos, sonriendo con misterio.

—Si no se lo cuentas a nadie . . .

—Te lo juro, que a nadie se lo diré. 15

Entonces Ivo me explicó:

—Veo un árbol de oro. Un árbol completamente de oro: ramas, tronco, hojas . . . ¿sabes? Las hojas no se caen nunca. En verano, en invierno, siempre. Resplandece mucho; tanto, que tengo que cerrar los ojos para que no me duelan. 20

—¡Qué embustero[27] eres!—dije, aunque con algo de zozobra.[28] Ivo me miró con desprecio.

—No te[29] lo creas—contestó—. Me es completamente igual que te lo creas o no . . . ¡Nadie entrará nunca en la torrecita, y a nadie dejaré ver mi árbol de oro! ¡Es mío! La señorita Leocadia lo 25 sabe, y no se atreve a darle la llave a Mateo Heredia, ni a nadie . . . ¡Mientras yo viva, nadie podrá entrar allí y ver mi árbol!

Lo dijo de tal forma que no pude evitar preguntarle:

—¿Y cómo lo ves . . . ?

—Ah, no es fácil—dijo, con aire misterioso—. Cualquiera no 30 podría verlo. Yo sé la rendija[30] exacta.

—¿Rendija? . . .

—Sí, una rendija de la pared. Una[31] que hay corriendo el cajón

---

[22] **como tenía por costumbre** as was his custom
[23] **de través** sidewise
[24] **relampaguear** to flash
[25] **charco** puddle
[26] **chapotear** to splash, to wade
[27] **embustero** liar

[28] **zozobra** uneasiness
[29] **te** Do not translate
[30] **rendija** crack, opening
[31] **Una que hay . . . derecha** One that can be seen by pulling aside the chest on the right

de la derecha: me agacho[32] y me paso horas y horas . . . ¡Cómo brilla el árbol! ¡Cómo brilla! Fíjate[33] que si algún pájaro se le pone encima también se vuelve de oro. Eso me digo yo: si me subiera a una rama, ¿me volvería acaso de oro también?

No supe qué decirle, pero, desde aquel momento, mi deseo de 5 ver el árbol creció de tal forma que me desasosegaba.[34] Todos los días, al acabar la clase de lectura, Ivo se acercaba al cajón de la maestra, sacaba la llave y se dirigía a la torrecita. Cuando volvía, le preguntaba:

—¿Lo has visto? 10

—Sí—me contestaba. Y, a veces, explicaba alguna novedad:

—Le han salido unas flores raras. Mira: así de grandes,[35] como mi mano lo menos, y con los pétalos alargados. Me parece que esa flor es parecida al *arzadú*.

—¡La flor del frío!—decía yo, con asombro—. ¡Pero el *arzadú* 15 es encarnado![36]

—Muy bien—asentía él, con gesto de paciencia—. Pero en mi árbol es oro puro.

—Además, el *arzadú* crece al borde de los caminos . . . y no es un árbol. 20

No se podía discutir con él. Siempre tenía razón, o por lo menos lo parecía.

Ocurrió entonces algo que secretamente yo deseaba; me avergonzaba[37] sentirlo, pero así era: Ivo enfermó, y la señorita Leocadia encargó a otro la llave de la torrecita. Primeramente, la 25 disfrutó[38] Mateo Heredia. Yo espié su regreso, el primer día, y le dije:

—¿Has visto un árbol de oro?

—¿Qué andas graznando?[39]—me contestó de malos modos, porque no era simpático, y menos conmigo. Quise dárselo a en- 30 tender,[40] pero no me hizo caso. Unos días después, me dijo:

—Si me das algo a cambio, te dejo un ratito[41] la llave y vas durante el recreo. Nadie te verá . . .

[32] **agacharse** to crouch
[33] **fijarse** to imagine
[34] **me desasosegaba** it unsettled me
[35] **así de grandes** this big
[36] **encarnado** red (similar to a poinsettia)
[37] **avergonzarse** to be ashamed, to be embarrassed

[38] **disfrutar** to enjoy
[39] **¿Qué andas graznando?** What are you croaking about?
[40] **Quise dárselo a entender** I tried to make him understand
[41] **un ratito** (diminutive of **rato**) for a little while

Vacié mi hucha,[42] y, por fin, conseguí la codiciada llave. Mis manos temblaban de emoción cuando entré en al cuartito de la torre. Allí estaba el cajón. Lo aparté y vi brillar la rendija en la oscuridad. Me agaché y miré.

Cuando la luz dejó de cegarme, mi ojo derecho sólo descubrió   5
una cosa: la seca tierra de la llanura alargándose hacia el cielo. Nada más. Lo mismo que se veía desde las ventanas altas. La tierra desnuda y yerma,[43] y nada más que la tierra. Tuve una gran decepción y la seguridad de que me habían estafado.[44] No sabía cómo ni de qué manera, pero me habían estafado.   10

Olvidé la llave y el árbol de oro. Antes de que llegaran las nieves regresé a la ciudad.

Dos veranos más tarde volví a las montañas. Un día, pasando por el cementerio—era ya tarde y se anunciaba la noche en el cielo: el sol, como una bola roja, caía a lo lejos, hacia la carrera[45]   15
terrible y sosegada de la llanura—, vi algo extraño. De la tierra grasienta[46] y pedregosa, entre las cruces[47] caídas, nacía un árbol grande y hermoso, con las hojas anchas de oro: encendido y brillante todo él, cegador. Algo me vino a la memoria, como un sueño, y pensé: "Es un árbol de oro." Busqué al pie del árbol, y no   20
tardé en dar con una crucecilla de hierro negro, mohosa[48] por la lluvia. Mientras la enderezaba,[49] leí: IVO MÁRQUEZ, DE DIEZ AÑOS DE EDAD.

Y no daba tristeza alguna, sino, tal vez, una extraña y muy grande alegría.   25

[42] **hucha** piggy bank	[46] **grasienta y pedregosa** oily and rocky
[43] **yerma** barren	[47] **cruces** cruz, cross
[44] **estafar** to cheat	[48] **mohosa** rusty
[45] **carrera . . . llanura** endless and calm highroad	[49] **enderezar** to straighten

EXERCISES
El árbol de oro

I. Cuestionario

1. ¿Dónde tiene lugar la historia? ¿Cuándo?
2. ¿Por qué asistió la muchacha a la escuela de la Srta. Leocadia?
3. Describa usted a ésta.
4. ¿Quién es Ivo? ¿Cómo es?
5. ¿Qué don tenía?
6. ¿Por qué le envidiaban los otros muchachos?
7. ¿Qué pidió Mateo Heredia a la maestra? ¿Accede ella?
8. ¿Cómo es el árbol que ve Ivo? ¿Por dónde lo ve?
9. ¿Por qué tuvo la maestra que encargar la llave a otro?
10. ¿Cómo la consiguió la narradora?
11. ¿Qué ve ésta por la rendija?
12. ¿Cómo se siente después?
13. ¿Qué ocurre dos años más tarde?
14. ¿Cómo sabe la muchacha que se ha muerto Ivo?
15. ¿Por qué no le da tristeza alguna la muerte de Ivo?

II. Translate the verbs in parentheses into Spanish.

1. (She asked) al abuelo asistir a la escuela porque (she was bored) dentro de la casa.
2. El abuelo (consented).
3. (I remember) especialmente a Ivo.
4. (There was) algo en él que conseguía cautivar a quien le (listened).
5. En la torre (were kept) los libros de lectura.
6. (Approaching) a la maestra empezó a hablarle en voz baja.
7. (Let him continue) encargándose de la torre.
8. Cierro los ojos para que no me (hurt) [*doler*].
9. Si (I got up) a una rama, ¿me volvería de oro también?
10. Algo me (came) a la memoria.

III. Translate the italicized expressions in the sentences below.

1. *Quise* dárselo a entender, pero no me *hizo caso*.
2. No tardé en *dar con* una crucecilla de hierro negro.
3. Siempre *tenía razón*, o *por lo menos* lo parecía.
4. A nadie *se lo* diré.

5. *Por nada* del mundo *hubiera cedido* la llave.
6. Cuando la luz *dejó de* cegarme, mi ojo sólo descubrió una cosa.
7. *Lo mismo* que *se veía* desde las ventanas altas.
8. *Hacía tanto frío* en la torrecita que me dolían *los* brazos.
9. Pedí a mi padre *asistir a* la conferencia.
10. Pedí a mi padre que *asistiera a* la conferencia.

IV.   *Correct in Spanish the statements which are false.*

1. El cuento tiene lugar en verano.
2. La muchacha vive con su padre.
3. La señorita Leocadia le confiaba a Ivo tareas deseadas por todos.
4. La maestra vive en una torre de marfil.
5. Ivo había robado la llave de la torre.
6. Ivo tenía la costumbre de bizquear los ojos.
7. Ivo es embustero.
8. Los otros alumnos mataron a Ivo bajo un árbol de oro.

V.   *Translate the following sentences into Spanish.*

1. Now there is no sadness but great joy.
2. We live in a little house on the outskirts of town.
3. I wouldn't do that for anything in the world.
4. I returned home before the snows came.
5. If I had the key, I would be able to see what he sees.
6. Every day he went to the little room.
7. When I asked him for the key, he refused [use preterite of querer, negative] to give it to me.
8. The dry land could be seen in the distance.

Jacinto Benavente
1866-1954

Five Spanish-language writers have in this century been awarded
the Nobel Prize for literature; the first of these, Spain's outstanding
dramatist, Jacinto Benavente, was honored in 1922. The son of a famous
doctor, he was born in Madrid and, except for traveling widely
through Europe, spent his whole life there.

Signaling an innovation in the theater by shunning the rhetoric
of the romantic drama, Benavente's production of about two hundred
plays, while of unequal merit and generally lacking in great dramatic
conflict, stands out for its highly skillful dramatic technique, brilliant
dialogue, and social satire. His shafts are usually directed at the upper
class, striking their prejudices, hypocrisy, and materialism.

Many of his plays are intellectually entertaining satirical comedies; one of the best of these is Los intereses creados (1909), often
produced in English under the title The Bonds of Interest. The characters
are those of the Italian commedia dell' arte (e.g., Harlequin, Pantaloon,
Punch). The rural tragedies, such as La Malquerida (1913), make up
another important group of his plays.

In Benavente's early career, one can find a delight in imagination
and fancy that goes back to his Teatro fantástico, the first in date of
his published writings (1892), and from which El criado de Don Juan
is taken. Benavente gives an imaginative, satiric twist to one of world
literature's best known themes.

El criado de Don Juan[1]

Personajes:

> LA DUQUESA ISABELA
> CELIA
> DON JUAN TENORIO
> LEONELO
> FABIO

En Italia—Siglo XV

ACTO ÚNICO

Cuadro[2] Primero

Calle. A un lado, la fachada de un palacio señorial.

Escena Única: **Fabio** y **Leonelo.** Fabio se pasea por delante del palacio, embozado[3] hasta los ojos en una capa roja.

Leonelo: (Saliendo.) ¡Señor! ¡Don Juan!
Fabio: No es don Juan.
Leonelo: ¡Fabio!
Fabio: A tiempo llegas. Desde esta mañana sin probar[4] bocado . . . ¿Cómo tardaste tanto?   5
Leonelo: Media ciudad he corrido trayendo, y llevando cartas . . . ¿Pero don Juan?
Fabio: La ciudad toda, que[5] no media, correrá de seguro[6] llevando y trayendo su persona. ¡En mal hora[7] entramos a su servicio!   10
Leonelo: ¿Y qué haces aquí disfrazado de esa suerte?[8]

---

[1] **Don Juan**   Don Juan Tenorio, one of the great characters of world literature. The first outstanding literary presentation of Don Juan came with *El Burlador de Sevilla* (1630), by Tirso de Molina. See how Benavente treats this libertine, traditionally invincible to man, irresistible to woman.

[2] **cuadro**   part

[3] **embozado**   wrapped up
[4] **probar**   to taste
[5] **que**   omit, or translate "and"
[6] **correrá de seguro**   he must surely be running around (the city)
[7] **en mal hora**   unluckily (literally, in an evil hour)
[8] **disfrazado de esa suerte**   disguised like that

Fabio: Representar lo mejor que puedo a nuestro don Juan, suspirando ante las rejas[9] de la Duquesa Isabela.

Leonelo: Nuestro don Juan está loco de vanidad. La Duquesa Isabela es una dama virtuosa, no cederá por más que[10] él se obstine.   5

Fabio: Ha jurado[11] no apartarse ni de día ni de noche de este sitio, hasta que ella consienta en oírle . . . y ya ves cómo cumple[12] su juramento . . .

Leonelo: ¡Con una farsa indigna de un caballero! Mucho es que[13] los servidores de la Duquesa no te han echado a palos[14] de la   10 calle.

Fabio: No tardarán en ello. Por eso te aguardaba impaciente. Don Juan ha ordenado que apenas llegaras[15] ocupases mi puesto . . . , el suyo quiero decir. Demos la vuelta[16] a la esquina por si[17] nos observan desde el palacio, y tomarás la   15 capa y demás señales,[18] que han de presentarse[19] hasta la hora de la paliza prometida . . . como al[20] propio don Juan . . .

Leonelo: ¡Dura servidumbre!

Fabio: ¡Dura como la necesidad! De tal madre, tal hija.[21] (*Salen.*)

Cuadro Segundo

Sala en el palacio de la Duquesa Isabela.

Escena Primera: **La Duquesa** y **Celia.**

Celia: (*Mirando por una ventana.*) ¡Es increíble, señora! Dos   20 días con dos noches lleva[22] ese caballero delante de nuestras ventanas.

Duquesa: ¡Necio alarde![23] Si a tales medios debe su fama de se-

---

[9] **rejas**   grillwork, such as around windows and balconies
[10] **por más que**   no matter how much
[11] **jurar**   to swear
[12] **cumplir**   to keep
[13] **mucho es que**   it's a wonder that
[14] **a palos**   with a beating
[15] **apenas llegaras**   as soon as you arrived
[16] **vuelta   dar la vuelta a**   to take a walk around

[17] **por si**   in case
[18] **señales**   disguises
[19] **presentarse**   to be worn, to be displayed
[20] **como al . . .**   as if you were don Juan himself
[21] **De tal madre, tal hija**   there's no escaping it
[22] **lleva**   has been
[23] **¡Necio alarde!**   Stupid display!

ductor, a costa de mujeres bien fáciles habrá sido lograda.[24] ¿Y
ése es don Juan, el que cuenta sus conquistas amorosas por los
días del año? Allá, en su tierra, en esa España feroz, de
moros,[25] de judíos y de fanáticos cristianos, de sangre impura,
abrasada[26] por tentaciones infernales, entre devociones super- 5
sticiosas y severidad hipócrita, podrá[27] parecer terrible como
demonio tentador. Las italianas no tememos al diablo. Los
príncipes de la Iglesia romana nos envían de continuo[28]
indulgencias rimadas[29] en dulces sonetos a lo Petrarca.[30]

Celia: Pero confesad que el caballero es obstinado . . . y fuerte. 10

Duquesa: Es preciso terminar de una vez. No quiero ser fábula[31]
de la ciudad. Lleva recado[32] a ese caballero de que[33] las
puertas de mi palacio y de mi estancia están francas para él.
Aquí le aguardo, sola . . . La Duquesa Isabela no ha nacido
para figurar como un número en la lista de don Juan.   15

Celia: Señora, ved . . .

Duquesa: Conduce a don Juan hasta aquí. No tardes. (*Sale* **Celia**.)

Escena Segunda: **La Duquesa** y, después, **Leonelo**. *La Duquesa se sienta
y espera con altivez*[34] *la entrada de don Juan.*

Leonelo: ¡Señora!

Duquesa: ¿Quién? ¿No es don Juan? . . . ¿No erais vos[35] el que
rondaba mi palacio?   20

Leonelo: Sí, yo era.

Duquesa: Dos días con dos noches.

Leonelo: Algunas horas del día y algunas de la noche . . .

Duquesa: ¡Ah! ¡Extremada burla! ¿Sois uno de los rufianes[36] que
acompañan a don Juan?   25

Leonelo: Soy criado suyo, señora. Le sirvo a mi pesar.[37]

Duquesa: Mal empleáis vuestra juventud.

---

[24] **habrá sido lograda**   must have been
won
[25] **moros**   Moors
[26] **abrasada**   burned
[27] **podrá**   (subject is) he
[28] **de continuo**   continuously
[29] **rimadas**   rhymed
[30] **a lo Petrarca**   in the style of Petrarch

[31] **fábula**   talk
[32] **recado**   message
[33] **de que**   to the effect that
[34] **con altivez**   arrogantly
[35] **vos**   you (this form was widely used
in Old Spanish)
[36] **rufianes**   scoundrels
[37] **a mi pesar**   against my wishes

Leonelo: ¡Dichosos los que pueden seguir en la vida la senda[38] de sus sueños!

Duquesa: Camino muy bajo habéis emprendido.[39] Salid.

Leonelo: ¿Sin mensaje alguno de vuestra parte para don Juan?

Duquesa: ¡Insolente!   5

Leonelo: Supuesto que[40] le habéis llamado . . .

Duquesa: Sí: le llamé para que, por vez primera en su vida, se hallara frente a frente de una mujer honrada, para que nunca pudiera decir que una dama como yo no tuvo más defensa contra él que evitar su vista.   10

Leonelo: Así como a vos ahora, oí a muchas mujeres responder a don Juan, y muchas le desafiaron[41] como vos, y muchas como vos le recibieron altivas . . .

Duquesa: ¿Y don Juan no escarmienta?[42]

Leonelo: ¡Y no escarmientan las mujeres! La muerte, el remordi- 15 miento, la desolación, son horribles y no pueden enamorarnos; pero les[43] precede un mensajero seductor, hermoso, juvenil . . . , el peligro, eterno enamorador de las mujeres . . . , evitad el peligro, creedme; no oigáis a don Juan.

Duquesa: Me confundís con el vulgo de las mujeres.[44] No en 20 vano andáis al servicio de ese caballero de fortuna . . .

Leonelo: No en vano llevo mi alma entristecida por tantas almas de nobles criaturas amantes de don Juan. ¡Cuánto lloré por ellas! Mi corazón fue recogiendo[45] los amores destrozados en su locura por mi señor, y en mis sueños terminaron felices 25 tantos amores de muerte y de llanto . . .[46] ¡Un solo amor de don Juan hubiera sido[47] la eterna ventura[48] de mi vida! . . . ¡Todo mi amor inmenso no hubiera bastado a consolar a una sola de sus enamoradas! ¡Riquísimo caudal[49] de amor derrochado[50] por don Juan junto a mí, pobre mendigo de amor! . . . 30

Duquesa: ¿Sois poeta? Sólo un poeta se acomoda a vivir como vos, con el pensamiento y la conciencia en desacuerdo.

---

[38] **senda** path
[39] **emprender** to undertake
[40] **supuesto que** inasmuch as
[41] **desafiar** to defy, to challenge
[42] **escarmentar** to learn by experience
[43] **les** them (referring to the nouns just mentioned)
[44] **el vulgo de las mujeres** common, ordinary women

[45] **recoger** to pick up
[46] **llanto** weeping
[47] **hubiera sido** would have been
[48] **ventura** happiness
[49] **caudal** abundance
[50] **derrochar** to waste, to squander

Leonelo: Sabéis de los poetas, señora; no sabéis de los necesita-
dos . . .

Duquesa: Sé . . . que no me pesa del⁵¹ engaño de don Juan . . . al
oíros . . . Ya me interesa saber de vuestra vida . . . Decidme
qué os trajo a tan dura necesidad . . . No habrá peligro en   5
escucharos como en escuchar a don Juan . . . , aunque seáis
mensajero suyo, como vos decís que el peligro es mensajero
de la muerte . . . Hablad sin temor.

Leonelo: ¡Señora!

Escena Tercera: **Dichos** y **Don Juan;** *con la espada desenvainada,*⁵²
entra con violencia.

Duquesa: ¿Cómo llegáis hasta mí de esa manera? ¿Y mi gente?   10
. . . ¡Hola!

Don Juan: Perdonad. Pero comprenderéis que no he de permitir
que mi criado me sustituya tanto tiempo . . .

Duquesa: ¡Con ventaja!

Don Juan: No podéis apreciarla todavía.   15

Duquesa: ¡Oh! ¡Basta ya! . . . (*A* **Leonelo.**) ¿No dices⁵³ que la
necesidad te llevó al indigno oficio de servir a este hombre?
¿Te pesa la servidumbre? ¿Ves cómo insultan a una dama en
tu presencia y eres bien nacido? Ya eres libre . . . y rico . . .

Don Juan: ¿Le tomáis a vuestro servicio?   20

Duquesa: Quiero humillaros cuanto pueda . . .⁵⁴ (*A* **Leonelo.**)
Mi amor es imposible para don Juan; mi amor es tuyo si sabes
merecerlo . . .

Leonelo: ¡Vuestro amor!

Don Juan: A mí te iguala. Eres noble por él . . .⁵⁵   25

Leonelo: ¡Señora!

Duquesa: ¡Fuera⁵⁶ la espada! Mi amor es tuyo . . . lucha sin
miedo. (**Don Juan** y **Leonelo** *combaten. Cae muerto* **Leonelo.**)

Leonelo: ¡Ay de mí!

Duquesa: ¡Dios mío!   30

Don Juan: ¡Noble señora! Ved lo que cuesta una porfía . . .⁵⁷

---

⁵¹ **no me pesa del**   I'm not concerned
about

⁵² **desenvainada**   drawn

⁵³ **dices**   Note the change to the familiar
form, singular

⁵⁴ **cuanto pueda**   as much as I can

⁵⁵ **por él**   because of it (**amor**)

⁵⁶ **¡Fuera . . .!**   out with, draw

⁵⁷ **una porfía**   your obstinacy

Duquesa: ¡Muerto! Por mí . . . ¡Favor! . . .[58] ¡Dejadme salir! Tengo miedo, mucho miedo . . .

Don Juan: Estáis conmigo . . .

Duquesa: Se agolpa[59] la gente ante las ventanas . . . ¡Una muerte en mi casa! 5

Don Juan: ¡No tembléis! Pasaron, oyeron ruido y se detuvieron . . . . A mi cargo corre[60] sacar de aquí el cadáver sin que nadie sospeche . . .

Duquesa: ¡Oh! Sí, salvad mi honor . . . ¡Si supieran! . . .

Don Juan: No saldré de aquí sin dejaros tranquila . . . 10

Duquesa: ¡Oh! No puedo miraros . . . , me dais espanto . . . ¡Dejadme salir!

Don Juan: No, aquí, a mi lado . . . Yo también tengo miedo de no veros . . . , por vos he dado muerte a un desdichado . . . No me dejéis, o saldré de aquí para siempre, y suceda lo que 15 suceda . . . ,[61] vos explicaréis como podáis el lance.

Duquesa: ¡Oh, no me dejéis! Pero lejos de mí, no habléis, no os acerquéis a mí . . . (*Queda en el mayor abatimiento.*[62])

Don Juan: (*Contemplándola. Aparte.*) ¡Es mía! ¡Una más! . . . (*Contemplando el cadáver de Leonelo.*) ¡Pobre Leonelo! 20

[58] **¡Favor!** help!
[59] **agolparse** to crowd
[60] **a mi cargo corre** I'll take it upon myself

[61] **suceda lo que suceda** come what may
[62] **abatimiento** depression

EXERCISES
El criado de Don Juan

I. Cuestionario

1. ¿Dónde tiene lugar la comedia [play]?
2. ¿Quiénes son Fabio y Leonelo? ¿Les gusta su oficio?
3. ¿Por qué se pasea Fabio por delante del palacio?
4. ¿Por qué aguardaba Fabio tan impaciente a Leonelo?
5. ¿Qué piensa la duquesa de don Juan? ¿Le teme?
6. ¿Por qué ha llamado la duquesa a don Juan?
7. ¿Es ella la única mujer que desafía a don Juan?
8. ¿Por qué se interesa la duquesa en Leonelo?

9. ¿Por qué ofrece su amor a Leonelo? ¿Qué debe hacer éste para merecerlo?
10. ¿Por qué tiene miedo la duquesa después de la muerte de Leonelo?

II. Give the opposite number (*singular to plural, plural to singular*) of the following imperatives. Then give the negative, or affirmative, of these imperatives.

confesad	no tardes
no oigáis	créeme
ved	decidme
conduce	salva
ponga	no me dejéis

III. Select the appropriate verb form in parentheses. The sentences are taken from the text.

1. Le llamé para que (se hallara, se hallaría, se halle) frente a frente de una mujer honrada.
2. Decidme qué os (trajese, trajo) a tan dura necesidad.
3. Ha jurado no apartarse de este sitio hasta que ella (consentirá, consienta, consiente) en oírle.
4. Sacaré de aquí el cadáver sin que nadie (sospeche, sospecha, sospechar).
5. Las italianas no (tememos, temamos) al diablo.
6. Don Juan ha ordenado que apenas llegaras (ocupes, ocuparás, ocupases) mi puesto.
7. No volveré nunca, y suceda lo que (sucederá, suceda, sucede).
8. No saldré de aquí sin (dejaros, os deje, os deja) tranquila.
9. La duquesa no cederá por más que él se (obstine, obstina, obstinará).
10. Si a tales medios debe su fama de seductor, (hubiera sido lograda, habrá sido lograda) a costa de mujeres fáciles.

IV. Indicate whether the following are true or false.

1. Don Juan no se aparta ni de día ni de noche de delante del palacio.
2. Les gusta a los criados ayudar a su amo en sus conquistas.
3. La duquesa es una mujer altiva que desprecia a don Juan.
4. La duquesa no hace caso a los consejos de Leonelo.
5. Ella se interesa en Leonelo porque éste es un rufián sin alma.

6. Don Juan queda en el mayor abatimiento al oír que la duquesa ofrece su amor a Leonelo.
7. Don Juan no ha entrado en el palacio a matar a Leonelo.
8. Don Juan no se ocupa de la moral de sus acciones.

V. *Translate the following sentences into Spanish.*

1. That man is probably Don Juan's servant.
2. He strolls day and night in front of the palace.
3. He won't leave until she comes out to the street.
4. Are you the one who is not afraid of Don Juan?
5. Do not listen to him; he will deceive (*engañar*) you.
6. My love is yours; it makes us equal.
7. He was killed by his master.
8. He died for me! Let me leave!

Juan Ramón Jiménez
1881-1958

One of the great Spanish poets of this century is the internationally renowned Juan Ramón Jiménez, born in the little town of Moguer, in the province of Huelva, in the southwest corner of Spain. At the outbreak of the Civil War (1936), he and his wife left Spain and lived successively in Puerto Rico, Cuba, and the United States. They returned to Puerto Rico, where in 1956 Juan Ramón received news that he had been awarded the Nobel Prize for Literature. Sadly, however, his loving wife died three days later, and the grief stricken poet survived her by less than two years.

It is not an exaggeration to say that a large part of Juan Ramón's reputation is based on one of the most widely read books of this century, Platero y yo (1914). Like Alice in Wonderland, it has been read by old and young at home and abroad. It consists of a series of lyrical impressions in prose, in which the poet speaks to his small donkey (Platero), confiding in him his innermost thoughts and feelings.

The tender description of the life of Moguer, the poet's birthplace which serves as the setting, is, as he called it, an Andalusian elegy. Juan Ramón's very personal vision imparts at the same time a universality through the repeated discovery of the poetry which exists in the most common things and the sense of mystery which lies just beyond.

Although written in prose, Platero y yo is a book of the purest poetry. The short, individual chapters have a unity of their own; indeed, Juan Ramón has given each a separate title. We have selected seven of these (I, II, XII, XLIII, LXXIX, CXXXII, CXXXV).

Platero y yo

I. Platero

Platero es pequeño, peludo,[1] suave; tan blando por fuera, que se diría todo de algodón,[2] que no lleva huesos. Sólo los espejos de azabache[3] de sus ojos son duros cual dos escarabajos[4] de cristal negro.

Lo dejo suelto[5] y se va al prado, y acaricia tibiamente[6] con su hocico,[7] rozándolas apenas,[8] las florecillas rosas, celestes y gualdas[9] . . . Lo llamo dulcemente: "¿Platero?", y viene a mí con un trotecillo alegre que parece que se ríe, en no sé qué cascabeleo ideal . . .[10]

Come cuanto le doy. Le gustan las naranjas mandarinas, las uvas moscateles,[11] todas de ámbar; los higos morados,[12] con su cristalina gotita de miel . . .[13]

Es tierno y mimoso[14] igual que un niño, que una niña . . . ; pero fuerte y seco por dentro, como de piedra. Cuando paseo sobre él, los domingos, por las últimas callejas del pueblo, los hombres del campo, vestidos de limpio y despaciosos, se quedan mirándolo:

—Tien' asero[15] . . .

Tiene acero. Acero y plata de luna,[16] al mismo tiempo.

II. Mariposas[17] blancas

La noche cae, brumosa[18] ya y morada. Vagas claridades malvas[19] y verdes perduran tras la torre de la iglesia. El camino sube,

[1] **peludo** furry
[2] **algodón** cotton
[3] **espejos de azabache** jet mirrors
[4] **escarabajos** beetles
[5] **suelto** untied
[6] **tibiamente** gently
[7] **hocico** snout, nose
[8] **rozándolas apenas** scarcely touching them (the little flowers)
[9] **gualdas** yellow
[10] **en no sé qué cascabeleo ideal** with an inexplicable jingling (**Cascabeleo** refers to the jingling of the bells worn by mules and donkeys. It is used figuratively here to suggest the joyous eagerness with which Platero answers his master's call.)
[11] **moscateles** muscatel (grape or wine)
[12] **higos morados** dark purple figs
[13] **gotita de miel** point of honey
[14] **mimoso** pampered, loving
[15] **Tien' asero** He is strong as steel. (Jiménez imitates the Andalusian pronunciation.)
[16] **plata de luna** quick-silver
[17] **mariposa** butterfly
[18] **brumosa** foggy
[19] **malvas** mauve, bluish-red

lleno de sombras, de campanillas,[20] de fragancia, de yerba, de canciones, de cansancio y de anhelo.[21] De pronto, un hombre oscuro, con una gorra[22] y un pincho, roja un instante la cara fea por la luz del cigarro, baja a nosotros de una casucha[23] miserable, perdida entre sacas de carbón. Platero se amedrenta.[24]   5

—¿Ba argo?[25]

—Vea usted . . . Mariposas blancas . . .

El hombre quiere clavar su pincho de hierro en el seroncillo,[26] y no lo evito. Abro la alforja[27] y él no ve nada. Y el alimento ideal[28] pasa, libre y cándido, sin pagar su tributo a los Con- 10 sumos . . .[29]

III. La púa[30]

Entrando en la dehesa de los caballos,[31] Platero ha comenzado a cojear.[32] Me he echado al suelo . . .

—Pero, hombre,[33] ¿qué te pasa?

Platero ha dejado la mano[34] derecha un poco levantada, mos- 15 trando la ranilla,[35] sin fuerza y sin peso, sin tocar casi con el casco[36] la arena ardiente del camino.

Con una solicitud mayor, sin duda, que la del viejo Darbón, su médico, le he doblado la mano y le he mirado la ranilla roja. Una púa larga y verde, de naranjo sano,[37] está clavada en ella como un 20 redondo puñalillo[38] de esmeralda. Estremecido del dolor de Platero, he tirado de la púa; y me lo[39] he llevado al pobre al arroyo

---

[20] **campanilla**   bellflowers

[21] **anhelo**   yearning, longing

[22] **gorra y un pincho**   cap, and a pointed stick

[23] **casucha**   shack (the man is a village tax inspector.)

[24] **amedrentarse**   to become frightened

[25] **¿Ba argo?**   i.e., ¿Va algo? What do you have there? (Here again and in IV, the author reproduces the Andalusian accent.)

[26] **seroncillo**   small basket

[27] **alforja**   saddlebag

[28] **alimento ideal**   nonexistent food

[29] **tributo a los Consumos**   tax to the tax collectors

[30] **púa**   thorn

[31] **dehesa de los caballos**   pasture

[32] **cojear**   to limp

[33] **hombre**   The word is commonly used in expressions of surprise in addressing persons, regardless of age or sex. Platero's master addresses him as he would a child, with affectionate concern and sincere sympathy.

[34] **mano**   i.e., the forefoot

[35] **ranilla**   sole

[36] **casco**   hoof

[37] **de naranjo sano**   from a healthy orange tree

[38] **puñalillo**   dagger

[39] **me lo**   Do not translate.

de los lirios[40] amarillos, para que el agua corriente le lama,[41] con su larga lengua pura, la heridilla.

Después, hemos seguido hacia la mar blanca, yo delante, él detrás, cojeando todavía y dándome suaves topadas[42] en la espalda . . .   5

IV. La tísica[43]

Estaba derecha en una triste silla, blanca la cara y mate,[44] cual un nardo ajado, en medio de la encalada[45] y fría alcoba. Le había mandado el médico salir al campo, a que le diera el sol[46] de aquel mayo helado; pero la pobre no podía.

—Cuando yego[47] ar puente—me dijo—, ¡ya v'usté, zeñorito,   10 ahí ar lado que ejtá!, m'ahogo . . .

La voz pueril, delgada y rota, se le caía, cansada, como se cae, a veces, la brisa en el estío.

Yo le ofrecí a Platero para que diese un paseíto. Subida en él, ¡qué risa la de su aguda cara de muerta, toda ojos negros y dientes   15 blancos!

. . . . Se asomaban las mujeres a las puertas a vernos pasar. Iba Platero despacio, como sabiendo que llevaba encima un frágil lirio de cristal fino.[48] La niña, con su hábito cándido[49] de la Virgen de Montemayor, lazado de grana,[50] transfigurada por la fiebre y la   20 esperanza, parecía un ángel que cruzaba el pueblo, camino del[51] cielo del Sur.

V. Alegría

Platero juega con Diana, la bella perra blanca que se parece a la luna creciente, con la vieja cabra[52] gris, con los niños . . .

Salta Diana, ágil y elegante, delante del burro, sonando su leve campanilla, y hace[53] como que le muerde los hocicos. Y   25

[40] **lirios**   iris, lily
[41] **lamer**   to lick
[42] **dándome suaves topadas**   nudging me gently
[43] **tísica**   the tubercular girl
[44] **mate, cual un nardo ajado**   lusterless, like a withered spikenard (small white flower)
[45] **encalada**   whitewashed
[46] **a que le diera el sol**   to get the sun
[47] **Cuando yego,** etc.   "Cuando llego al puente, ¡ya ve usted, señorito, ahí al lado que está!, me ahogo (I choke)".
[48] **frágil lirio de cristal fino**   fragile glass lily
[49] **hábito cándido**   white dress
[50] **lazado de grana**   with a red bow
[51] **camino del**   on her way to
[52] **cabra**   goat
[53] **hace como que le muerde los hocicos**   pretends to bite his nose

Platero, poniendo las orejas en punta, cual dos cuernos de pita,[54] la embiste[55] blandamente y la hace rodar sobre la yerba en flor.

La cabra va al lado de Platero, rozándose a sus patas, tirando[56] con los dientes de la punta de las espadañas de la carga. Con una clavellina[57] o con una margarita en la boca, se pone frente a él, le topa en el testuz,[58] y brinca luego, y bala[59] alegremente, mimosa, igual que una mujer . . .

Entre los niños, Platero es de[60] juguete. ¡Con qué paciencia sufre sus locuras! ¡Cómo va despacito, deteniéndose, haciéndose el tonto, para que ellos no se caigan! ¡Cómo los asusta, iniciando,[61] de pronto, un trote falso!

¡Claras tardes del otoño moguereño![62] Cuando el aire puro de octubre afila los límpidos sonidos, sube del valle un alborozo[63] idílico de balidos, rebuznos, de risas de niños, de ladreos y de campanillas . . .

VI. La muerte

Encontré a Platero echado en su cama de paja, blandos los ojos y tristes. Fui a él, lo acaricié hablándole, y quise que se levantara . . .

El pobre se removió todo bruscamente, y dejó una mano arrodillada[64] . . . No podía . . . Entonces le tendí su mano en el suelo, lo acaricié de nuevo con ternura, y mandé venir a su médico.

El viejo Darbón, así que lo hubo visto, sumió[65] la enorme boca desdentada hasta la nuca[66] y meció sobre el pecho la cabeza congestionada, igual que un péndulo.

—Nada bueno, ¿eh?

No sé qué contestó . . . Que el infeliz se iba . . . Nada[67] . . . Que un dolor . . . Que no sé que raíz mala . . .[68] La tierra, entre la yerba . . .

[54] **cuernos de pita**   cactus horns
[55] **la embiste**   charges at her
[56] **tirando . . . carga**   pulling with her teeth at the tips of the reeds he is carrying
[57] **clavellina . . . margarita**   pink flower . . . daisy
[58] **le topa en el testuz**   butts him in the head
[59] **balar**   to bleat
[60] **es de**   is like
[61] **iniciando . . . un trote falso**   pretending to break into a trot

[62] **moguereño**   in Moguer (the author's native town)
[63] **un alborozo . . . rebuznos**   an idyllic joy of baas and brays
[64] **dejó una mano arrodillada**   got one leg kneeling
[65] **sumir**   to draw in (lit., to sink)
[66] **nuca**   nape of the neck
[67] **Nada**   Nothing could be done.
[68] **raíz mala**   poisonous root

A mediodía, Platero estaba muerto. La barriguilla de algodón[69] se la había hinchado como el mundo, y sus patas, rígidas y descoloridas, se elevaban al cielo. Parecía su pelo rizoso[70] ese pelo de estopa apolillada[71] de las muñecas viejas, que se cae, al pasarle la mano, en una polvorienta tristeza . . .   5

Por la cuadra[72] en silencio, encendiéndose[73] cada vez que pasaba por el rayo de sol de la ventanilla, revolaba una bella mariposa de tres colores . . .

VII. Melancolía
Esta tarde he ido con los niños a visitar la sepultura de Platero, que está en el huerto de la Piña, al pie del pino redondo y pa- 10
ternal. En torno, abril había adornado la tierra húmeda de grandes lirios amarillos.

Cantaban los chamarices[74] allá arriba, en la cúpula verde, toda pintada de cenit azul,[75] y su trino[76] menudo, florido y reidor, se iba en el aire de oro de la tarde tibia, como un claro sueño de 15
amor nuevo.

Los niños, así que iban llegando, dejaban de gritar. Quietos y serios, sus ojos brillantes en mis ojos, me llenaban de preguntas ansiosas.

—¡Platero, amigo!—le dije yo a la tierra—: si, como pienso, 20
estás ahora en un prado del cielo y llevas sobre tu lomo peludo[77] a los ángeles adolescentes, ¿me habrás, quizá, olvidado? Platero, dime: ¿te acuerdas aún de mí?

Y, cual contestando a mi pregunta, una leve mariposa blanca, que antes no había visto, revolaba insistentemente, igual que un 25
alma, de lirio en lirio . . .

[69] **barriguilla de algodón**   his little cotton belly
[70] **rizoso**   curly
[71] **estopa apolillada**   moth-eaten flax
[72] **cuadra**   stable
[73] **encendiéndose**   catching the light (referring to the subject of the sentence, **una bella mariposa**)

[74] **chamarices**   titmice (small birds)
[75] **cenit azul**   zenith blue
[76] **su trino . . . reidor**   their slight trills, gay and flowering
[77] **lomo peludo**   furry back

EXERCISES
Platero y yo

I. Cuestionario

A. Platero
1. ¿Cómo es Platero?
2. ¿Qué hace Platero en el prado?
3. ¿Qué hace cuando su amo lo llama?
4. ¿Qué le gusta comer?
5. ¿Dónde pasea el amo los domingos?

B. Mariposas blancas
1. ¿Le parece poética la descripción de la noche?
2. ¿Cómo hace el autor casi vivo el camino?
3. ¿Qué elemento realista se introduce de pronto?
4. ¿Quién es este hombre? ¿Es rico?
5. ¿Qué busca?

C. La púa
1. ¿Qué comenzó a hacer Platero entrando en la dehesa?
2. ¿Qué le había pasado?
3. ¿A dónde lo lleva el amo?
4. ¿Le gusta a usted la metáfora del arroyo?
5. ¿Cómo muestra Platero su gratitud?

D. La tísica
1. ¿Por qué es "triste" la silla en que está sentada la niña?
2. ¿Por qué no sale al campo?
3. ¿A qué se compara su voz?
4. ¿Cómo es la niña subida en Platero?
5. ¿Sabe Platero que la niña está enferma?
6. ¿Qué parecía la niña con su hábito puro?

E. Alegría
1. ¿Con quiénes juega Platero?
2. ¿Qué impresión de Platero nos deja su juego con Diana?
3. ¿Cómo sufre Platero las locuras de los niños?
4. ¿Es realmente alegre el mundo de Platero?
5. Este capítulo es de una estructura admirable. Estudie cada párrafo y comente la estructura.

F. **La muerte**

1. ¿Cómo era Platero en su cama de paja?
2. ¿Con qué descripción exagerada describe el autor la reacción del médico?
3. ¿Qué revela el estilo del cuarto párrafo?
4. ¿Qué elementos realistas se encuentran en la descripción de la muerte de Platero?
5. ¿Qué se ve en la cuadra? ¿Le gusta la imagen?

G. **Melancolía**

1. ¿A dónde ha ido el amo con los niños?
2. ¿Es triste o alegre la canción de los pájaros?
3. ¿Es dulce o amarga la atmósfera que crea el autor?
4. ¿Cuál es la pregunta que hace el amo a la sepultura?
5. ¿Cómo se le contesta?
6. Compare usted el final de este capítulo con el del capítulo anterior.

II. *Translate the following sentences. They are grouped under capital letters which refer, as above, to the individual chapters.*

A.

1. Platero is as soft as cotton.
2. He likes to caress the little flowers in the meadow.
3. When I call him, he comes to me with a happy little trot.
4. They say that he eats oranges, grapes, and figs.
5. He is tender like a child, but all know that he is steel.

B.

1. The poet uses dark colors to describe the foggy night.
2. Behind the church tower there is a road that seems to be alive.
3. I like the picture of the man whose ugly face is seen in the light of the cigar.
4. He comes down to examine (*revisar*) the saddle bags, but he finds nothing.
5. The master doesn't have to pay the tax.

C.

1. Platero suddenly began to limp.
2. He could hardly walk on the burning sand.
3. I pulled out the long, green thorn, and took him to the brook.
4. The running water licked the wound with its long tongue.

D.

1. The poor girl is sitting in the middle of the cold bedroom.
2. The doctor had ordered her to go out to the country.
3. She cannot take the sun because she is sick and tired.
4. She is very happy when she goes for a ride on Platero.
5. Platero seemed to know that he was carrying a fragile flower.

E.

1. Platero's best friends are a dog, a goat, and children.
2. The dog runs in front of Platero, sounding its little bell.
3. Platero goes slowly so that the children will not fall.
4. How he likes to play with them!

F.

1. Platero tried to get up but could not.
2. I sent for the doctor.
3. The doctor's enormous toothless mouth dropped when he saw the poor animal.
4. A beautiful butterfly flitted through the rays of the sun.

G.

1. The children and I visited Platero's grave.
2. There are large, yellow irises that adorn the damp earth.
3. Birds are singing in the warm afternoon.
4. The children stopped shouting on arriving.
5. I wonder if Platero has forgotten his master.

Miguel Delibes
1920-

Unlike some young writers who never live up to the promise of
their good first novels, Miguel Delibes has established himself with
each succeeding work as one of the most outstanding men of contemporary Spanish letters. Born in Valladolid, he is at present a
professor at the Escuela de Comercio in that city, and was editor of the
newspaper El norte de Castilla.

When only twenty-seven years old, Delibes made his name
nationally known with his first novel, La sombra del ciprés es alargada,
which won the important Nadal Prize for 1947. Other prizes awarded
him have been the Premio Nacional de Literatura and the Premio
"Juan March," and in 1975 he was elected to the Spanish Academy of
Letters.

There is an interesting dualism to be noted in the development
of Delibes' work. Some of his early novels seemed to indicate that he
would follow the path of tremendismo;* yet, in his third novel, El
camino (1950), considered by many to be one of his best, seriousness
and pessimism give way to a delightful freshness and naturalness, to
gentle humor and human tenderness. His keen delineation of the
adolescent character, predominant in El camino, is a characteristic of
the major part of his production.

Characteristic, too, is the consummate artistry of his prose. His
style is simple and direct, but also poetic. You will discover his skill as
a narrator in the intensely human, moving, and sensitive short story
that follows.

* See introduction to Cela. p. 114.

En una noche así

Yo no sé qué puede hacer un hombre recién salido de la cárcel, en una fría noche de Navidad y con dos duros en el bolsillo. Casi lo mejor si, como en mi caso, se encuentra solo, es ponerse a silbar[1] una banal canción infantil y sentarse al relente[2] del parque a observar cómo pasa la gente y los preparativos de la felicidad de la gente. Porque lo peor no es el estar solo, ni el hiriente[3] frío de la Nochebuena, ni el terminar de salir de la cárcel, sino el encontrarse uno a los treinta años con el hombro izquierdo molido[4] por el reuma, el hígado trastornado,[5] la boca sin una pieza[6] y hecho[7] una dolorosa y total porquería. Y también es mala la soledad, y la conciencia de la felicidad aleteando[8] en torno pero sin decidirse a entrar en uno. Todo eso es malo como es malo el sentimiento de todo ello y como es absurda y torpe[9] la pretensión de reformarse uno de cabo a rabo[10] en una noche como ésta, con el hombro izquierdo molido por el reuma y con un par de duros en el bolsillo.

La noche está fría, cargada de nubes grises, que amenazan nieve. Es decir, puede nevar o no nevar, pero que nieve o no nieve no remediará mi reuma, ni mi boca desdentada,[11] ni el horroroso vacío de mi estómago. Por eso fui a donde había música y me encontré a un hombre con la cara envuelta en una hermosa bufanda,[12] pero con un traje raído,[13] cayéndosele a pedazos.[14] Estaba sentado en la acera, ante un café brillantemente iluminado y tenía entre las piernas, en el suelo, una boina negra, cargada de monedas de poco valor. Me aproximé a él y me detuve a su lado sin decir palabra, porque el hombre interpretaba en ese momento en su acordeón "El Danubio Azul", y hubiera sido un pecado interrumpirle. Además, yo tenía la sensación de que tocaba para mí, y me emocionaba el que[15] un menesteroso[16] tocase para otro me-

5

10

15

20

25

---

[1] **silbar** to whistle
[2] **al relente** in the dampness
[3] **hiriente** cutting, biting
[4] **molido por el reuma** consumed by rheumatism
[5] **hígado trastornado** liver in bad shape
[6] **pieza** (*here*) tooth
[7] **hecho . . . porquería** having become a complete and pitiful mess

[8] **aletear** to flutter
[9] **torpe** stupid
[10] **de cabo a rabo** from head to foot
[11] **desdentada** toothless
[12] **bufanda** muffler
[13] **raído** threadbare
[14] **caerse a pedazos** to fall to pieces
[15] **el que** the fact that (keep on the lookout for this throughout the story)
[16] **menesteroso** needy person

nesteroso en una noche como ésa. Y al concluir la hermosa pieza
le dije:

—¿Cómo te llamas?

Él me miró con las pupilas semiocultas entre los párpados,[17]
como un perro implorando para que no le den puntapiés.[18] Yo le
dije de nuevo:

—¿Cómo te llamas?   5

Él se incorporó y me dijo:

—Llámame Nicolás.

Recogió la gorra,[19] guardó las monedas en el bolsillo y me
dijo:

—¿Te parece que vayamos andando?[20]   10

Y yo sentía que nos necesitábamos el uno al otro, porque en
una noche como ésa un hombre necesita de otro hombre y todos[21]
del calor de la compañía. Y le dije:

—¿Tienes familia?

Me miró sin decir nada. Yo insistí y dije: 15

—¿Tienes familia?

Él dijo, al fin:

—No te entiendo. Habla más claro.

Yo entendía que ya estaba lo suficientemente claro, pero le
dije: 20

—¿Estás solo?

Y él me dijo:

—Ahora estoy contigo.

—¿Sabes tocar andando?—le dije yo.

—Sé—me dijo.   25

Y le pedí que tocara "Esta noche es Nochebuena" mientras
caminábamos, y los escasos transeúntes rezagados,[22] nos miraban
con un poco de recelo,[23] y yo, mientras Nicolás tocaba, me acordaba de mi hijo muerto y de la Chelo y de dónde andaría la Chelo
y de dónde andaría mi hijo muerto. Y cuando concluyó Nicolás, 30
le dije:

—¿Quieres tocar ahora "Quisiera ser tan alto como la luna, ay,
ay"?

---

[17] **párpados**   eyelids
[18] **puntapiés**   kicks
[19] **gorra**   cap
[20] **¿Te . . . andando?**   Shall we go?

[21] **todos**   Supply **necesitan**
[22] **transeúntes rezagados**   lagging
         pedestrians
[23] **recelo**   misgiving, suspicion

Yo hubiera deseado que Nicolás tocase de una manera continua, sin necesidad de que yo se lo pidiera, todas la piezas que despertaban en mí un eco lejano, o un devoto recuerdo, pero Nicolás se interrumpía a cada pieza y yo había de[24] rogarle que tocara otra cosa en su acordeón, y para pedírselo había de volver   5
de mi recuerdo a mi triste realidad actual, y cada incorporación al pasado me costaba un estremecimiento[25] y un gran dolor.

Y así andando, salimos de los barrios[26] céntricos y nos hallamos más a gusto en pleno foco[27] de artesanos y menestrales.[28] Y hacía tanto frío que hasta el resuello[29] del acordeón se con-   10
gelaba en el aire como un girón[30] de niebla blanquecina. Entonces le dije a Nicolás:

—Vamos ahí dentro. Hará menos frío.

Y entramos en una taberna destartalada,[31] sin público, con una larga mesa de tablas[32] de pino sin cepillar y unos bancos tan   15
largos como la mesa. Hacía bueno allí y Nicolás se recogió la bufanda. Vi entonces que tenía media cara sin forma, con la mandíbula inferior quebrantada[33] y la piel arrugada y recogida[34] en una pavorosa cicatriz.[35] Tampoco tenía ojo en ese lado. Él me vio mirarle y me dijo: 20

—Me quemé.

Salió el tabernero, que era un hombre enorme, con el cogote[36] recto y casi pelado[37] y un cuello ancho, como de toro. Tenía facciones abultadas[38] y la camisa recogida por encima de los codos. Parecía uno de esos tipos envidiables, que no tienen frío nunca.   25

—Iba a cerrar—dijo.

Y yo dije:

—Cierra. Estaremos mejor solos.

Él me miró y, luego, miró a Nicolás. Vacilaba. Yo dije:

—Cierra ya. Mi amigo hará música y beberemos. Es Noche-   30
buena.

[24] **yo había de** Note this strong use of **haber de**, having the force of **tener que.**

[25] **estremecimiento** trembling

[26] **barrios** areas, quarters

[27] **foco** core, center

[28] **menestrales** workmen

[29] **resuello** breathing

[30] **girón** strip

[31] **destartalada** shabby-looking

[32] **tablas de pino sin cepillar** rough pine boards

[33] **quebrantar** to break

[34] **arrugada y recogida** shriveled and drawn

[35] **cicatriz** scar

[36] **cogote** back of the neck

[37] **pelado** bare

[38] **abultadas** massive

Dijo Nicolás:

—Tres vasos.

El hombrón,[39] sin decir nada, trancó[40] la puerta, alineó tres vasos en el húmedo mostrador de zinc y los llenó de vino. Apuré[41] el mío y dije:

—Nicolás, toca "Mambrú[42] se fue a la guerra", ¿quieres?

El tabernero hizo un gesto patético. Nicolás se detuvo. Dijo el tabernero:

—No; tocará antes "La última noche que pasé contigo". Fue el último tango que bailé con ella.

Se le ensombreció la mirada de un modo extraño. Y mientras Nicolás tocaba, le dije:

—¿Qué?[43]

Dijo él:

—Murió. Va para tres años.[44]

Llenó las vasos de nuevo y bebimos, y los volvió a llenar y volvimos a beber, y los llenó otra vez y otra vez bebimos; después, sin que yo dijera nada, Nicolás empezó a tocar "Mambrú se fue a la guerra", con mucho sentimiento. Noté que me apretaba la garganta y dije:

—Mi chico cantaba esto cada día.

El tabernero llenó otra vez los vasos y dijo, sorprendido:

—¿Tienes un hijo que sabe cantar?

Yo dije:

—Le tuve.

Él dijo:

—También mi mujer quería un hijo y se me fue sin conseguirlo. Ella era una flor, ¿sabes? Yo no fui bueno con ella y se murió. ¿Por qué será que mueren siempre los mejores?

Nicolás dejó de tocar. Dijo:

—No sé de qué estáis hablando. Cuando la churrera[45] me abrazó la cara la gente bailaba "La morena de mi copla". Es de lo único que me acuerdo.

Bebió otro vaso y tanteó[46] en el acordeón "La morena de mi

[39] **hombrón** husky fellow

[40] **trancar** to bar, to bolt

[41] **apurar** to finish

[42] **Mambrú** Corruption of the name of the English general, the Duke of Marlborough

[43] **¿Qué?** What happened (to her)?

[44] **Va para tres años** It's almost three years ago.

[45] **churrera** woman who makes and sells **churros,** cucumber-shaped fritters

[46] **tantear** to try out, to test

copla". Luego lo tocó ya formalmente.[47] Volvió a llenar los vasos el tabernero y se acodó en el mostrador. La humedad y el frío del zinc no parecían transmitirse a sus antebrazos desnudos, sólidos como troncos. Yo le miraba a él, y miraba a Nicolás, y miraba al resto del recinto[48] despoblado y entreveía en todo ello un íntimo e inexplicable latido[49] familiar. A Nicolás le brillaba el ojo solitario con unos fulgores extraños. El tabernero dulcificó su dura mirada, y después de beber, dijo:

—Entonces ella no me hacía ni fu ni fa.[50] Parecía como si las cosas pudieran ser de otra manera, y a veces yo la quería y otras veces la maltrataba, pero nunca me parecía que fuera ella nada extraordinario.[51] Y luego, al perderla, me dije: "Ella era una flor." Pero ya la cosa no tenía remedio y a ella la enterraron y el hijo que quería no vino nunca. Así son las cosas.

En tanto duró su discurso, yo me bebí un par de copas; por supuesto, con la mayor inocencia. Yo no buscaba en una noche como ésta la embriaguez,[52] sino la sana y caliente alegría de Dios y un amplio y firme propósito de enmienda. Y la música que Nicolás arrancaba del acordeón estimulaba mis rectos impulsos y me empujaba a amarle a él, a amar al tabernero y a amar a mi hijo muerto y a perdonar a la Chelo su desvío.[53] Y dije:

—Cuando el chico cayó enfermo yo dije a la Chelo que avisara al médico y ella me dijo que un médico costaba[54] diez duros. Y yo dije: "¿Es dinero eso?" Y ella dijo: "Yo no sé si será dinero o no, pero yo no lo tengo." Y yo dije, entonces: "Yo tampoco lo tengo, pero eso no quiere decir que diez duros sean dinero."

Nicolás me taladraba[55] con su ojo único, enloquecido por el vino. Había dejado de tocar y el acordeón pendía desmayado[56] de su cuello, sobre el vientre, como algo frustrado o prematuramente muerto. El instrumento tenía mugre[57] en las orejas y en las notas y en los intersticios del fuelle;[58] pero sonaba bien, y lo demás no importaba. Y cuando Nicolás apuró otra copa, le bendije

---

[47] **formalmente** seriously
[48] **recinto** place (room)
[49] **latido** beat
[50] **no hacer(le) ni fu ni fa** to not matter (to him) one way or the other
[51] **nada extraordinario** anything very special
[52] **embriaguez** drunkenness
[53] **desvío** running away

[54] **costaba** imperfect, not conditional tense, because he is reporting, in indirect discourse, the words of **la Chelo**
[55] **taladrar** to drill, to pierce
[56] **desmayado** lifeless
[57] **mugre** dirt
[58] **intersticios del fuelle** creases of the bellows

interiormente, porque se me hacía[59] que bebía música y experiencia y disposición para la música. Le dije:

—Toca "Silencio en la noche", si no estás cansado.

Pero Nicolás no me hizo caso; quizás no me entendía. Su único ojo adquirió de pronto una expresión ausente. Dijo Nicolás: 5

—¿Por qué he tenido yo en la vida una suerte tan perra?[60] Un día yo vi en el escaparate[61] de una administración de loterías[62] el número 21 y me dije: "Voy a comprarle;[63] alguna vez ha de tocar el número 21." Pero en ese momento pasó un vecino y me dijo: "¿Qué miras en ese número, Nicolás? La lotería no cae en los nú- 10 meros bajos." Y yo pensé: "Tiene razón; nunca cae la lotería en los números bajos." Y no compré el número 21 y compré el 47.234.

Nicolás se detuvo y suspiró. El tabernero miraba a Nicolás con atención concentrada. Dijo:

—¿Cayó, por casualidad, el gordo[64] en el número 21? 15

A Nicolás le brillaba, como de fiebre, el ojo solitario. Se aclaró la voz con un carraspeo[65] y dijo:

—No sé; pero en el 47.234 no me tocó ni el reintegro.[66] Fue una cochina[67] suerte la mía.

Hubo un silencio y los tres bebimos para olvidar la negra 20 suerte de Nicolás. Después bebimos otra copa para librarnos, en el futuro, de la suerte perra. Entre los tres iba cuajando[68] un casi visible sentimiento de solidaridad. Bruscamente, el tabernero nos volvió la espalda y buscó un nuevo frasco en la estantería.[69] Entonces noté yo debilidad en las rodillas, y dije: 25

—Estoy cansado; vamos a sentarnos.

Y nos sentamos, Nicolás y yo en el mismo banco y el tabernero, con la mesa por medio, frente a nosotros; y apenas sentados, el tabernero dijo:

—Yo no sé qué tenía aquella chica que las demás no tienen. 30 Era rubia, de ojos azules, y a su tiempo, se movía bien. Era una flor. Ella me decía: "Pepe, tienes que vender la taberna y dedicarte a un oficio más bonito." Y yo le decía: "Sí, encanto."[70] Y

---

[59] **se me hacía** I imagined
[60] **perra** hard, bitter
[61] **escaparate** (display) window
[62] **administración de loterías** place where lottery tickets are sold
[63] **comprarle** Note the pronoun **le** instead of **lo.**

[64] **el gordo** first prize
[65] **carraspeo** hoarse grunt
[66] **reintegro** what I paid for it
[67] **cochina** filthy
[68] **cuajar** to take shape
[69] **estantería** shelf
[70] **encanto** delight; (translate) darling

ella me decía: "Es posible que entonces tengamos un hijo." Y yo le decía, "Sí, encanto." Y ella decía: "Si tenemos un hijo, quiero que tenga los ojos azules como yo." Y yo le decía: "Sí, encanto." Y ella decía . . .

Balbucí[71] yo:

—Mi chico también tenía los ojos azules y yo quería que fuese boxeador. Pero la Chelo se plantó[72] y me dijo que si el chico era boxeador ella se iba.[73] Y yo le dije: "Para entonces ya serás vieja; nadie te querrá." Y ella se echó a llorar. También lloraba cuando el chico se puso malito[74] y yo, aunque no lloraba, sentía un gran dolor aquí. Y la Chelo me echaba en cara el que yo no llorase, pero yo creo que el no llorar deja el sentimiento dentro y eso es peor. Y cuando llamamos al médico, la Chelo volvió a llorar porque no teníamos los diez duros y yo le pregunté: "¿Es dinero eso?" El chico no tenía los ojos azules por entonces, sino pálidos y del color del agua. El médico, al verlo, frunció el morro[75] y dijo: "Hay que operar en seguida." Y yo dije: "Opere." La Chelo me llevó a un rincón y me dijo: "¿Quién va a pagar todo esto? ¿Estás loco?" Yo me enfadé: "¿Quién ha de pagarlo? Yo mismo," dije. Y trajeron una ambulancia y aquella noche yo no me fui a echar la partida,[76] sino que me quedé junto a mi hijo, velándole. Y la Chelo lloraba en un rincón, sin dejarlo un momento.

Hice un alto[77] y bebí un vaso. Fuera sonaban las campanas anunciando la misa del Gallo.[78] Tenían un tañido[79] lejano y opaco aquella noche y Nicolás se incorporó y dijo:

—Hay nieve cerca.

Se aproximó a la ventana, abrió el cuarterón,[80] lo volvió a cerrar y me enfocó su ojo triunfante:

—Está nevando ya—dijo—. No me he equivocado.

Y permanecimos callados un rato, como si quisiésemos escuchar desde nuestro encierro el blando posarse[81] de los copos sobre las calles y los tejados. Nicolás volvió a sentarse y el tabernero dijo destemplado:[82]

—¡Haz música!

---

[71] **balbucir**   to stammer
[72] **se plantó**   balked
[73] **se iba**   Compare with note 54.
[74] **malito**   (diminutive of **malo**) sick
[75] **frunció el morro**   pursed his lips
[76] **echar la partida**   to play (e.g., cards)

[77] **hacer un alto**   to stop
[78] **misa del Gallo**   midnight Mass
[79] **tañido**   sound, tone
[80] **cuarterón**   shutter
[81] **posarse**   landing
[82] **destemplado**   irritably

Nicolás ladeó la cabeza y abrió el fuelle del acordeón en abanico. Comenzó a tocar "Adiós, muchachos, compañeros de mi vida". El tabernero dijo:

—Si ella no se hubiera emperrado[83] en pasar aquel día con su madre, aún estaría aquí, a mi lado. Pero así son las cosas. Nadie 5
sabe lo que está por[84] pasar. También si no hubiera tabernas el chófer estaría sereno y no hubiera ocurrido lo que ocurrió. Pero el chófer tenía que estar borracho y ella tenía que ver a su madre y los dos tenían que coincidir en la esquina precisamente, y nada más. Hay cosas que están escritas y nadie puede alterarlas. 10

Nicolás interrumpió la pieza. El tabernero le miró airado[85] y dijo:

—¿Quieres tocar de una vez?[86]

—Un momento—dijo Nicolás—. El que yo no comprara el décimo[87] de lotería con el número 21 aquella tarde fue sólo culpa 15
mía y no puede hablarse de mala suerte. Ésta es la verdad. Y si la churrera me quemó es porque yo me puse debajo de la sartén.[88] Bueno. Pero ella estaba encima y lo que ella decía es que lo mismo que[89] me quemó pudo ella coger una pulmonía[90] con el aire del acordeón. Bueno. Todo son pamplinas[91] y ganas de enredar[92] las 20
cosas. Yo le dije: "Nadie ha pescado una pulmonía con el aire de un acordeón, que yo sepa." Y ella me dijo: "Nadie abrasa a otro con el aceite de freír los churros." Yo me enfadé y dije: "¡Caracoles, usted a mí!"[93] Y la churrera dijo: "También pude yo pescar una pulmonía con el aire del acordeón." 25

A Nicolás le brillaba el ojo como si fuese a llorar. Al tabernero parecía fastidiarle el desahogo[94] de Nicolás.

—Toca; hoy es Nochebuena—dijo.

Nicolás sujetó entre sus dedos el instrumento. Preguntó:

—¿Qué toco? 30

El tabernero entornó[95] los ojos, poseído de una acuciante[96] y turbadora nostalgia:

[83] **emperrarse** to be obstinate, to insist
[84] **estar por** to be ready to, to be about to
[85] **airado** angrily
[86] **de una vez** once and for all
[87] **décimo** tenth part of a lottery ticket
[88] **sartén** frying pan
[89] **lo mismo que** just as, the same as
[90] **pudo ella coger una pulmonía** she could have caught pneumonia

[91] **pamplinas** nonsense
[92] **enredar** to tangle up
[93] **¡Caracoles, usted a mí!** Darn it! Enough of that!
[94] **desahogo** relief, unburdening
[95] **entornar** to half-close
[96] **acuciante** sharp

—Toca de nuevo "La última noche que pasé contigo", si no te importa.

Escuchó en silencio los primeros compases[97] como aprobando. Luego dijo:

—Cuando bailábamos, ella me cogía a mí por la cintura en vez 5
de ponerme la mano en el hombro. Creo que no alcanzaba a mi hombro porque ella era pequeñita y por eso me agarraba por la cintura. Pero eso no nos perjudicaba[98] y ella y yo ganamos un concurso de tangos. Ella bailaba con mucho sentimiento el tango. Un jurado[99] le dijo: "Chica, hablas con los pies." Y ella vino a mí a 10
que la besara en los labios porque habíamos ganado el concurso de tangos y porque para ella el bailar bien el tango era lo primero y más importante en la vida después de tener un hijo.

Nicolás pareció despertar de un sueño.

—¿Es que no tienes hijos?—preguntó. 15

El tabernero arrugó la frente.

—He dicho que no. Iba a tener uno cuando ella murió. Para esos asuntos iba a casa de su madre. Yo aún no lo sabía.

Yo bebí otro vaso antes de hablar. Tenía tan presente a mi hijo muerto que se me hacía que el mundo no había rodado desde en- 20
tonces. Apenas advertí la ronquera[100] de mi voz cuando dije:

—Mi hijo murió aquella noche y la Chelo se marchó de mi lado sin despedirse. Yo no sé qué temería la condenada[101] puesto que el chico ya no podía ser boxeador. Pero se fue y no he sabido de ella desde entonces. 25

El acordeón de Nicolás llenaba la estancia de acentos modulados como caricias. Tal vez por ello el tabernero, Nicolás y un servidor[102] nos remontábamos[103] en el aire con sus notas, añorando[104] las caricias que perdimos. Sí, quizá fuera por ello, por el acordeón; tal vez por la fuerza evocadora de una noche 30
como ésta. El tabernero tenía ahora los codos incrustados en las rodillas y la mirada perdida bajo la mesa de enfrente.

Nicolás dejó de tocar. Dijo:

—Tengo la boca seca.

Y bebió dos nuevos vasos de vino. Luego apoyó el acordeón 35

---

[97] **compases** (singular **compás**) measures (music)
[98] **perjudicar** to hurt
[99] **jurado** judge (contest)
[100] **ronquera** hoarseness

[101] **la condenada** that wretched woman
[102] **un servidor** yours truly (I)
[103] **remontarse** to rise up, to soar
[104] **añorar** to long for

en el borde de la mesa para que su cuello descansara de la tirantez[105] del instrumento. Le miré de refilón[106] y vi que tenía un salpullido[107] en la parte posterior del pescuezo.[108] Pregunté:

—¿No duele eso?

Pero Nicolás no me hizo caso. Nicolás sólo obedecía los mandatos imperativos. Ni me miró esta vez, siquiera. Dijo: 5

—Mi cochina suerte llegó hasta eso. Una zarrapastrosa[109] me abrasó la cara y no saqué ni cinco[110] por ello. Los vecinos me dijeron que tenía derecho a una indemnización, pero yo no tenía cuartos[111] para llevar el asunto por la tremenda.[112] Me quedé sin 10 media cara y ¡santas pascuas![113]

Yo volví a acordarme de mi hijo muerto y de la Chelo y pedí a Nicolás que interpretase "Al corro claro". Después bebí un trago para entonarme[114] y dije:

—En el reposo de estos meses he reflexionado y ya sé por qué 15 la Chelo se fue de mi lado. Ella tenía miedo de la factura[115] del médico y me dejó plantado[116] como una guarra.[117] La Chelo no me quería a mí. Me aguantó por el chico; si no, se hubiera marchado antes. Y por eso me dejó colgado con la cuenta del médico y el dolor de mi hijo muerto. Luego, todo lo demás. Para tapar[118] 20 un agujero tuve que abrir otro agujero y me atraparon. Ésa fue mi equivocación: robar en vez de trabajar. Por eso no volveré a hacerlo . . .

Me apretaba el dolor en el hombro izquierdo y sentía un raro desahogo hablando. Por eso bebí un vaso y agregué: 25

—Además . . .

El tabernero me dirigió sus ojos turbios[119] y cansados, como los de un buey.

—¿Es que hay más?—dijo irritado.

—Hay—dije yo—. En la cárcel me hizo sufrir mucho el reuma 30 y para curarlo me quitaron los dientes y me quitaron las muelas y me quitaron las anginas;[120] pero el reuma seguía. Y cuando ya no

---

[105] **tirantez**   strain
[106] **de refilón**   askance
[107] **salpullido**   rash
[108] **pescuezo**   neck
[109] **zarrapastrosa**   shabby woman
[110] **ni cinco**   even a penny
[111] **cuartos**   money
[112] **por la tremenda**   to the bitter end
[113] **¡santas pascuas!**   That's it! I give up!

[114] **entonarme**   to intone; (translate) to clear my throat
[115] **factura**   bill
[116] **plantado**   jilted, thrown aside
[117] **guarra**   pig
[118] **tapar**   to cover up
[119] **turbios**   drowsy
[120] **anginas**   angina pains

quedaba nada por quitarme me dijeron: "El 313 tome salici-lato."[121]

—¡Ah!—dijo Nicolás.

Yo agregué: —El 313 era yo anteayer.

Y después nos quedamos todos callados. De la calle ascendía 5 un alegre repiqueteo de panderetas[122] y yo pensé en mi hijo muerto, pero no dije nada. Luego vibraron al unísono las cam-panas de muchas torres, y yo pensé: "¡Caramba, es Nochebuena; hay que alegrarse!" Y bebí un vaso.

Nicolás se había derrumbado de bruces[123] sobre la mesa y se 10 quedó dormido. Su respiración era irregular, salpicada de fallos[124] y silbidos; peor que la del acordeón.

---

[121] **tome salicilato** Have (no. 313) take salicylate (a salt used in treating rheumatism).

[122] **repiqueteo de panderetas** sound of tambourines

[123] **derrumbarse de bruces** to fall face downward

[124] **fallos** defects; (here) wheezes

EXERCISES
En una noche así

I. Cuestionario

1. ¿Quién es el narrador de esta historia?
2. ¿Por qué es más intensa su soledad esta noche?
3. ¿Qué tiempo hace?
4. ¿Dónde encuentra el narrador a Nicolás? ¿Por qué toca éste el acordeón?
5. ¿De qué se acordaba el narrador al oír tocar la canción?
6. ¿Por qué se van juntos él y Nicolás? ¿A dónde van?
7. ¿Cómo es la cara de Nicolás? ¿Qué le pasó?
8. ¿Por qué se entristece el tabernero al oír "La última noche que pasé contigo"?
9. ¿Tienen los tres hombres ganas de emborracharse esta noche?
10. ¿Sobre qué riñeron el narrador y la Chelo?
11. ¿A qué se refiere Nicolás cuando dice: "Fue una cochina suerte la mía"?
12. ¿Qué hace cuajar un sentimiento de solidaridad entre ellos?
13. ¿Qué le pasó al hijo del narrador?

14. ¿Cómo se murió la esposa del tabernero? ¿Con qué actitud aceptó éste aquella muerte?
15. ¿Echa Nicolás la culpa a la churrera por su mala suerte?
16. ¿Por qué no tiene hijos el tabernero?
17. ¿Por qué se fue la Chelo?
18. ¿Por qué fue encarcelado el narrador?
19. ¿Con qué nota se termina la historia: esperanza? ¿resignación? ¿pesimismo? ¿Qué efecto tiene el último párrafo?

II. *Give the meaning of the italicized expressions in the sentences below.*

1. Llenó los vasos *de nuevo* y bebimos, y *los volvió a llenar*.
2. Casi *lo mejor es ponerse a silbar* una canción infantil.
3. Nicolás *dejó de* tocar.
4. Y *hacía tanto frío* que hasta el resuello del acordeón se congelaba en el aire.
5. Nicolás *no me hizo caso*.
6. Porque *lo peor* no es *el estar* solo, *sino* el encontrarse uno hecho una total porquería.
7. Y ella *se echó a* llorar. También lloraba cuando el chico *se puso malito*.
8. *Hice un alto* y bebí un vaso.
9. Nadie sabe lo que *está por* pasar.
10. Parecía uno de esos tipos que no *tienen frío* nunca.

III. *Give the proper form of the verbs in parentheses, being careful to distinguish between the subjunctive and the indicative.*

1. Yo dije a la Chelo que (avisar) al médico.
2. Después, sin que yo (decir) nada, Nicolás tocó otra canción.
3. Si ella no hubiera ido a ver a su madre, aún (estar) aquí.
4. Permanecimos callados un rato, como si (querer) escuchar el caer de la nieve.
5. Y ella decía: "Si (tener) un hijo, quiero que (tener) los ojos azules como yo."
6. Yo (desear) [express "would have desired" in two ways] que Nicolás tocase de una manera continua, sin necesidad de que yo se lo (pedir).
7. Y si la churrera me (quemar) es porque yo me puse debajo de la sartén.

8. Aquella noche yo no me fui a echar la partida, sino que me (quedar) junto a mi hijo.

IV. Indicate whether the following statements are true or false, and correct the false ones.

1. El narrador fue libertado de la cárcel porque era Navidad.
2. En la cárcel le sacaron todos los dientes.
3. Nicolás y él *hacen buenas migas* [get along] porque se necesitan el uno al otro.
4. Nicolás perdió a su esposa hace tres años.
5. Nicolás habla más por su acordeón que por su voz.
6. La mujer del tabernero le dejó porque no le gustaba a éste bailar con ella.
7. Cuánto más beben los tres hombres, tanto más se acuerdan de su negra suerte.
8. La Chelo dejó plantado al narrador cuando su hijo se hizo boxeador.
9. Nicolás es fatalista.
10. La historia se termina porque no hay más vino que tomar.

V. Translate.

1. Most Spaniards go to church on Christmas Eve even though it is cold.
2. I asked him to play that song, but he paid no attention to me.
3. They went into the tavern because they were cold.
4. The sad thing is being alone and sick when others are happy.
5. The men recalled their bad luck and continued drinking.
6. She was afraid that the doctor would ask for too much money.
7. He wanted his son to be a boxer, but the boy got sick and died.
8. If the driver had not been drunk, my wife would still be alive.

A Selection of Poetry

A note on
Spanish
Versification

Whereas in English poetry each line has a definite number of metrical feet, the meter of Spanish verse depends upon a definite number of syllables, so that a line is designated as being of eight syllables (octosyllabic), of eleven syllables (hendecasyllabic), etc. As the student reads or recites poetry, he must be careful to take into account the following:

A If a word ends in a vowel and precedes another word beginning with a vowel, the two vowels are run together to form one syllable:

1   2   3 4 5   6 7

cuando esperamos saber

B If the word at the end of a line has the stress on the last syllable, like *saber*, an extra syllable is added to the count; thus, the line of poetry shown in **(A)** is not considered to be seven syllables, but eight.

C Likewise, if the last word of a line has the stress on the antepenult (third syllable from the end), one syllable is substracted; thus,

antes de llegar a Córdoba

is counted as an octosyllabic line.

There are two kinds of rhyme in Spanish: **consonance,** which is the identity of the last stressed vowel and any letters that follow it (bes*aba*–brot*aba,* cant*ar*–m*ar*), and **assonance,** which is the identity of the last stressed vowel, and of a following unstressed vowel, if there is one. Any consonants coming after the stressed vowel need not be identical, as they must in the case of consonance. An example of assonance in **o** would be: *algodón, voz, flor, sol,* etc.; in **e-a:** *vereda, sierras, serena,* etc. With octosyllabic verse, assonance occurs only in the even lines.

Rubén Darío
1867-1916

Toward the end of the nineteenth century a new literary school, called modernism, began to take shape in both Spanish America and Spain. Inspired by French poetic doctrines—Parnassianism and symbolism—and also by their own early and classical poetry, the modernists sought above all perfection and refinement of form and content. In contrast to the literary realism of the times, their poetry revealed an exquisiteness and sensuousness of tone, colorful and musical nuances, delicate impressionism, and complete freedom of metrical forms and rhythmic patterns. The poet in whom the innovations were most completely and definitely established was the Nicaraguan Rubén Darío, often called the leader of modernism. As one critic puts it, Darío opened the door to contemporary Spanish poetry.

Rubén Darío's fame rests primarily on three works. Azul (1888) is a collection of short stories and some poems, mostly dealing with fantastic and idealistic impressions. In 1896, Prosas profanas (Nonsacred Poems: prosa was used by some early poets to refer to poems, usually religious in nature, written in Spanish as opposed to Latin) established Darío as the leading exponent of modernism. In this work, he achieves brilliant effects of sound and music through various combinations of new and old forms and cadences. A refined sensuousness, colorful evocations of the exotic past, verses sculpted with the purity of marble, are other characteristic notes.

In his Cantos de vida y esperanza (1905), physical love as a theme of inspiration yields to love and pride of all that is Spanish—race, history, literature, and art. There is optimism, as the title suggests, faith in life, and Christianity.

I.

Rima VII

The meter and assonance (in e-a), the rhythm and content, all suggest the traditional Spanish ballad.

Llegué a la pobre cabaña
en días de primavera.
La niña triste cantaba,
la abuela hilaba[1] en la rueca.[2]

—¡Buena anciana, buena anciana,   5
bien haya[3] la niña bella,
a quien desde hoy amar juro[4]
con mis ansias[5] de poeta!—

La abuela miró a la niña,
la niña sonrió a la abuela.   10
Fuera, volaban gorriones[6]
sobre las rosas abiertas.

Llegué a la pobre cabaña
cuando el gris otoño empieza.
Oí un ruido de sollozos[7]   15
y sola estaba la abuela.

—¡Buena anciana, buena anciana!—
Me mira y no me contesta.

Yo sentí frío en el alma
cuando vi sus manos trémulas,   20
su arrugada y blanca cofia,[8]
sus fúnebres tocas[9] negras.

Fuera, las brisas errantes
llevaban las hojas[10] secas.

[1] **hilar** to spin
[2] **rueca** distaff
[3] **bien haya** blessed be
[4] **jurar** to swear (word order: **juro amar**)
[5] **ansia** yearning, longing

[6] **gorrión** sparrow
[7] **sollozo** sob
[8] **arrugada y blanca cofia** wrinkled and white hair net
[9] **fúnebres tocas** funereal clothes
[10] **hoja** leaf

II.

Para una cubana

This and the following sonnet from Prosas profanas are sonetos de
arte menor, that is, sonnets in which the verses do not exceed eight
syllables, instead of the customary eleven syllables.

Miré, al sentarme a la mesa
bañado[1] en la luz del día
el retrato de María,
la cubana-japonesa.

El aire acaricia[2] y besa,   5
como un amante lo haría,
la orgullosa[3] bizarría
de la cabellera espesa.[4]

Diera un tesoro[5] el Mikado
por sentirse acariciado   10
por princesa tan gentil,[6]

Digna[7] de que un gran pintor
la pinte junto a una flor
en un vaso de marfil.[8]

[1] **bañar** to bathe		[5] **tesoro** treasure	
[2] **acariciar** to caress		[6] **gentil** elegant	
[3] **orgullosa bizarría** proud nobility		[7] **digna** worthy	
[4] **cabellera espesa** thick (head of) hair		[8] **marfil** ivory	

III.

Mía

Note how the simple pronoun mía, because of the feeling with
which the poet uses it, becomes so exalted a symbol of possession that
it is converted to a proper noun, the name of his beloved.

Mía: así te llamas.
¿Qué más harmonía?
Mía: luz del día;
Mía: rosas, llamas.[1]

[1] **llama** flame (of love)

¿Qué aromas derramas[2]
en el alma mía,
si sé que me amas,
¡Oh Mía!, ¡oh Mía!

Tu sexo fundiste[3]   5
con mi sexo fuerte,
fundiendo dos broncos.

Yo, triste; tú, triste . . .
¿No has de ser, entonces,
Mía hasta la muerte?   10

[2] **derramar** to pour out   [3] **fundir** to fuse, to cast (bronze)

IV.   *Los tres reyes magos*[1]

—Yo soy Gaspar. Aquí traigo el incienso.[2]
Vengo a decir: La vida es pura y bella.
Existe Dios. El amor es inmenso.
¡Todo lo sé por la divina Estrella!

—Yo soy Melchor. Mi mirra[3] aroma todo.   15
Existe Dios. Él es la luz del día.
¡La blanca flor tiene sus pies en lodo[4]
y en el placer hay la melancolía!

—Soy Baltasar. Traigo el oro. Aseguro
que existe Dios. Él es el grande y fuerte.   20
Todo lo sé por el lucero[5] puro
que brilla en la diadema de la Muerte.

—Gaspar, Melchor y Baltasar, callaos.[6]
Triunfa el amor, y a su fiesta os convida.[7]
¡Cristo resurge,[8] hace la luz del caos[9]   25
y tiene la corona de la Vida!

[1] **Los tres reyes magos** The Three Wise
   Men (Kings)
[2] **incienso** incense
[3] **mirra** myrrh
[4] **lodo** mud
[5] **lucero** star, light

[6] **callaos** (**callad + os**) Familiar imperative plural of **callarse,** to be
   silent (Note the dropping of the **d.**)
[7] **convidar** to invite
[8] **resurgir** to be resurrected
[9] **caos** chaos

V. *A Margarita Debayle*[1]

Darío's love of fantasy, idealistic impressions, and the exotic are portrayed in this beautiful poem in consonantal rhyme.

Margarita, está linda la mar,
Y el viento
Lleva esencia sutil de azahar;[2]
Yo siento
En el alma una alondra[3] cantar: 5
Tu acento.
Margarita, te voy a contar
Un cuento.

Éste era[4] un rey que tenía
Un palacio de diamantes,   10
Una tienda[5] hecha del día
Y un rebaño[6] de elefantes,
Un kiosco[7] de malaquita,[8]
Un gran manto de tisú,[9]
Y una gentil princesita,   15
Tan bonita,
Margarita,
Tan bonita como tú.

Una tarde la princesa
Vio una estrella aparecer;   20
La princesa era traviesa[10]
Y la quiso ir a coger.

La quería para hacerla
Decorar un prendedor,[11]
Con un verso y una perla,   25
Y una pluma[12] y una flor.

[1] The daughter of Dr. Debayle, a French physician who lived in Nicaragua and was a great friend and admirer of the poet
[2] **azahar** orange flower
[3] **alondra** lark
[4] **Éste era** there was once
[5] **tienda** tent
[6] **rebaño** herd
[7] **kiosco** pavilion
[8] **malaquita** malachite, a green carbonate of copper
[9] **manto de tisú** cloak of gold tissue
[10] **traviesa** mischievous
[11] **prendedor** brooch
[12] **pluma** feather

Las princesas primorosas[13]
Se parecen mucho a ti:
Cortan lirios,[14] cortan rosas,
Cortan astros. Son así.

Pues se fue la niña bella,   5
Bajo el cielo y sobre el mar,
A cortar la blanca estrella
Que la hacía suspirar.

Y siguió camino arriba,[15]
Por la luna y más allá;   10
Mas lo malo es que ella iba
Sin permiso del papá.

Cuando estuvo ya de vuelta
De los parques del Señor,
Se miraba toda envuelta[16]   15
En un dulce resplandor.

Y el rey dijo: "¿Qué te has hecho?[17]
Te he buscado y no te hallé;
Y ¿qué tienes en el pecho,
Que encendido se te ve?"[18]   20

La princesa no mentía.[19]
Y así, dijo la verdad:
"Fui a cortar la estrella mía
A la azul inmensidad."[20]

Y el rey clama:[21] "¿No te he dicho   25
Que el azul no hay que tocar?
¡Qué locura! ¡Qué capricho!
El Señor se va a enojar."[22]

---

[13] **primoroso**   exquisite, graceful
[14] **lirio**   lily
[15] **camino arriba**   upward
[16] **envuelta**   wrapped up, enveloped
[17] **¿Qué . . . hecho?**   (**hacerse,** to become)
    What has become of you?
[18] **Que encendido se te ve**   that seems to
    be all aglow

[19] **mentir**   to lie
[20] (Read) **Fui a la azul inmensidad a
    cortar . . .**
[21] **clamar**   to exclaim
[22] **enojarse**   to become angry

Y dice ella: "No hubo intento;[23]
Yo me fui no sé por qué;
Por las olas[24] y en el viento
Fui a la estrella y la corté."

Y el papá dice enojado: 5
"Un castigo[25] has de tener:
Vuelve al cielo, y lo robado[26]
Vas ahora a devolver."[27]

La princesa se entristece
Por su dulce flor de luz,   10
Cuando entonces aparece
Sonriendo el Buen Jesús.

Y así dice: "En mis campiñas[28]
Esa rosa le ofrecí:
Son mis flores de las niñas   15
Que al soñar piensan en Mí."

Viste[29] el rey ropas brillantes,
Y luego hace desfilar[30]
Cuatrocientos elefantes
A la orilla[31] de la mar.   20

La princesita está bella,
Pues ya tiene el prendedor
En que lucen con la estrella,
Verso, perla, pluma y flor.

Margarita, está linda la mar,   25
Y el viento
Lleva esencia sutil de azahar:
Tu aliento.
Ya que lejos de mí vas a estar,
Guarda, niña, un gentil pensamiento   30
Al que[32] un día te quiso contar
Un cuento.

---

[23] **intento**   malice intended
[24] **ola**   wave
[25] **castigo**   punishment
[26] **lo robado**   (**robar**, to steal) object of
       devolver
[27] **devolver**   to return

[28] **campiñas**   fields
[29] **vestir**   to wear, to put on
[30] **desfilar**   to pass in single file, to
       parade
[31] **orilla**   shore, edge
[32] **al que**   of the one who

EXERCISES
Darío

I. Cuestionario (*The Roman numerals refer to the poems.*)

1. ¿Cuándo llegó el poeta a la cabaña? (I)
2. ¿Por qué vino? (I) fue?
3. ¿Cuándo volvió el poeta? ¿Qué oyó? (I)
4. ¿Cómo sabe que se ha muerto la niña? (I)
5. ¿Cuál es el papel de la naturaleza en este poema? (I)
6. ¿Cómo es María? (II)
7. ¿Le parece a usted tan real como cualquier otra persona? (II)
8. ¿Cómo debe pintarla un gran pintor? (II)
9. ¿Tiene ella misma una cualidad de marfil? (II)
10. ¿Qué significa Mía para el poeta? (III)
11. ¿Está feliz o triste el poeta? (III)
12. ¿Por qué ha de ser ella del poeta hasta la muerte? (III)
13. ¿Quiénes son los tres reyes magos? ¿Qué traen? (IV)
14. ¿Qué vienen a decir? (IV)
15. ¿Es profano el poema? (IV)
16. En el cuento, ¿qué hace la princesa traviesa? (V)
17. ¿Con quién se compara a Margarita? (V)
18. ¿Por qué está enojado el papá? (V)
19. ¿Por qué no tiene la princesa que devolver lo robado? (V)
20. ¿Para qué sirven la primera y la última estrofas? (V)

II. Complete the following by selecting the appropriate word or words in parentheses.

1. El poeta volvió a la cabaña en (primavera, invierno, otoño).
2. Sintió frío en el alma cuando vio las (hojas secas, tocas negras).
3. El retrato está (escondido, robado, bañado) en la luz del día.
4. María tiene la cabellera (espesa, rubia, falsa).
5. Debe ser pintada en un vaso de (agua, marfil).
6. Mía derrama (dolor, aromas) en el alma del poeta.
7. Has de ser mía hasta (la mañana, la muerte).
8. Baltasar es uno de los reyes (españoles, africanos, magos).
9. Los reyes magos dicen que Dios (está muerto, existe, trae incienso).
10. La princesa fue a cortar (una pluma, una estrella, un dedo).
11. La princesa volvió del parque (del Retiro, del Señor, de los animales).

12. El padre le dice a su hija que tiene que devolver (el prendedor, el elefante, lo robado).

III. *Translate the verbs in parentheses into Spanish.*

1. (I arrived) a la pobre cabaña en primavera.
2. La niña (smiled) a la abuela.
3. (I heard) un ruido de sollozos.
4. (I sat down) a la mesa.
5. (He would give) un tesoro por princesa tan gentil.
6. (You are to) ser mía hasta la muerte.
7. Soy Baltasar. (I bring) el oro.
8. El padre no quiere que su hija (pick: **coger**) la estrella.
9. En su sueño las niñas (think of) Mí.
10. El rey (wore, put on) ropas brillantes.

IV. *Translate the following sentences into Spanish.*

1. The girl died when the gray autumn came.
2. I would do everything for you.
3. Say that you will be mine.
4. The little princess looks (is) beautiful.
5. Life is pure and God is the light of day.
6. What has become of the king?
7. You must return *what you stole* (*express in two ways*).
8. On sitting down at the table, he saw two hundred elephants *parade by* (**desfilar**).

Antonio Machado y Ruiz
1875-1939

The leading poet of the Generation of '98* was Antonio Machado.
He was born in Sevilla but spent most of his life in Castilla. For some
years he served as a teacher of French in the ancient city of Soria,
where his wife's death, a tragic blow from which he never fully recovered, took place. During the Civil War he remained loyal to the
Republican cause, and died shortly before the end of that terrible
conflict. Today his reputation is as great as, if not greater than, it has
ever been.

Machado's best known collection of poems is called Campos de
Castilla, 1912. Like the man ("mysterious and silent" in the words of
Rubén Darío) and the countryside of Castilla, which he describes so
often, the poetry of Machado is sober, austere, melancholy, simple in its
unadornment, quite unlike that of the modernists. (The relative scarcity
of metaphors in his poetry is noticeable.) Although his critical attitude,
especially towards his country's abulia, or apathy, and his style place
him among the writers of the Generation of '98, we must keep in mind
that Machado was not a social historian; he was a poet, as you will
see, intensely human, sensitive, personal, philosophical. He deals with
eternal themes, such as time, death, and love.

You will also find that one of the most recurrent themes in the
poems that follow is remembrance of the past. According to Machado,
however, one does not remember the past, one dreams it. The past
experience is considered as something fluid; modified by time and by
one's whole conscience, it becomes converted into a form of dream.
Thus, in Machado's conception, memory is evoked only by el sueño.

---

* See introduction to Pío Baroja.

I.

One of Machado's best known poems. Note its simplicity of language and its visual effect.

La plaza tiene una torre,[1]
la torre tiene un balcón,
el balcón tiene una dama,
la dama una blanca flor.
Ha pasado un caballero   5
—¡quién sabe por qué pasó!—,
y se ha llevado[2] la plaza,
con su torre y su balcón,
con su balcón y su dama,
su dama y su blanca flor.[3]   10

[1] **torre** tower
[2] **llevarse** to take, to carry away
[3] Literally, of course, what the knight took away was not the square, etc., but rather, perhaps, the image of all that is tangibly expressed in the first four verses.

II.

With regret and even a touch of bitterness, the poet "dreams" his lost youth, a youth "sin amor"; nevertheless, he is anxious to repeat this dream.

La primavera besaba
suavemente[1] la arboleda,[2]
y el verde nuevo brotaba[3]
como una verde humareda.[4]

Las nubes iban pasando   15
sobre el campo juvenil . . .
Yo vi en las hojas temblando[5]
las frescas lluvias de abril.

[1] **suavemente** gently, softly
[2] **arboleda** grove
[3] **brotar** to bud, to burst forth
[4] **humareda** smoke
[5] **temblando** (Read) **yo vi temblando** . . .

Bajo ese almendro[6] florido,
todo cargado[7] de flor
—recordé—, yo he maldecido[8]
mi juventud[9] sin amor.

Hoy, en mitad de la vida,
me he parado a meditar . . .   5
¡Juventud nunca vivida,
quién te volviera a soñar![10]

[6] **almendro**   almond tree
[7] **cargado**   loaded, full
[8] **maldecido**   past participle of **mal-
      decir**, to curse

[9] **juventud**   youth
[10] **quién te volviera a soñar**   if I could
      only dream you again

III.

This is one of Machado's most beautiful and moving poems. The
beloved appears so real in the dream that the poet wonders if she
is not still present.

Soñé que tú me llevabas
por una blanca vereda,[1]   10
en medio del campo verde,
hacia el azul de las sierras,[2]
hacia los montes azules,
una mañana serena.

Sentí tu mano en la mía,   15
tu mano de compañera,
tu voz de niña en mi oído[3]
como una campana[4] nueva,
como una campana virgen
de un alba[5] de primavera.   20
¡Eran tu voz y tu mano,
en sueños, tan verdaderas! . . .
Vive, esperanza,[6] ¡quién sabe
lo que se traga[7] la tierra!

[1] **vereda**   path
[2] **sierras**   mountain ranges
[3] **oído**   ear
[4] **campana**   bell

[5] **alba**   dawn
[6] **esperanza**   hope
[7] **tragar(se)**   to swallow
      (i.e., perhaps she is still alive.)

IV.

This poem is on the death of Machado's wife Leonor, to whom he
had been married for only three years. Note the delicate restraint,
and how the words move lightly and silently through the poem, like
Death through the house.

Una noche de verano
—estaba abierto el balcón
y la puerta de mi casa—
la muerte en mi casa entró.
Se fue acercando[1] a su lecho[2]   5
—ni siquiera[3] me miró—,
con unos dedos[4] muy finos,
algo muy tenue[5] rompió.
Silenciosa y sin mirarme,
la muerte otra vez pasó   10
delante de mí. ¿Qué has hecho?
La muerte no respondió.
Mi niña quedó tranquila,
dolido[6] mi corazón.
¡Ay, lo que la muerte ha roto[7]   15
era un hilo[8] entre los dos!

[1] se fue acercando = se acercó poco a poco
[2] su lecho   her bed
[3] ni siquiera   not even
[4] dedos   fingers
[5] tenue   thin, delicate
[6] dolido   aching, grieving.
[7] roto   past participle of romper, to break
[8] hilo   thread

V.

Hastío[1]

Boredom is a common emotional note in the dreams. The clock and
water are used in many of Machado's poems as symbols of monotonous
time and of man's temporal anguish.

Pasan las horas de hastío
por la estancia[2] familiar,
el amplio cuarto sombrío
donde yo empecé a soñar.

[1] hastío   tedium, boredom
[2] estancia   (sitting) room

Del reloj arrinconado,[3]
que en la penumbra clarea,[4]
el tictac acompasado[5]
odiosamente golpea.[6]

Dice la monotonía   5
del agua clara al caer:
un día es como otro día;
hoy es lo mismo que ayer.

Cae la tarde. El viento agita[7]
el parque mustio[8] y dorado . . .   10
¡Qué largamente[9] ha llorado
toda la fronda marchita![10]

---

[3] **arrinconado** in a corner (The phrase goes with the subject of the sentence, **el tictac acompasado,** line 7.)

[4] **que . . . clarea** which lights up in the darkness

[5] **acompasado** rhythmic, measured

[6] **odiosamente golpea** hatefully ticks away

[7] **agitar** to stir

[8] **mustio y dorado** melancholy and golden

[9] **¡Qué largamente . . . !** for how long a time

[10] **fronda marchita** withered foliage

VI.

This beautiful poem is one of many concerning Soria and Castilla, most of them bitter in tone. Note, however, that there is a contrast between present decay and past glory. Pick out the words and images that evoke this contrast.

¡Soria fría, Soria pura,
cabeza de Extremadura,[1]
con su castillo guerrero[2]
arruinado, sobre el Duero;
con sus murallas roídas[3]   15
y sus casas denegridas![4]

---

[1] coat of arms of Soria, on the Duero river (Extremadura, in the Middle Ages, referred to any part of Castilla that bordered on enemy territory.)

[2] **guerrero** warlike

[3] **roídas** crumbling

[4] **denegridas** blackened (by age)

¡Muerta ciudad de señores
soldados o cazadores;[5]
de portales con escudos
de cien linajes hidalgos,[6]
y de famélicos galgos,[7]   5
de galgos flacos y agudos,[8]
que pululan[9]
por las sórdidas callejas,
y a la medianoche ululan,
cuando graznan las cornejas![10]   10

¡Soria fría! La campana
de la Audiencia[11] da la una.
Soria, ciudad castellana
¡tan bella! bajo la luna.

---

[5] **cazadores** hunters
[6] **linajes hidalgos** noble families
[7] **famélicos galgos** ravenous grey-
   hounds
[8] **agudos** gaunt
[9] **pulular** to swarm (Note the lyrical

effect of the alliteration. Cf. below,
line 15, **ulular,** to howl.)
[10] **graznan las cornejas** the eagle owls
   croak
[11] **Audiencia** Courthouse

EXERCISES
Machado

I.   **Cuestionario (*The Roman numerals refer to the poems.*)**

1. Describa usted la plaza. **(I)**
2. ¿Qué tienen en común los cuatro primeros versos y los cuatro
   últimos? **(I)**
3. ¿Qué adjetivos y sustantivos señalan la primavera? **(II)**
4. ¿Qué recordó el poeta? **(II)**
5. ¿Qué evoca el poeta? **(III)**
6. ¿Qué colores se destacan en la primera estrofa? **(III)**
7. ¿Parece real o irreal la amada? **(III)**
8. ¿Quién entró en casa del poeta? ¿Cuándo? **(IV)**
9. ¿Qué ha hecho la muerte? **(IV)**
10. En el poema, ¿para qué sirve el tictac del reloj? **(V)**
11. ¿Qué otro símbolo hay para el hastío? **(V)**

12. ¿Cuál es el estado actual de Soria? **(VI)**

13. ¿Cuáles son algunas de las imágenes que señalan este estado? **(VI)**

14. ¿Qué contraste se ve en la última estrofa? **(VI)**

II. State whether the following are true or false.

1. El sueño es un tema común en la poesía de Machado.

3. No hay plazas en los pueblos de España.

3. El caballero no hizo caso a la dama que estaba en el balcón.

4. La primavera trae recuerdos de la juventud.

5. El poeta se alegra de que su juventud haya sido sin amor.

6. La voz de la amada es como una campana.

7. El poeta rechaza (rejects) la mano de su amada.

8. La muerte está personificada en el poema.

9. La muerte entró en la casa y rompió el cristal.

10. El tictac del reloj es bueno para la insomnia del poeta.

11. Ya no se ven los escudos de hidalgos en Soria.

12. El poeta teme a los galgos flacos y famélicos.

III. Translate the words in parentheses.

1. El caballero (took away) la plaza.

2. Bajo ese almendro, todo cargado (with) flor.

3. Sentí tu mano en (mine).

4. La muerte (was approaching) su casa.

5. Sin (looking at me), pasó delante de mí.

6. Las horas de hastío, pasan (through) el cuarto.

7. (What) la muerte ha roto era un hilo entre los dos.

8. Hoy es (the same) que ayer.

9. La campana (strikes) la una.

10. Ciudad (so) bella bajo la luna.

IV. Translate.

1. There is a woman sitting on the balcony.

2. She has a flower in her hand.

3. He never saw her again.

4. She has a child's voice.

5. I saw death behind me.

6. I don't know what it was looking for.

7. I began to think that life is a dream.

8. Hungry dogs are running through the ruined city.

Federico García Lorca
1899-1936

García Lorca is undoubtedly the most widely admired Spanish poet and dramatist of modern times. He was born and grew up in a village near Granada. From 1929 to 1930 he spent time in New York, staying at Columbia University. His brutal and inexplicable murder at the hands of a firing squad on August 19, 1936, (while visiting his home) shocked the entire world.

Among the plays on which García Lorca's international fame rests are his rural tragedies: Bodas de sangre (1933), Yerma (1934), and La casa de Bernarda Alba, finished shortly before his death. These are intense, powerful, poetic representations of the suffering and frustration of Spanish women, in whom passion and earthly reality are portrayed.

García Lorca is best known for his mature poetry, which conveys the popular spirit and traditions of Andalusia—the folklore, the gypsies, the bullfighters, the color, the trembling notes of the guitar, the personal tragedy and death. The lament of the gypsy Andalusian music, the "deep song," charged with the atmosphere of blood and death, is hauntingly captured in Canciones (1927), Poema del cante jondo (Poem of the Deep Song), written ten years before it was published in 1931, and above all in the longer poems of Romancero gitano (Book of Gypsy Ballads), 1928.

Lorca's dynamic and dramatic world is revealed to us in a personal style, with bold, experimental images and metaphors flashing with dazzling colors. He creates a new reality that encompasses both the world of the senses and the visionary world of his mind expressed in symbols. In the poems that follow, selected from Canciones and Poema del cante jondo, you will find some of these symbols, particularly those for death, a theme which is repeated again and again in his poetry and his dramatic works. "The vision of life and man that gleams and shines forth in Lorca's work is founded on death. Lorca understands, feels life through death," wrote the late poet and critic, Pedro Salinas.

Sometimes, behind the apparent simplicity, the visual impression of the images and symbols may seem elusive or unreal, but you will still feel the emotion and pathos of the poems, as well as enjoying their musicality.

I. *Canción de jinete* [1]

This very popular poem is charged with mystery and drama.
Note that the ending repeats the beginning, and in other poems the
first verse serves as a refrain. This obsessive reiteration is a dominant
note of the Andalusian "deep song".

Córdoba
Lejana y sola.

Jaca[2] negra, luna[3] grande,
y aceitunas en mi alforja.[4]
Aunque sepa los caminos   5
yo nunca llegaré a Córdoba.

Por el llano,[5] por el viento,
Jaca negra, luna roja.
La muerte me está mirando
desde las torres de Córdoba.   10

¡Ay qué camino tan largo!
¡Ay mi jaca valerosa!
¡Ay que la muerte me espera,
antes de llegar a Córdoba!

Córdoba.   15
Lejana y sola.

[1] **jinete** horseman, rider
[2] **jaca** ~~pony~~ filly
[3] **luna** symbol associated with death in Lorca
[4] **aceitunas en mi alforja** olives in my saddlebag
[5] **llano** plain

II. *Sorpresa*

Poetry and music blend harmoniously in this poem of tragic
intensity.

Muerto se quedó en la calle
con un puñal[1] en el pecho.
No lo conocía nadie.
¡Cómo temblaba el farol![2]

[1] **puñal** dagger
[2] **farol** The street lamp (or its variants) is often found in the poems as a witness to tragedy.

Federico García Lorca   198

Madre.
¡Cómo temblaba el farolito
de la calle!
Era madrugada.³ Nadie *No one could look*
pudo asomarse a⁴ sus ojos *into his eyes*   5
abiertos al duro aire. *open to the hard air.*
Que muerto se quedó en la calle
con un puñal en el pecho
y no lo conocía nadie.

³ **madrugada** dawn   ⁴ **asomarse a** to look into

III.   *Malagueña*¹

Into the tavern with its atmosphere of tragic foreboding, Death
enters the swinging doors just like one of the regular patrons.

La muerte   10
entra y sale
de la taberna.

Pasan caballos negros
y gente siniestra
por los hondos² caminos   15
de la guitarra.

Y hay un olor a sal³
y a sangre de hembra⁴
en los nardos⁵ febriles
de la marina.   20

La muerte entra y sale
y sale y entra
la muerte
de la taberna.

¹ **Malagueña** a popular tune, somewhat   ³ **sal** salt
  like the fandango, characteristic of   ⁴ **hembra** woman
  the province of Málaga   ⁵ **nardo (de la marina)** sea lily (spike
² **hondo** deep   with lilylike petals, very fragrant)

La Lola

Love, and not death, figures in these seven-syllable verses with assonance in o.

Bajo el naranjo, lava
pañales de algodón.[1]
Tiene verdes los ojos
y violeta la voz.
¡Ay, amor,   5
bajo el naranjo en flor!

El agua de la acequia[2]
iba llena de sol;
en el olivarito[3]
cantaba un gorrión.   10
¡Ay, amor,
bajo el naranjo en flor!

Luego, cuando la Lola
gaste[4] todo el jabón,
vendrán los torerillos.[5] _ niños   15
¡Ay, amor,
bajo el naranjo en flor!

——— – símbolos de vida

---

[1] **pañales de algodón** (infant's) cotton clothes

[2] **acequia** irrigation ditch, watercourse

[3] **olivarito** diminutive of **olivar**, olive grove

[4] **gastar** to use up

[5] **torerillo (torero)** young bullfighter

V. *Clamor*[1]

You will note in the beginning verses of this poem a "correspondence" or synthesis of color and sound: the bronze of the bells transfers
its color tonality to the towers and to the wind, which pick up their
sound. Death appears again in this poem, personified as a bride.

En las torres
amarillas
doblan[2] las campanas.
Sobre los vientos
amarillos
se abren las campanadas.[3]   5

Por un camino va
la muerte, coronada
de azahares marchitos.[4]
Canta y canta   10
una canción
en su vihuela[5] blanca,
y canta y canta y canta.

En las torres amarillas
cesan las campanas.   15
El viento con el polvo
hace proras[6] de plata.

---

[1] **clamor**   knell, toll
[2] **doblar**   to toll
[3] **campanada**   ringing of a bell
[4] **azahares marchitos**   withered orange
  blossoms

[5] **vihuela**   guitar
[6] **prora**   (poetic for **proa,** prow) The
  wind makes silvery prows out of
  dust.

VI.   *Arbolé, arbolé*[1]

In one of Lorca's most artistically elaborated ballads, the girl receives three invitations from young men who incarnate the soul of the three great Andalusian cities: Córdoba, Sevilla, and Granada. The suitor who wins her, however, is the wind.

> Arbolé, arbolé,
> seco y verdé.
>
> La niña del bello rostro
> está cogiendo aceituna.
> El viento, galán[2] de torres,   5
> la prende[3] por la cintura.
> Pasaron cuatro jinetes
> sobre jacas andaluzas[4]
> con trajes de azul y verde,
> con largas capas oscuras.   10
> "Vente[5] a Córdoba, muchacha."
> La niña no les escucha.
> Pasaron tres torerillos
> delgaditos[6] de cintura,
> con trajes color naranja   15
> y espadas de plata antigua.
> "Vente a Sevilla, muchacha."
> La niña no los escucha.
> Cuando la tarde se puso
> morada,[7] con luz difusa,   20
> pasó un joven que llevaba
> rosas y mirtos[8] de luna.
> "Vente a Granada, muchacha."

---

[1] **arbolé = árbol.** In Spanish popular songs, the form and the accent of words are sometimes changed to accommodate them to musical rhythm, or to rhyme.
[2] **galán** suitor
[3] **prender** to grasp

[4] **andaluz** Andalusian
[5] **vente (venir)** Do not translate the reflexive pronoun.
[6] **delgadito (delgado)** slender
[7] **morada** purple
[8] **mirto** myrtle

Y la niña del bello rostro
sigue cogiendo aceituna,
con el brazo gris del viento
ceñido por[9] la cintura.

Arbolé, arbolé   5
Seco y verdé.

---

[9] **ceñido por**   encircling

EXERCISES
García Lorca

I.   Cuestionario (*The Roman numerals refer to the poems*).

1. ¿Qué palabras o imágenes sugieren el tema del poema? **(I)**
2. ¿Cómo es la muerte en este poema? **(I)**
3. ¿En qué sentido es el poema una "canción"? **(I)**
4. ¿Quién se quedó muerto en la calle? **(II)**
5. ¿Por qué "temblaba" el farol? **(II)**
6. ¿Cómo es la muerte en este poema? **(III)**
7. ¿Qué pasa por los hondos caminos? ¿Qué sugiere el poeta por esto? **(III)**
8. ¿Está esperando la Lola la muerte? **(IV)**
9. ¿Quiénes vendrán a verla? **(IV)**
10. ¿Qué se repite como estribillo (*refrain*)? **(IV)**
11. ¿Por qué están doblando las campanas? **(V)**
12. ¿Cómo aparece la muerte? ¿Qué hace? **(V)**
13. ¿Qué está haciendo la niña? **(VI)**
14. ¿Quiénes son los pretendientes (*suitors*)? **(VI)**
15. ¿A cuál de ellos prefiere la niña? **(VI)**

II.   Select the appropriate word or words in parentheses.

1. Aunque (sé, sepa) los caminos, yo nunca llegaré a Córdoba.
2. La muerte me está (hablando, mirando) desde las torres de Córdoba.
3. (Borracho, alegre, muerto) se quedó en la calle.
4. ¡Cómo temblaba (la madre, el farolito) en la calle!
5. (La cerveza, el tabernero, la muerte) entra y sale de la taberna.

6. Bajo el naranjo hay (el amor, la muerte, naranjas).
7. Algunos (zapateros, guitarristas, toreros) vendrán a ver a la Lola.
8. La niña está cogiendo (aceitunas, un autobús).
9. Pasaron cuatro jinetes sobre (burros, jacas, toros).
10. Todos los torerillos son (gordos, delgados, ricos).

III. *Translate the following sentences.*

1. A black moon means death.
2. No one knew that he was dead in the street.
3. If she were not pretty, they wouldn't speak to her.
4. Come with us, they said, but she continued picking the flowers.
5. Death resembles many kinds of persons in these poems.
6. Andalusian life is clearly seen and felt in Lorca's poems.
7. One can hear the music of guitars and the note of lament (*lamento*) in these verses.

Vocabulary

The following are not included in the vocabulary: a small number of easily recognizable cognates; many expressions occurring only once and already translated in a footnote; articles, pronouns, numerals, days and months; most diminutives and adverbs ending in -*mente*; and the feminine forms of most adjectives. Gender is not indicated for masculine nouns ending in -*o*, or for feminine nouns in -*a*, -*dad*, *ión*, -*tad*, -*tud*.

The following abbreviations are used: *adj.*, adjective; *adv.*, adverb; *coll.*, colloquial; *excl.*, exclamation; *f.*, feminine gender; *inf.*, infinitive; *m.*, masculine gender; *n.*, noun; *prep.*, preposition; *v.*, verb.

abajo down, below; *excl.* down with!

abandonar to abandon, to forsake

abanico fan

abatido dejected

abatimiento depression, dejection

abogado lawyer

abrasar to burn

abrazar to embrace

abrazo hug, embrace

abrigo coat

abrir to open

absorber to absorb

abuela grandmother

abuelo grandfather

abulia apathy

aburrido boring, bored

aburrir to bore; **–se** to get bored

abusar to go too far, to impose

acabar to finish, to end; **–se** to come to an end

acariciar to caress, to love

acaso perhaps; **por –** by chance

aceite *m.* oil

aceituna olive

acelerador accelerator (*auto.*)

acelerar to accelerate

acento accent, tone

acera sidewalk

acerca de about, concerning

acercar to bring near; **–se a** to approach

acertar to guess right, to be right; **– a +** *inf.* to succeed in; to happen to

aclarar to clear, to make clear

acodar to lean the elbow upon

acomodarse to comply, to adapt oneself

acompañante *m.* companion, attendant

acompañar to accompany

acordar to agree; **–se de** to remember

acordeón *m.* accordion

acostar to put to bed; **–se** to go to bed, to lie down

acostumbrar to accustom, to be accustomed

actitud attitude

activar to activate, to expedite

acto act

actriz actress

actual present, at the present time

actualidad present time; **en la —** at the present time

acuchillar to knife, to stab

acudir to come, to come up

acuerdo agreement; **estar de —** to agree

adelantarse to move forward

adelante forward, go ahead!; come in!

además besides, moreover

adentro inside

adivinar to guess, to figure out

adjetivo adjective

admirar to admire; to surprise; **—se** to wonder

admitir to admit

adolescencia adolescence

adorar to adore

adornar to adorn

adquirir to acquire

adúltero adulterous

advertir to notice, to observe; to advise

afición fondness, taste, inclination

aficionado fond (of), devoted (to)

afilado sharp

afilar to sharpen

afirmar to affirm, to assert

afligir to afflict, to distress, to grieve

afrenta affront

afueras f. outskirts, suburbs

agacharse to squat, to crouch

agarrar to grasp, to seize

ágil agile

agitar to shake, to stir, to wave

agradar to please

agradecer to be grateful (for), to thank (for)

agregar to add

agrícola agricultural

agua water

aguantar to endure, to tolerate

aguardar to await

agudo sharp, acute

agujero hole

ahí there

ahogar to choke, to suffocate; to drown

ahogo m. shortness of breath, suffocation; tightness (of the chest, etc.); sorrow, affliction

ahora now; **hasta —** see you soon

aire m. air, importance

álamo poplar

alargar to lengthen; to stretch

alarmarse to become alarmed

alcance **al — de** within reach of

alcanzar to reach; **— a** + inf. to manage to

aldea village

aldeano adj. village, rural, county; villager

alegre gay

alegría joy, happiness

alejar to remove to a distance, to put aside

aleluya hallelujah

alemán German

alfabeto alphabet

alfombra rug

alfombrar to carpet

algo something, somewhat

alguno some, someone, any

alianza alliance

aliento breath

alimentación food, nutrition

alimentar to feed, to nourish

alimento food, nourishment

alinear to line up

allá there; **por —** thereabouts, back there

alma soul

almendro almond tree

almohada pillow

alquilar to rent

alrededor around; – **de** around, about; **a su –** around him; *n.pl.,* outskirts

alterar to alter, to change

altivo proud, haughty, arrogant

alto tall, high; **en lo –** at the top, on top (of); **en –** raised

altozano hillock, knoll

altura height

aludir to allude

alumbrar to light, to light up

alumno pupil

alzar to raise, to lift

amable friendly, kind, amiable

amado *m.f.* beloved, loved one

amanecer *m.* dawn, daybreak; **al –** at daybreak; *v.* to dawn

amante lover; *adj.* fond, loving

amar to love

amargar to spoil; to embitter

amargo bitter, dolorous

amargura bitterness

amarillento yellowish

amarillo yellow

amarrar to moor, to tie up

ámbar amber

ambiente *m.* atmosphere, environment; place, area

ambulancia ambulance

amenazar to threaten

amigo friend

amo master

amor *m.* love

amoroso amorous, loving, affectionate

amplio ample, full

anarquista anarchist

ancho wide

anciano old, ancient

andaluz Andalusian

andar to go, to walk, to travel; to be (healthy)

ángel *m.* angel

ángulo angle, corner

angustia anguish

anhelo yearning, longing

animar to animate, to enliven

ánimo spirit, courage

anotar to write down, to make note of

ansia yearning, anxiety

ansioso anxious

ante before

anteayer day before yesterday

antebrazo forearm

antes before, rather

anticuado antiquated, obsolete

antiguo ancient, old, former

anunciar to announce; to advertise

anuncio announcement, advertisement

añadir to add

año year

apagar to put out, to extinguish; to soften (*colors*)

aparecer to appear

apartar to push away, to take aside; **–se** to move away, to withdraw

aparte aside (*remark*)

apenas scarcely, hardly

apetecer to long for

apetito appetite

apetitoso appetizing

aplastar to flatten; to crush

aplaudir to applaud

aplicado industrious

apoyar to lean; to rest

apreciar to appreciate; to appraise

aprender to learn

aprensión apprehension, strange idea

apresurado hurried, quick

apretar to squeeze; to press; to tighten

aprieto jamming, crush, difficulty

aprobar to approve

aprovechar to profit by, to make good use of

aproximarse to come near

aptitud aptitude

apurar to empty, to drain; to consume

árabe Arab; Arabic

árbol *m.* tree

arboleda grove

arco iris *m.* rainbow

arder to burn

ardiente burning, ardent

arena sand

argentino silvery

arma arm, weapon; – **de fuego** firearm

aromar to give an aroma

arquitecto architect

arrancar to tear away, to pull out

arrastrar to drag

arreglar to adjust; to arrange; to fix

arrepentir to repent; **–se** to repent, to regret

arriba above, upstairs

arrimarse a to lean against

arrodillado kneeling

arrodillarse to kneel down

arrojar to throw

arroyo brook, stream

arruga wrinkle, crease, fold

arrugar to wrinkle; to crease

arruinar to ruin, to destroy

artesano artisan, laborer

articular to articulate, to utter

artículo article

artillería artillery

artístico artistic

arzobispado archbishopric

ascensor elevator

ascetismo asceticism

asegurar to assure; to assert

asesinar to murder, to assassinate

asesinato murder

así thus, so; – **que** as soon as, as

asiento seat

asignatura course (*in school curriculum*)

asimismo likewise, also

asir to seize, to grasp; **–se** to take hold

asistir to assist; – **a** to attend

asociar to associate; to take as partner

asomar to show, to stick out, to appear; **–se a** to peep into

asombro fear; amazement; wonder

aspecto aspect

áspero rough, harsh, bitter, gruff

aspirante applicant, candidate

aspirar to draw in; to inhale

astro star

astucia astuteness, shrewdness

asunto matter, business, affair

asustar to frighten; **–se** to be *or* become frightened

atacar to attack

ataque *m.* attack

atardecer *m.* late afternoon; *v.* to draw towards evening

atención attention; **llamar –** to attract attention

atender to attend, to attend to, to take care of; to pay attention to

atener to abide, to depend; **–se a** to abide by, to rely on

atento attentive

aterrar to terrify

atormentar to torment

atractivo attractiveness, charm

atraer to attract

atrapar to catch

atrás back; **hacia –** backwards

atravesar to cross, to go through

atrever to dare; **–se a** + *inf.* to dare to

atropellar to knock down

augurio augury
aun (aún) even, still, yet
aunque although, even though
aureola halo
aurora aurora, dawn
ausente absent
austero austere
autoridad authority, power
avanzar to advance
aventurarse to risk, to take a chance on
avergonzar to shame, to embarrass; —se to be ashamed
aviador m. aviator
ávidamente avidly
avisar to advise; to inform
¡ay! alas!; ¡ay de mí! woe is me!
ayer yesterday
azahar m. orange flower
azorar to upset, to disturb
azul blue

bachillerato secondary school diploma
bahía bay
bailar to dance
bailarín m. dancer
bajar to go down; to lower
bajo low; prep. under; adv. below
balancear to rock, to swing; —se to rock
balcón m. balcony, large window
banco bench
bandeja tray
bandido bandit
bando flock, band
bandolero brigand, robber, highwayman
banqueta stool
bañar to bathe, to dip
baño bath
barato cheap
barba beard
bárbaro barbarous, wild

barca boat
barco ship
barrio suburb, quarter, district
basar to base
bastante enough, rather
bastar to suffice, to be enough
bastón cane, walking stick
bayoneta bayonet
beber to drink
bebida drink
bello beautiful
bendecir to bless
bendito blessed
benigno benign, mild
besar to kiss
beso kiss
biblioteca library
bien well; very; más — rather
bigote m. moustache
billete m. bill; ticket
bizquear to squint; to cross one's eyes
blanco white
blancura whiteness
blandir to brandish
blandura softness, gentleness
blanquecino whitish
bobada foolishness, nonsense
boca mouth
bocado morsel, mouthful
boda marriage, wedding
boina beret
bola ball
bolsillo pocket, bag
bomba bomb; pump
bombero fireman
bondad kindness; tener la — (de) please
bonito pretty
bordar to embroider
borde m. edge, shore
borracho drunk
botella bottle
botón button; stem (of a watch)

boxeador m. boxer
boxear to box
brazo arm
breve brief, small, short
brillante shining, bright, brilliant
brillar to gleam, to shine
brincar to jump, to gambol
brisa breeze
broma joke, jest
bronce m. bronze
brujo sorcerer, magician, wizard
brusco brusque, sudden
Bruselas Brussels
brutalidad brutality, stupidity
bruto brute, brutish, stupid, rough
bueno good, fine, O.K., well, then
buey m. ox, steer
bufanda scarf, muffler
burgués bourgeois, middle-class
burla ridicule, joke, jest, trick, deception; **hacer burla de** to make fun of
burlador m. seducer of women
burro ass, donkey
buscar to seek, to look for; **en busca de** in search of
butaca armchair, easy chair
buzón mailbox, letter-drop

cabalgata procession
caballería cavalry
caballero knight, nobleman, gentleman
caballo horse
cabaña cabin, hut
cabellera head of hair
cabello hair
caber to have room for, to fit; to befall; to remain
cabeza head
cabo end; **al —** finally
cada each, every
cadáver m. corpse

caer to fall; **—se** to fall down
café m. coffee, café
cafetería bar, restaurant
caja box
cajón m. chest, drawer, desk
calceta knitting; **hacer —** to knit
calcular to calculate
cálculo calculation
calentar to heat, to warm
cálido warm, hot
caliente warm, hot
callado silent
callar to be quiet; to keep silent
calle f. street
calleja side street, alley
calma calm
calor m. heat, warmth
calzada street, road
calzar to put shoes on
cama bed
cámara camera
cambiar to change
cambio change, exchange; **en —** on the other hand; **a —** in exchange
camello camel
caminar to walk; to move; to go
camino path, road, journey; **— de** on the way to
camisa shirt
campamento camp, encampment
campana bell
campanilla little bell; bell flower
campesino farmer, peasant
campo field; country, countryside
canción song
cándido candid, innocent, shy
caníbal cannibal
cansado tired
cantar to sing; m. song
cantidad quantity
cañuela fescue grass
caos m. chaos

capa   cape
capitán m.   captain
capricho   caprice, whim
cara   face
carácter m.   character
característico   characteristic
caramba excl.   confound it! gracious!
cárcel f.   jail
carcelero   jailer
carecer   to lack
carga   load, burden; cargo
cargar   to load
caricatura   caricature
caricia   caress; hacer caricias   to pat
cariciar (acariciar)   to love; to caress
caridad   charity, love
cariño   love, affection
carne f.   meat, flesh
caro   dear, expensive
carrera   race, course, career, road
carretera   highway, road
carta   letter, playing card
cartera   wallet; briefcase
cartero   mailman, postal clerk
casa   house, firm
casar   to marry; –se   to marry, to get married
caserón   large house
casi   almost
caso   case, thing, situation; hacer – a   to heed, to pay attention to
castigo   punishment
castillo   castle
casual   casual, accidental
casualidad   chance; por – by chance
causar   to cause
cautivo   captive
cebolla   onion
ceder   to yield
cegador   blinding

cegar   to blind
ceguera   blindness
celda   cell
celebrar   to celebrate; to welcome; to be glad
celeste   celestial
celos m.pl.   jealousy; tener – to be jealous
celoso   jealous
cementerio   cemetery
cemento   cement, concrete
cena   supper
centavo   cent
céntimo   cent (one hundredth of a peseta)
céntrico   downtown, centric
cepillo   brush
cerca   near, nearby; – de   near
cercano   near, close
cerebro   skull, head, brain
cerrar   to close
certeza   certainty
Cervantes (1547–1616)   creator of Don Quijote
cerveza   beer
cesar   to cease, stop; – de + inf. to stop (doing something)
ciego   blind; blind person
cien (ciento)   hundred
ciencia   science, knowledge; a – cierta   with certainty
cierto   sure, certain; por – surely; de – certainly
cifra   cipher, figure
cigarro   cigar
cinematógrafo (cine)   motion picture theatre
cintura   waist
circo   circus
círculo   circle
cita   reference,   quotation;   appointment
ciudad   city
ciudadano   citizen

civilización civilization
clamar to exclaim, to cry out
clarear to light, to give light to
claro clear, bright, light (in color); obvious, of course; **a las claras** clearly
clase *f.* class, kind
clavar to stick, to nail
cliente *m.* client, customer
clientela clientele, customers
clima *m.* climate, weather
cloroformo chloroform
cobarde coward
cobrar to collect; to recover
coche *m.* car, automobile
coche-cama *m.* sleeping car (train)
cochino dirty, filthy
cocina kitchen, cuisine
cocodrilo crocodile
codiciar to covet
codo elbow
coger to pick; to seize, to grasp; to take; to come upon
coincidir to coincide; to meet
cojear to limp
cojo lame, crippled
colección collection
coleccionista *m.* collector
cólera anger
colgado hanging
colgar to hang
colmar to heap up; to fill
colocar to place, to put
color *m.* color
colorado red
combate *m.* combat
combatir to combat, to fight
comedor dining room
comentar to comment on; to relate
comentario commentary
comenzar to begin
comer to eat

comercio trade, commerce
cómico comical, ludicrous
comida meal, food
comienzo beginning
como like, as, as if, since; ¿cómo? how?; ¡cómo! what!
compañera, compañero companion, friend, schoolmate
compañía company, society
comparar to compare
compasión compassion, sympathy
compatriota compatriot; countryman
complacer to please, to humor
completo complete; **por –** completely
complicar to complicate
componer to compose
comprar to buy
comprender to understand
comprobar to check, to verify
común common
comunicar to communicate
concebir to conceive
conceder to grant
concentrar to concentrate
conciencia conscience, consciousness, awareness
concluir to conclude
concretar to make concrete; to explain
concurrir to gather; to come together
concurso contest
condenar to condemn, to damn; to convict
condición condition, state, status
conducir to lead, to conduct; to drive
confección making; concoction
confesar to confess
confiado trustworthy, confiding
confianza confidence

confiar to entrust
confundir to confuse
congelarse to congeal; to freeze
congestionar to congest
congregar to gather together
conjunto whole, aggregate; *adj.* united, connected
conmovido moved, stirred
conocedor (de) expert in, familiar with; *m.* connoisseur, expert
conocer to know; to distinguish
conque and so, so then
conquista conquest
consagrar to consecrate
consciente conscious
conseguir to obtain, to get
consejo advice; council
consentir to consent; − en to consent to
conservar to conserve, to keep
consideración consideration
considerar to consider
constante constant
constituir to constitute; to establish
constructor *m.* builder
consuelo consolation, joy, comfort
consultar to consult; to advise
consumar to consummate
consumición a drink, food
contar to count; to relate, to tell
contener to contain
contento content, happy
contestar to answer
continuar to continue
continuo continuous; de − continuously
contra against, versus
contrabando contraband, smuggling
contraer to contract
contrario contrary, opposite; de lo − on the contrary

contrato contract
contribuir to contribute
convaleciente convalescent
convencer to convince
conveniente suitable, fit, advantageous
convenir to be suitable; to agree
conversar to converse
convertir to convert
convidar to invite
copa cup, drink, glass, treetop
copiar to copy, to imitate
copla ballad, popular song.
copo flake
corazón *m.* heart
corbata tie
cordón *m.* shoelace
corona crown
coronar to crown; to cap
corredor *m.* corridor
corregir to correct
correo mail; echar al − to mail
correr to run; to travel; − mucho mundo to travel a lot
corretear to race around
corrida course, race; − de toros bullfight
corriente *adj.* common, ordinary; running; *f.* current, stream; estar al − de to know, to keep up with
corro circle, ring
cortar to cut
corte *f.* court
corto short
cosa thing; − de about
cosecha harvest
cosmos *m.* cosmos, universe
costa cost; coast, shore
costar to cost
costumbre *f.* custom, habit; de − usual
crear to create
crecer to grow, to increase

crecido large, big, full-fledged
creciente crescent; growing
crédulo credulous
creer to believe; to think
creíble credible, believable
creyente believer
criada servant, maid
criado servant
criatura creature; infant
cristal *m.* crystal, pane of glass, mirror, eyeglass
cristiano Christian
Cristo Christ
crítica criticism
crítico critic; *adj.* critical
crónica chronicle; article
crucifijo crucifix
cruz *f.* cross
cruzar to cross
cuadra stable
cuadro painting, portrait
cuajar to take shape
cual like, as, as if
cualidad quality
cualquiera some, any; someone, anyone
cuando when; **de – en –, de vez en –** from time to time
cuanto as much as, whatever, all that which; (*plural*) those who; **en –** as soon as; **unos cuantos** some few
cuartilla sheet of paper
cuarto room; quarter
cubano Cuban
cubierto covered
cubrir to cover
cucaracha cockroach
cucharilla teaspoon
cuchillo knife
cuello neck, collar
cuenta bill, account; **darse – de** to realize
cuento short story

cuerda string, rope; spring (of a watch)
cuerno horn
cuero leather, rawhide
cuerpo body; corps
cuidado care; **con –** carefully
cuidar to be careful, to take care (of)
culpa fault, guilt; **echar la – a** to blame
cultivar to cultivate
culto cult
cultura culture
cumplir to execute; to fulfill
cura cure, care; *m.* priest
curación cure, healing
curar to cure, to heal; to recover
curiosidad curiosity; **tener –** to be curious
curso course

champaña champagne; **vino de –** champagne
chaqueta jacket
charlar to chat, to talk
chico child, youngster, lad; *coll.* "old boy"; *adj.* small
chillar to shriek
chimenea chimney, fireplace
chispa spark
chocar to shock; **– con** to collide
chófer *m.* driver
churro fritter

dama lady
Danubio Danube river
dañar to injure, to harm
daño *m.* injury, harm
dar to give; to strike (*the hour*); **– con** to come upon; **– se** to occur; **– a** to face
de of, with, from
debajo de beneath, under

deber to owe; to have to; n., duty

debido just, reasonable, proper

débil weak

debilidad weakness

decadente decadent

decepción deception, disappointment

decidir to decide; **–se** to decide, to be determined

decisivo decisive

declinación fall

dedicar to devote; to dedicate

dedo finger

defender to defend

defensa defense

defraudar to disappoint, to cheat

dejar to leave, to abandon; **–se** to allow oneself; **– de** + *inf.* to cease, to stop; **no – de** + *inf.* to not fail to; **– plantado** to jilt

delantal *m.* apron

delante before, in front; **por – de** in front of; **– de (a)** in front of

delgado thin, slender

delicioso delicious, delightful, charming

demás other, rest of; **lo –** the rest

demasía excess; **en –** too much, excessively

demasiado too, too much

demócrata democratic

demonio devil, demon

demostrar to demonstrate, to prove; to teach

denotar to denote, to indicate

dentadura set of teeth

dentro inside, within; **– de** inside (of)

depender (de) to depend (on)

derecha right hand, right side; **a la –** to the right, on the right

derecho right, straight; *m.* right, privilege

derivar to derive

derramar to pour out, to scatter, to spill

derrumbar to crumble, to collapse

desacuerdo discord, disagreement

desafiar to challenge, to defy

desagradable disagreeable

desagrado displeasure

desahogo unburdening, relief

desaparecer to disappear

desarrollo development

desayunar to breakfast; **–se** to have breakfast

descalzo barefoot

descansar to rest

descanso rest

descender to descend

descolgar to take down

descolorir to discolor

desconcertar to disconcert, to disturb

desconfianza distrust

desconocido unknown; unknown person

descontar to discount; to deduct

descubrir to discover, to uncover; **–se** to take off one's hat

desde since, from, after; **– que** since

desdén *m.* disdain, scorn

desdentado toothless

desdichado wretch, unfortunate person

desear to want, to desire

desesperación despair, desperation

desesperarse to despair

desespero despair; impatience

desgracia misfortune, disgrace; **por –** unfortunately

desgraciado unfortunate, unlucky

deshojar   to tear leaves off or out
desierto   deserted; *m*. desert
deslizar   to slide, to glide
desmán *m*.   excess, mishap
desnudar   to undress
desnudo   naked, bare
desolación   desolation
despachar   to dispatch, to expedite; to settle
despacho   office, study
despacioso   sluggish, slow
despavorido   terrified, aghast
despedirse   to leave, to say good-
   bye
despertar   to awake; **–se**   to wake
   up
despoblado   depopulated,   deserted
despreciar   to despise; to scorn;
   to rebuff
desprecio   scorn, contempt
despreocupado   unworried,   un-
   concerned
después   after, later
destacar(se)   to stand out
destello   sparkle, flash
destino   destiny, fate
destrozar   to destroy, to break to
   pieces, to shatter
desván *m*.   attic, garret
desvendarse   to take a bandage
   off
detalle *m*.   detail
detener   to stop, to hold back, to
   check; **–se**   to stop
determinado   definite, specific
detrás de   behind
devoción   devotion
devolver   to return
devorar   to devour
devoto   devout, devoted
día *m*.   day; **de –**   in the day-
   time
diablo   devil

diadema   diadem
diagonal en –   diagonally
diálogo   dialogue
diamante *m*.   diamond
diamantino   (made) of diamonds
dicha   happiness, good fortune
dichoso   happy, fortunate
diente *m*.   tooth
diferente   different
difuso   diffused
digno   worthy
diminutivo   diminutive
Dios *m*.   God; **por –, Dios mío**
   for heaven's sake, goodness, etc.
dirección   address; direction
director *m*.   director, editor, manager
dirigir   to turn, to direct; **–se**   to
   go
discípulo   disciple, pupil
discurso   discourse, speech
discusión   discussion
disgusto   displeasure, annoyance
disparo   shot (of a gun)
dispensar   to excuse, to pardon
dispensario   dispensary
disperso   dispersed, scattered
displicente   disagreeable, peevish
disposición   disposition, aptitude,
   disposal
disputar   to dispute, to debate; to
   argue over
distancia   distance
distinción   distinction
distinguir   to   distinguish;   **–se**
   to be different
diván *m*.   sofa, divan
diverso   different, varied
divertido   amusing
divertir   to amuse; **–se**   to have
   a good time
divino   divine
doblar   to turn (*a corner*); to fold,
   to bend

docena dozen
dócil docile
documental *m.* documentary film
dólar *m.* dollar
doler to hurt, to grieve; **–se** to be sorry, to be distressed
dolor *m.* pain, grief; **– de cabeza** headache
dolorido sorrowful, painful
doloroso painful, pitiful
domicilio residence
dominar to dominate, to control
domingo Sunday
don *m.* gift, talent
donde where
drama *m.* play, drama
dueño owner, proprietor
duda doubt
dudar to doubt
dulce sweet, gentle, pleasant, soft
dulcificar to soften
dulzura sweetness, gentleness
duque duke
duración duration, length
durar to last
dureza harshness, hardness
duro hard, harsh; *m.* coin worth five pesetas

ea *excl.* hey!
echar to throw, to hurl, to lie down; **echarle a uno en cara** to accuse, reproach; **– a** to start to, to begin; **– al correo** to mail
eclipse *m.* eclipse
eco echo
edad *f.* age; era, epoch
edén *m.* Eden (*biblical and figurative*)
edificio building, edifice
efectivamente really, actually

efecto effect; **en –** indeed, as a matter of fact
eficaz effective
ejemplar *m.* copy (*of book*)
ejemplo example; **por –** for example
ejercer to exercise
ejercicio exercise
ejército army
elaborado elaborated, wrought
elegir to choose, to elect
elevar to elevate; **–se** to rise, to ascend
embargo embargo, restriction; **sin –** nevertheless
emborrachar to intoxicate, to get drunk
embustero liar
eminente eminent
emoción emotion
emocionar to move, to stir; to touch
emotivo emotive, emotional
empedrado paved
empeñarse (en) to insist (on)
empezar to begin
empleado employee, clerk
emplear to employ; to use
empleo use
empujar to push, to impel
enamorado *m.* lover, suitor
enamorar to enamor, to inspire love in
encaje *m.* lace; inlay
encantador enchanting, charming
encanto charm, fascination, delight
encargar to entrust, to order; **–se de** to take charge of, to be entrusted with
encarnado red; **ponerse –** to blush
encender to light

encendido bright, inflamed red

encerrar to shut in, to lock up, to confine

encierro confinement, prison

encima above; **por – de** over

encontrar to find

encuentro meeting, encounter

enderezar to straighten

enemigo enemy

energía energy

enérgicamente energetically

enfadar to annoy, to anger; **–se** to get angry

enfermar to get sick

enfermedad sickness, illness

enfocar to focus

enfrente in front, opposite; **de –** opposite

engañar to deceive, to cheat

engaño deceit, fraud, mistake

enloquecer to drive crazy, to madden

enmienda correction, amends

enojado cross, angry

enrojecer to redden, to blush; **–se** to turn red

ensalada salad

enseñanza teaching, instruction, education

enseñar to teach; to show

ensombrecer to darken; **–se** to become sad, to grow dark

ensueño dream, daydream

entender to understand; to believe; **–se con** to get along with, to get to know

entendimiento understanding

enterar to inform, to acquaint, to advise; **–se** to find out

entero entire, whole

enterrar to bury

entonces then; **para –** by that time; **en ese –** at that time

entrada entrance; admission ticket

entrar to go in, to enter

entre between, among

entregar to deliver, to hand over

entrever to glimpse; to suspect

entristecer to sadden; **–se** to become sad

entusiasmar to enthuse, to enrapture, to make enthusiastic

enviado envoy

enviar to send

envidia envy

envidiable enviable

envidiar to envy

envidioso envious

envolver to wrap; to wrap up

epistolar epistolary, by letter

época epoch, era

equivocación mistake

equivocarse to be mistaken, to make a mistake

errabundo wandering

errante wandering, roving

escalera stairway, stair, ladder

escalofrío chill; thrill; fright

escalón m. step, rung

escandalizar to scandalize, offend, shock; **por –** for creating a disturbance

escándalo noise, uproar

escapar to save, to escape; **–se a** to escape from (a person)

escaso scant, scarce, few

escena scene, incident, episode

esconder to hide, to conceal

escondrijo hiding place

escribir to write

escritor m. writer

escrupuloso scrupulous

escuchar to listen to

escudo coat of arms, escutcheon

escuela school

esencia   essence
esfuerzo   effort
eso   that; – de   that business (matter) of; a – de   about
espacio   space
espada   sword
espalda   back
espanto   fear
espantoso   fearful, frightful
español   Spanish
especial   special
especialidad   specialty
especie   kind, sort, species
específico   specific
espectáculo   spectacle
espectador m.   spectator
espejo   mirror
esperanza   hope
esperar   to hope; to wait; to expect
espeso   thick
espiar   to spy; to be on the lookout for
espíritu m.   spirit, ghost
espiritual   spiritual
espuela   spur
espuma   foam
esquina   corner
establecer   to establish
establecimiento   establishment; place of business
estación   station, season
estacionar   to park (a car); –se   to park
estadística   statistics
estado   state
estafar   to defraud, to cheat
estancia   room
estar   to be; – por   to be in favor of
estatua   statue
estilo   style
estimular   to stimulate

estipendio   stipend; salary
estirar   to stretch (out)
estómago   stomach
estorbar   to hinder, to obstruct
estrado   drawing room
estrechar   to tighten; to hug, to squeeze
estrecho   narrow, close
estrella   star
estremecer   to shake
estridente   strident
estrofa   stanza
estudiante   student
estudio   study
estudioso   studious
estupefacto   dumbfounded, stupefied
estupidez f.   stupidity
estúpido   stupid
estupor m.   stupor, amazement
eterno   eternal
Europa   Europe
evitar   to avoid; to prevent
evocador   evocative
evocar   to evoke
exacto   exact, faithful, complete
exagerar   to exaggerate
examinar   to examine, to look over
exasperar   to exasperate
excesivo   excessive
excitar   to arouse, to excite
exclusivo   exclusive
exhausto   exhausted; empty
existir   to exist
éxito   end, success
expectación   expectation, expectancy
experiencia   experience, experiment
explicar   to explain
explotar   to exploit
exponer   to expose; to explain

expulsar to expel, to expulse, to drive out
exquisito exquisite, excellent
extasiar to enrapture
éxtasis *m.* ecstasy, rapture
extender to stretch out; to spread
externo external, outside
extinción extinction
extranjero foreign, foreigner; **por el –** abroad
extraño strange, rare
extremado extreme, excessive

facción feature (*facial*)
fachada façade
fácil easy, loose, wanton
falda skirt, fold, slope
fallecer to die
falso false
falta lack, mistake; **hacer –** to need, to be necessary
faltar to need, to lack; **¡no faltaba más!** That's the limit! The very idea!
fama fame, reputation
familia family
familiar domestic, homelike, familiar, plain
fanático fanatic
fantasma *m.* phantom, ghost
farmacia pharmacy, drugstore
farol *m.* street lamp
farsa farce, absurdity
fascinar to fascinate
fase *f.* phase
fastidiar to annoy; to bore
fatalista fatalist, fatalistic
fatiga fatigue, hardship
fatigado fatigued, tired
fatigoso tiresome
fe *f.* faith
febril feverish
felicidad happiness
felicitar to congratulate

feliz happy
femenino feminine
feo ugly
feria fair; market; deal, agreement
feroz ferocious
ferrocarril *m.* railroad, railway
fértil fertile
fiebre *f.* fever
fiel faithful
fieltro felt
fiera wild animal
fiesta feast, festival, festivity, celebration
figura figure, face, countenance
figurar to figure; to represent; **–se** to imagine
fijarse to imagine; **– en** to notice
fijo fixed
fila row, line
filarmónico philharmonic
filosofía philosophy
filósofo philosopher
fin *m.* end; **al –** finally; **por –** finally
final *m.* end
finca property, farm
fino fine, delicate, thin, slender
firma signature
firme firm, hard
fisionómico facial
flaco weak, thin
flor *f.* flower, blossom; **en –** in bloom
florecer to flower, to bloom
florido flowery, elegant
fondo back, depth, bottom, background
forastero outsider, stranger
forma form, way
fortuna fortune
forzar to break open
fotografía photograph; **hacer –** to photograph

fotógrafo photographer
fracaso failure, collapse
fragancia fragrance
frágil fragile, frail
francés French, Frenchman
franco frank, open
franqueza frankness, ingenuousness
frasco bottle, flask
frase *f.* phrase, sentence
fraternidad fraternity
fray brother (*religious*)
frecuentar to frequent
frecuente frequent
freír to fry
frente *f.* forehead; – **a** – face to face; **–a** in front of
fresco fresh, cool; *n.* fresh air, coolness
frescura freshness, coolness
frívolo frivolous
frotar to rub
frustrar to frustrate, to thwart
fruta fruit
fuego fire
fuelle *m.* bellows
fuente *f.* fountain
fuera out, outside; **de** – outside; **por** – on the outside
fuerte strong, severe
fuerza force, strength, power; **a** – **de** by dint of
fugitivo fugitive, fleeting
fulgor *m.* brilliance, flash
fumar to smoke
función function; show, performance
funcionar to function, to work
fundir to fuse, to blend, to unite; to cast (*metal*)
fúnebre funereal, gloomy
furor *m.* furor, rage
furtivo furtive, clandestine
futuro future

gabardina gabardine; raincoat
gabinete cabinet; study
gafas eye glasses
galán *m.* suitor
galante gallant
galería hall
gallina hen
gana desire; **tener ganas de** + *inf.* to feel like
ganancia gain, advantage
ganar to gain; to win; to make (*money*)
garaje garage
gastar to spend; to waste; to wear out
gato cat
generación generation
género kind, sort, genre
generoso generous
genio temperament, genius, talent
gente *f.* people, servants, retinue
gesto grimace, gesture
gigante giant; gigantic
gitano gypsy
golondrina swallow
golpe *m.* knock, blow; **de un** – suddenly
golpecito tap
gordo fat, greasy, coarse
gorra cap
gorrión *m.* sparrow
gota drop
gozar to enjoy; – **de** to enjoy
gracia gracefulness, elegance, graciousness; charm
gracias thanks, thank you
gracioso attractive, witty
grande big, large, great; *n.* grandee
granizo hail
grato pleasing
grave grave, serious
gris gray

gritar to cry out, to shout, to scream

griterío shouting

grito cry, shout

grotesco grotesque

grueso thick, heavy, big

guante *m.* glove

guapo pretty; handsome

guardar to keep; to hide

guardia *m.* guard, policeman

guardián *m.* guardian

guerra war; **dar –** to annoy

guerrero warrior, soldier

guía guide; **– de teléfonos** telephone directory

guillotina guillotine

guisar to cook

guitarra guitar

guitarrista guitarist, guitar player

gustar to be pleasing

gusto pleasure, taste; **a –** to one's liking, at ease

haber to have; **hay, había, hubo,** etc. there is (are), there was (were), etc.; **– que** + *inf.* to be necessary (impersonal); **– de** + *inf.* to be (supposed) to; **he aquí** here is, this is

hábil clever, skillful, able

habitación room

habitar to inhabit, to occupy

hace ago

hacer to do, to make; **– de** to act as, to play (a role); **–se** to become; **hacérsele a uno** to seem . . . to one

hacia to, toward

hambre *f.* hunger

harmonía harmony

hartar to gratify, to satisfy

hasta *adv.* even; *prep.* until, till, to, up to

hay there is (are); **¿qué –?** What's the matter?

he aquí here is, behold

hechicero bewitching, enchanting

hecho fact, deed, event

helar to freeze

helecho fern

henar *m.* hayfield

heredar to inherit

herir to hurt, to wound

hermana sister

hermoso beautiful

héroe *m.* hero

heroico heroic

hierba grass, herb

hierro iron

hígado liver

hija daughter, child

hijo son, child

hinchar to swell

hinojos de – on one's knees

hipócrita hypocritical; *m.* and *f.* hypocrite

historia history

hocico snout, nose (*animal*)

hogar *m.* hearth, home, house

hoja leaf, blade

¡hola! hello! *also, a shout to draw someone's attention*

hombre man; *excl.* you don't say! gosh!, etc.

hombro shoulder

honrado honorable, honest

honrar to honor

hora hour; **a primera –** very early

horizonte *m.* horizon

horroroso horrid, horrible

hostil hostile

hoy today

huerta vegetable garden

huerto orchard, garden

hueso bone

huésped m., f.   guest; lodger; host
huevo   egg
huir   to flee
humanidad   humanity
humedecer   to moisten, dampen
húmedo   wet, damp
humildad   humility
humilde   humble
humillar   to humiliate, to humble
humo   smoke
hundir   to sink; to overwhelm; to destroy

idioma m.   language, dialect
iglesia   church
ignominia   ignominy
ignorar   to be ignorant of, not to know
igual   equal, same; – **que**   like
igualar   to equalize, to make equal
igualdad   equality
iluminado   lighted
iluminar   to illuminate
ilusión   illusion
ilustre   distinguished, illustrious
imagen f.   image
imitar   to imitate
impacientarse   to grow impatient
impaciente   impatient
imparcial   impartial
impedir   to prevent, to hinder
imperativo   imperative, dictatorial
imperfecto   imperfect, imperfect tense
impertinencia   impertinence
implacable   implacable
implorar   to implore
importar   to be important, to matter
imprenta   printing shop, press
impresión   impression, idea

impresionar   to make an impression; to impress
impresionista   impressionistic
impulso   impulse, movement
impunemente   with impunity
impuro   impure
inasequible   inaccessible
incapaz   incapable
incendio   fire
incertidumbre f.   uncertainty
incesante   incessant, continual
inclinar   to incline; to bow; to slope; to induce
incómodo   uncomfortable
incomprensión   incomprehension
inconveniente m.   obstacle, difficulty; **tener – en**   to object, to mind
incorporación   association
incorporarse   to sit up; – **a**   to join
increíble   incredible
incrustar   to incrust
inculpar   to blame, to accuse
indeciso   undecided
indefectible   unfailing, indefectible
indemnización   indemnity
indicar   to indicate
indiferencia   indifference
indigestión   indigestion
indigno   unworthy, contemptible
indio   Indian
indulgencia   indulgence, remission of sins
inequívoco   unequivocal, unambiguous
inexplicable   unexplainable, inexplicable
infalible   infallible
infancia   infancy
infantil   infantile, childlike
infeliz   unfortunate, unhappy; n. poor soul, wretch

inferior   inferior, lower
infernal   infernal
infinito   infinite
información   information, report,
  investigation
informar   to inform, to advise; to
  report
infundir   to instill, fill with
ingenio   talent, skill
ingenuidad   ingenuousness
Inglaterra   England
inglés   England, Englishman
ingratitud   ungratefulness
inmensidad   immensity, infinity
inmenso   immense
inmortal   immortal
inmóvil   motionless
inocencia   innocence
inseguro   uncertain, shaky
insinuar   to insinuate; to interrupt
insistente   insistent
insistir   to insist
insolente   insolent
inspirar   to inspire, to instill; –se
  en   to be inspired by
instante   moment, instant
instinto   instinct
insultar   to insult
inteligencia   intelligence, understanding
intensificar   to intensify
intenso   intense, deep
intentar   to attempt; to try, to in-
  tend
interés m.   interest
interpretar   to interpret; to play
interrogar   to interrogate, to ask
intervenir   to intervene
interrumpir   to interrupt
íntimo   intimate
intriga   intrigue
introducir   to introduce; to lead in
intuición   intuition
inútil   useless

inventar   to invent
invierno   winter
involuntario   involuntary
ir   to go; ¡vamos!   come on, let's
  see; no les va bien   things aren't
  going well with them; – de visita
  to pay a visit
irascible   irascible, prone to anger
ironía   irony
irreal   unreal
irritado   irritated, irritable
irritar   to irritate
isla   island
italiano   Italian
izquierdo   left; a la izquierda   to
  the left, on the left

jabón m.   soap
jaca   pony
jamás   ever, never
japonés -esa   Japanese
jardín m.   garden
jefe   chief
jinete m.   horseman, rider
joven   young
jovial   jovial
joya   jewel
judío   Jewish; m. Jew
jugar   to play; –se   to gamble, to
  risk
juguete m.   toy
juicio   judgment, wisdom
juicioso   judicious, wise
juntar   to join, to bring together
junto   next; joined, united
juramento   oath
jurar   to swear
justicia   justice
juvenil   juvenile, youthful
juventud f.   youth

laberinto   labyrinth
labio   lip
ladear   to tilt; to lean

lado side, direction; **de un –** on the one hand
ladrillo brick
lago lake
lágrima tear
lamentable lamentable
lamentarse to lament, to wail
lamer to lick
lance *m.* critical moment, incident, episode, event
lancha barge, launch
lanzar to throw; to hurl; **–se** to dash
largo long, abundant
lástima pity; **es –** it's a pity
latido beat, throb
latino Latin
lavabo washroom, lavatory
lavar to wash
lazarillo (blind man's) guide
lector reader
lectura reading
leer to read
lejano distant
lejos far off; **a lo –** in the distance
lengua language, tongue
lenguaje *m.* language, idiom, speech
lento slow
león *m.* lion
letra letter, handwriting
levantar to raise; **–se** to get up
leve light, slight
libertad liberty, freedom
librar to free, liberate
librería bookstore
librero bookseller
ligero light, slight
limpiabotas shoeshine boy (man)
limpiar to clean
límpido limpid
limpio clean, pure

linaje *m.* lineage, offspring
lindo pretty
línea line
liquidar to liquidate
lirio iris, lily
lista list
listo ready, clever
literario literary
lívido livid, white
lo de the matter of
lobo wolf
loco mad
locura madness
lodo mud
lógica logic
lógico logical
lograr to get, to obtain; to succeed
Londres London
lotería lottery
lucha fight, struggle
luchar to struggle; to fight
lucir to shine
luego then, well then, next, soon, afterward; **– que** as soon as; **desde –** of course, naturally
lugar *m.* place; **tener –** to take place; **en primer –** first, in the first place
luminoso luminous
luna moon
luz *f.* light, learning

llama flame
llamar to call; to knock
llanto weeping, crying
llanura plain
llave *f.* key
llegada arrival
llegar to arrive; **–a** + *inf.* to get to, to succeed in
llenar to fill; to satisfy
lleno full
llevar to carry, to take, to keep,

to wear (*clothes*); **–se** to get along; to take away

llorar to cry

llover to rain

lluvia rain

machete machete; cane knife

macizo flower bed, clump, mass

madera wood, timber, lumber

madrugada dawn

maestra teacher

maestro teacher, master

magnate magnate

magnético magnetic

magnífico magnificent

majestuoso majestic

mal badly; *m.* evil, harm, wrong

maldito cursed

maleta suitcase

malo bad

maltratar to mistreat

malvado wicked, evil; *n.*, wicked person

mamar to suck, to nurse

manchar to spot, to stain

mandar to order, to send

mandato mandate, command

manera manner, way; **de una –** in a way; **a – de** like

manía mania, fixed idea

mano *f.* hand; **darse la –** to shake hands

mantener to maintain, to keep; **–se** to stay, to keep

manto cloak, mantle

manuscrito manuscript

mañana morning, tomorrow; **muy de –** very early

máquina machine, typewriter; **– de escribir** typewriter; **por –** mechanically; **– fotográfica** camera

mar *m. and f.* sea

maravilla wonder, marvel; **hacer maravilla** to do wonders

maravilloso marvelous, wonderful

marcar to mark; to stress

marcha walk, step, march; **en –** running (*motor*); **poner en –** to start to go

marchar to go; to run; **–se** to go, to leave

mareo seasickness, dizziness

marfil *m.* ivory

marido husband

mármol marble

mas but

más more; **– bien** rather; **por – que** + *subjunctive* no matter how much; **no . . . – que** only

masa mass, common people

máscara mask

material material, physical

matrimonio marriage

mayor greater, greatest

mayoría majority

mecánico mechanical

mecanógrafo typist

mecer to swing; to rock

mediano moderate, medium

medianoche *f.* midnight

medicina medicine

médico doctor

medio means, way, environment, half, middle, midway; **por –** in between

mediodía noon

meditación meditation

meditar to meditate

meditativo meditative

mejilla cheek

mejoría improvement

melancolía melancholy

melancólico sad, melancholy

melifluo mellifluent

memoria memory

mendigo beggar
menor least; minor
menos less, fewer, least, except;
 (por) lo – at least; **cuando –**
 at least
mensaje m. message, errand
mensajero messenger
mentir to lie
menudo small; **a –** often
merecer to deserve, to merit
mesa table
meter to put, to place
método method
metro meter; subway
mezcla mixture, blend
microscópico microscopic
miedo fear; **tener –** to be afraid
mientras while, as long as, mean-
 while; **– tanto** in the meantime
milagro miracle
milpa cornfield
millón m. million
millonario millionaire
mimoso pampered, spoiled; loving
minúsculo small
minuto minute
mirada look, glance
mirar to look at; to look
misa mass
miserable miserable, wretched,
 mean
miseria wretchedness, poverty
misericordia mercy
mismo same, very, self; **lo – que**
 the same as
misterio mystery
misterioso mysterious
mitad half
moda fashion, mode, style
módico reasonable
modesto modest
modo way, manner; **de – que**
 so that; **de un –** in (such) a way;

de este otro – something else;
de malos modos in an un-
 friendly way; **de todos modos**
 at any rate
modular to modulate
mojar to wet, to soak, to moisten
molde m. mold, form, model
moler to grind; to consume; to
 waste
molestar to disturb, to bother;
 –se en to take the trouble to
molesto annoying; disturbed
momento moment; **por momentos** at any moment; **de un – a
 otro** at any moment
moneda coin
monólogo monologue
monotonía monotony
monótono monotonous
monstruo monster
montaña mountain
montar to mount, to ride
monte m. mountain, woods
morado mulberry, dark purple
moral moral, ethical
morder to bite
moreno dark
moribundo dying
morir(se) to die
mortificar to mortify, to torment
mosca fly
mostrador m. counter, bar
mostrar to show
mover to move
muchedumbre f. crowd, mob
mudo silent
muela molar tooth
muerte f. death
mujer woman, wife
multiplicar to multiply
multitud multitude
mundo world, globe; **correr –**
 to travel
muñeca doll; wrist

muralla   wall
murmurar   to murmur, to whisper
muro   wall

nacer   to be born
nacimiento   birth
nacional   national
nada   nothing; — más que   nothing but
nadar   to swim, to float
nadie   nobody
naranja   orange
naranjo   orange tree
nariz *f.*   nose, nostril
narración   narration
narrador *m.*   narrator
naturaleza   nature
navegar   to sail
Navidad   Christmas
necedad   foolishness, stupidity
necesidad   necessity
necesitado   needy, poor person
necesitar   to need, to necessitate; — de   to have need of
negar   to deny, to refuse; —se a   to refuse
negocio   business, deal
negocios   business
negro   black
nervioso   nervous
nevada   snowfall
nevar   to snow
neworleansiano   of New Orleans
ni   neither, nor, not even
niebla   fog, mist
nieto   grandson, grandchild
nieve *f.*   snow
ninguno   no, none
niña   child, girl, darling
niño   child, boy
noche *f.*   night; de —   at night
Nochebuena   Christmas Eve
nombramiento   appointment
nombre *m.*   name

noreste   northeast
Noruega   Norway
nota   note, mark, grade, memorandum
notable   notable, trustworthy
notar   to notice
noticia   news, notice, information
novedad   something new, change
novela   novel, story
novia   sweetheart, fiancée, bride
novio   sweetheart, fiancé, groom
nube *f.*   cloud
nublado   cloudy
nuevamente   again
nuevo   new; de —   again
número   number

obedecer   to obey
objetivo   objective
obligar   to oblige
obra   work, writings
obrar   to work; to perform, to execute
obrero   worker
obsesionar   to obsess
obstinado   obstinate
obstinarse   to be obstinate; to persist
ocarina   *small wind instrument with finger holes*
ocasión   occasion, opportunity
océano   ocean
octogenario   octogenarian
ocultar   to conceal
ocupar   to occupy; —se de   to be busy with, to pay attention to
ocurrir   to occur, to happen; —sele a uno   to occur (to one)
odiar   to hate
odio   hate, hatred
ofender   to offend, to bother
oficial *m.*   officer
oficina   office; — de correos   post office

oficio work, occupation, office, function
ofrecer to offer
oído ear
oír to hear; – **hablar de** to hear about; – **decir que** to hear that
ojeada glance
ojo eye
ola wave
oler to smell; – **a** to smell of or like
olor *m.* odor
olvidar to forget
olvido forgetfulness, oblivion
operación operation
operar to operate
opresión oppression
oprimir to press, to squeeze
orden *m.* order; *f.,* command
ordenar to order; **por** – in order
oreja ear, flange
orgullo pride
orgulloso proud, conceited
originario original, primary
orilla bank, shore, edge
oro gold
orquesta orchestra
oscuridad darkness, obscurity
oscuro dark; **a oscuras** in darkness
otoño fall, autumn
otro other, another
óvalo oval

paciencia patience
padecer to suffer from; to put up with
padre father
paja straw
paganizar to paganize
pagar to pay
país *m.* country
paisaje *m.* landscape, countryside

pájaro bird
palabra word
palacio palace
palidecer to turn pale
palidez *f.* paleness, pallor
pálido pale
paliza beating
palma palm (tree); palm (of hand)
palo stick, whack, blow
paloma pigeon, dove
palpar to touch, to feel, to grope
pan *m.* bread
pánico panic
pañuelo handkerchief, shawl
Papa Pope
papel *m.* paper, role, part
paquete *m.* package, bundle
par *m.* pair, couple
para for, by; – **sí** to oneself
paradoja *f.* paradox
paraíso paradise
parar to stop; –**se a** + *inf.* to stop (doing something)
pardo brown, dark gray
parecer to seem, to appear; **parecerse a** to resemble; **a su** – in your opinion; **¿qué (tal) le parece . . . ?** What do you think (of) . . . ?
parecido resembling, like, similar
pared *f.* wall
pareja pair, couple
paréntesis *m.* parenthesis
pariente relative
París Paris
parlamentario parliamentary
párpado eyelid
parque *m.* park
párrafo paragraph
parroquiano parishioner; customer
parte *f.* part; **por otra** – on the other hand; **de vuestra** – on

your part; **la mayor – de** most of

particular particular, special, peculiar

partir to leave, to set out

parto childbirth

pasado past

pasajero fleeting, transitory

pasar to pass, to spend, to happen; **¿qué le pasa?** What's the matter?; **pase** come in

pasear to stroll, to walk; **–se** to take a walk, to stroll

paseo walk, ride, stroll; **dar –** to take a ride

pasillo hall

paso step

pata foot of animal, paw

paterno paternal

patético pathetic

pausa pause

pavoroso frightful

paz f. peace

pecado sin

pecho breast, chest, heart

pedazo piece

pedir to ask, to request

pedregoso stony, rocky

pelea fight, quarrel

pelear to fight, quarrel

película film

peligro danger

pelo hair; **tomar el –** to make fun of, to kid

pena pain, hardship, sorrow

pender to hang; to dangle

péndulo pendulum

penetrar to penetrate, to enter

pensamiento thought

pensar to think

péñola pen, quill pen

peor worse, worst

pequeño small

pera pear

percibir to perceive

perder to lose

perdurar to last

peregrinación pilgrimage, course of life

perezoso lazy

perfecto perfect

perfilar to profile; to outline

periódico newspaper

periodista m. newspaperman, journalist

perla pearl

permanecer to remain

permiso permission; **con –** excuse me

perpetuidad; a – in perpetuity

perplejo perplexing

perra dog; **–suerte** hard luck

perro dog

perseguir to pursue

personaje m. character (in a play, story)

personalidad personality

perspectiva perspective, prospect

pertinaz pertinacious, obstinate

perversión perversion, corruption

pesar m. grief; **a – de** in spite of

pesar to weigh; to cause regret, sorrow

pescador fisherman

pescar to fish, to fish for

peso weight; **sin –** limp; Spanish-American monetary unit

pestaña eyelash

petaca tobacco pouch, cigar case

pétalo petal

Petrarca Petrarch (1304–1374), great Italian poet and humanist

pez m. fish

piadoso pious, merciful

picar to prick, to bite; to burn

pie m. foot; **en –** standing, up and about; **de –** standing

piedad piety, pity, mercy
piedra stone, rock
piel *f.* leather, skin
pierna leg
pieza piece, musical composition; room
pino pine tree
pintar to paint; to portray
pintor *m.* painter, artist
pintoresco picturesque
pirámide *f.* pyramid
pisar to step on
piso floor, story (*of a building*)
pistolón large pistol
pitillo cigarette
placer *m.* pleasure
plantado: dejar — to jilt, to leave in the lurch
plata silver
plato dish, plate, course (meal)
platónico Platonic
playa beach
plaza square
plebiscito plebiscite
pleno full
pliego sheet of paper
plomar to seal with lead
pluma pen, feather
poco little; (*plural*) few; **al —** soon
poderoso powerful, mighty
poema *m.* poem
poesía poetry
poeta *m.* poet
policía police; *m.* policeman
polonés Polish; *m.* Pole
polvo dust
polvoriento dusty
poner to put; **—se a** + *inf.* to begin to, to start to; **—se** to become
pontífice *m.* pontiff
por by, for, through, along, because of

porfía obstinacy, persistence
pormenor *m.* detail
portal *m.* entry, vestibule
portera janitress
porvenir *m.* future
posar to perch, to put; to put down
poseer to possess
posesión possession
posible possible
postal *f.* postcard
postulado postulate, doctrine
práctica practice, skill, experience
pradera meadow, pasture land
prado meadow
precio price
precipitadamente hastily, hurriedly
precipitar to precipitate, to hasten
precisamente precisely; at the same time
preciso necessary, precise
predominar to predominate, to stand out
preferible preferable
preguntar to ask
prematuro premature
prendedor *m.* brooch
prender to grasp
prensa press (newspaper)
preocupación preoccupation, worry
preparativo preparation
preparatorio preparatory
presencia presence
presentar to present; to appear
preso arrested, imprisoned; *n.* prisoner
pretender to pretend to, to claim; to try to
pretensión presumption, effort
pretexto pretext, excuse

prevalecer to prevail
prever to foresee
primavera Spring
primero first, in the first place
primitivo primitive, original
primo cousin
príncipe m. prince
principiar to begin
pro profit, benefit; **en – de** in favor of
probar to prove; to test
procesión procession
procurar to try; to strive for
producto product
profano profane, worldly
profesión profession
profundo profound, deep
progresar to progress
progreso progress
prohibir to prohibit, to forbid
promesa promise
prometer to promise
prominente prominent, outstanding
promontorio promontory
pronto soon; **de –** suddenly
pronunciar to pronounce, to deliver (a speech)
propiedad property
propietario owner
propio own, proper; same; himself, herself, etc; characteristic, suitable
proponer to propose
propósito purpose, intention
protagonista m. and f. protagonist, principal character
proteger to protect
protestar to protest
proverbio proverb
provincia province
provinciano provincial
próximo next, near, close
proyectar to project

prudente prudent
prueba proof, test, trial
psicología psychology
público public, people
pueblo town, village, people, nation
puerta door
puerto port, mountain pass
pues then, well, well then
puesto stand, booth, place, post; **– que** since
pulsera bracelet
pulso pulse
punta point, tip
puñal m. dagger
pupila pupil (of the eye); eye
puro pure

que who, whom, which, that; for, because
quebrantar to break
quedar(se) to remain, to stay
queja complaint, moan, lament
quejar to complain, to lament; **–se de** to complain about, of
quemar to burn
querer to wish, to want, to love; **– decir** to mean
querido dear
quitar to remove, to take away; to clear
quizá(s) perhaps

rabioso mad, furious
rama branch
ramo branch, cluster, bouquet
ranilla sole
rapidez speed
rápido swift, rapid
raro rare, strange, odd
rasgo trait, characteristic
rato (short) time, while; **a ratos** from time to time
ratón m. mouse

rayo beam, ray of light

raza race, lineage

razón reason; **tener** – to be right

razonable reasonable

razonar to reason

reaccionar to react

real real

realidad reality; **en** – really, truly

realizar to realize, to fulfill; to perform

rebaño herd, flock

recelo fear, misgiving

recién recently; – **casado** newlywed

reciente recent

recoger to pick up, to gather; to remove

recomendar to recommend

reconfortar to comfort, to strengthen; to enliven

reconocer to recognize; to examine

reconocimiento examination; recognition

recordar to remember

recorrer to run over; to go through

recostarse (en) to lean

recreo recreation, recess (*school*)

recto straight, right, honest

recuerdo memory, remembrance

redactar to edit; to write; to draw up

redactor m. editor, writer

redondo round

referir to relate, to tell; –**se** to refer

reflejar to reflect

reflexionar to reflect, to think

reformar to reform; to mend; to improve

refulgir to shine

regalar to give; to treat

regazo lap

regenerar to regenerate

regla rule

regocijarse to rejoice

regresar to return

regreso return

regular fair, so-so, regular

rehusar to refuse, to reject

reina queen

reinar to rule, to reign

reino kingdom

reír to laugh

rejuvenecer to rejuvenate

relatar to relate, to narrate

relato story, narration

religioso religious

reloj m. watch, clock

remediar to remedy; to help; to prevent

remedio remedy, help; **no tener** – to be unavoidable

remoto remote

remover to remove; to stir, to shake

rendija crack, split

rendir to subdue; to surrender; –**se** to yield

renunciar to renounce

reñir to quarrel

reparar (en) to notice

reparo doubt, objection; **tener** – to be bashful

repartidor distributor, sorter

repasar to pass again

repente m. start; **de** – suddenly

repetir to repeat

replicar to answer

reponerse to recover

reportero reporter

reposar to repose, to rest

reposo repose, rest

representar to represent; to act; to play

reprimenda   reprimand
reprimir   to repress
reproche m.   reproach
repugnancia   repugnance, antipathy
resbaladizo   slippery
reservar   to reserve
resignación   resignation
resistir   to resist; to bear; to withstand
resonar   to resound
respecto   relation, respect; — a with respect to
respetable   respectable
respeto   respect
respetuoso   respectful
respiración   breathing
respirar   to breathe
resplandor m.   light
responder   to answer; to correspond
resto   rest, remainder
restorán m.   restaurant
resuelto   resolute, determined, quick
resultar   to result, to turn out to be
retener   to retain, to hold back
retirar(se)   to retire, to withdraw
retorno   return
retrasar   to delay, to put off
retrato   portrait, photograph
retroceder   to back away
reuma m. and f.   rheumatism
reunir   to unite, to gather
revelar   to reveal
reventar   to smash, to burst
reverente   reverent
revés m.   back
revisar   to examine
revista   magazine
revolar   to flutter; to fly
revolotear   to flutter, to flit
revolución   revolution

revolver   to turn around, to disturb
rey m.   king; Reyes   Wise Men
rezar   to pray
ridículo   ridiculous; en — ridiculous
rígido   stiff, rigid
rincón m.   corner
río   river
risa   laugh, laughter
ritmo   rhythm
robar   to steal
roca   rock
rodar   to roll; to rotate
rodear   to surround, to encircle
rodeo   detour, evasion
rodilla   knee
rogar   to ask; to beg
rojo   red
romano   Roman
romántico   romantic
romper   to break
ronco   hoarse, raucous
rondar   to go around; to prowl
ropa   clothes
rosa   rose
rosado   rose-colored
rosal m.   rose bush
roso   red
rostro   face
roto   torn
rozar   to rub, to graze
rubio   blond, fair, light
rudimentario   rudimentary
ruego   request, entreaty
rufián m.   scoundrel, ruffian
rugir   to roar, to bellow
ruido   noise
ruidoso   noisy
ruiseñor m.   nightingale
rumor m.   rumor, murmur, sound
Rusia   Russia

sábana   sheet

saber to know; **–de** to learn, to hear of (from)

sabio wise, learned; *m.* learned man, scholar

saborear to flavor; to taste

saboteador *m.* saboteur

saca sack

sacar to take out, to draw out; to bring forth

sacerdote *m.* priest

sacrificar to sacrifice

sacrificio sacrifice

sacro sacred

sacudir to shake

sagrado sacred, holy

sala living room, drawing room

salida exit, departure, way out

salir to leave, to go out

salón *m.* large hall or room

salpicar to spatter, to sprinkle

saltar to leap, to jump

saludable healthful

saludar to greet, to hail

salvar to save

salvo safety

sanar to heal, to cure; to recover

sangrar to bleed

sangre *f.* blood

sangriento bloody

sano sound, healthy, good

santidad holiness

santo saintly; *m.* a saint

Satanás Satan

satisfecho satisfied; conceited

seco dry

secreto secret

sed *f.* thirst

seductor seducer; *adj.* seductive, captivating

seguida succession, series; **en –** immediately

seguir to follow; to continue

según according to

segundo *adj. and n.* second

seguridad surety, safety, confidence

seguro sure, safe, certain; **de –** surely

selecto select, choice

sello stamp

semana week

semejante similar, such

semejanza similarity

semioculto half-hidden

sencillo simple; single

senda path

seno chest, bosom

sensación sensation

sensible sensitive, perceptible

sensitivo sensitive, sensual

sensual sensual, sensuous

sentar to seat; **–se** to sit down

sentido meaning

sentimiento feeling

sentir to feel; to regret

señal *f.* signal, sign

señalar to show, to point out

señor sir, lord, gentleman, master

señorial seignioral, noble

señorita mistress

señorito master

separar to separate

sepultura grave

ser to be; **sé** be (*command*); *m.* being, person

sereno serene, calm, sober

seriedad seriousness

serio serious

servicio service

servidumbre *f.* servitude

servir to serve; **– para** to be used for; **para –le** at your service

severidad severity

sexo sex

sí yes, indeed (*adds emphasis to a verb*)

sibila sibyl, prophetess
siempre always
sierra mountain range
siglo century
significación significance
significado significance, meaning
significar to signify, to mean, to
indicate; to be worth
significativo significant
signo sign, symbol
siguiente following
sílaba syllable
silbar to whistle
silbido whistle
silencio silence
silencioso silent
silla chair; saddle
sillón m. armchair, easy chair
simbolista symbolist
simbolizar to symbolize
simétrico symmetrical
simpatía sympathy, liking, friend-
liness, congeniality; **tener grandes —s** to get along
simpático likeable, pleasant
simplicidad simplicity
sin without
sincero sincere
siniestro sinister
sino but (rather)
sintético synthetic
siquiera even, scarcely; **ni —**
not even
sistema m. system
sitio place, location
situar to situate
soberbio proud, superb
sobre on, above; n.m. envelope
sobremanera exceedingly
socialismo socialism
socorro aid, help
sofocar to suffocate, to smother;
to choke, to stifle; to extinguish

sol m. sun
solar solar
soldado soldier
soledad solitude, loneliness
solemne solemn
soler to be accustomed to
solicitar to solicit, to ask
solicitud solicitude
solidaridad solidarity
solitario solitary, alone
solo alone, single, only, sole
sólo only
soltar to let loose, to let go
sombra shade, darkness, shadow;
ghost
sombrero hat
sombrío somber, dark, gloomy
someter to submit; to subject
sonar to sound; to ring
soneto sonnet
sonreír to smile
sonriente smiling
sonrisa smile
soñar to dream; **— con** to
dream of or about
soplar to blow
sorbo sip
sórdido sordid, dirty
sorprender to surprise
sorpresa surprise
sosegado calm, peaceful
sospecha suspicion
sostener to support, hold up, sus-
tain
suave smooth, soft, mellow,
suave, gentle
subir to go up; to take up
súbito sudden; **de —** suddenly
subjetivo subjective
suceder to happen
suceso event
sucio dirty
sudor perspiration, sweat
sueldo salary, pay

suelo ground, floor
sueño dream, sleep
suerte *f.* luck, fortune
suficiente sufficient
sufrir to suffer, to endure
sugerir to suggest
suicida *m.* suicide
suicidarse to commit suicide
sujetar to fasten, to hold
suma sum, figure
sumergir to submerge, to submerse
suntuoso sumptuous
supersticioso superstitious
suponer to suppose
supremo supreme
supuesto *past participle of* **suponer;** **por –** of course
surco furrow, rut
suspirar to sigh
sustantivo substantive, noun
sustituir to substitute, to replace
sutil subtle, thin, cunning, keen

taberna tavern, saloon
tabernero saloonkeeper
tabla board, plank
tal such, so, as; **– cual** as such; **– vez** perhaps; **– como** just as; **un –** a certain
tamaño size
tampoco neither, nor
tan so; **tan . . . como** as . . . as
tanto so much; **en –** while; **tanto . . . como** as much . . . as; **por –** therefore
taquilla ticket window
taquillera ticket seller
tardar to delay; to be late; **– en** + *inf.* to be long in
tarde *f.* afternoon; **buenas tardes** good afternoon, good by; *adv.* late
tarea task, job

tarjeta card
taza cup
techo roof; ceiling
tejado roof
telegrama *m.* telegram, dispatch
tema *m.* theme
temblar to tremble
tembloroso trembling
temperatura temperature
temprano early
tendencia tendency
tender to spread, to stretch, to reach out; **– a** + *inf.* to tend to
tendero shopkeeper
tener to have; **– calor** to be warm; **– curiosidad** to be curious; **– frío** to be cold; **– hambre** to be hungry; **– horror a** to have a horror of; **– inconveniente** to object; **– la bondad** please; **– miedo** to be afraid; **no – remedio** to be unavoidable; **– razón** to be right; **– reparo** to be bashful; **– sed** to be thirsty
teniente *n.* lieutenant
tenso tense, taut
tentación temptation
tentador tempting; temptor
teñir to dye; to shine, to polish
terminar to end, to finish
término end; term
termómetro thermometer
tertulia social gathering
terreno terrain, land, ground
tesoro treasure
tétrico gloomy, sullen, dark
tibio lukewarm, tepid
tiempo time, weather; **a –** on time; **al poco –** soon, shortly; **al mismo –** at the same time; **¿qué tal – hace?** what's the weather like?; **de – a –** from time to time
tienda store, tent, shop

tierno tender, delicate
tierra land, ground, earth, dirt
timbre *m.* stamp, seal
tímido timid
tinieblas *f.* darkness
tinta ink
tío uncle
tiovivo merry-go-round
típico typical
tipo type, kind, model; *(coll.)* fellow, guy
tirar to throw, to draw, to pull; **– a** to resemble, to approach; **– de** to pull out
tiritar to shiver
titular to entitle
título title
toalla towel
tocar to touch; to ring (*a bell*); to play (*an instrument*); **tocarle a uno** to be one's turn, to fall to one's lot
todavía still, yet
todo all, everything; **– el mundo** everybody
tomar to take, to buy, to have (*beverage*); **– a mal** to take offense at
tono tone
tonto foolish, stupid; *m. and f.* fool, dolt
torerillo young bullfighter
torero bullfighter
tormenta storm, tempest
tornar to return, to turn; **– a +** *inf.* to do something again
torno turn; **en – de** around; **en – ** all around, about
toro bull
torpe stupid, dull, slow
torre *f.* tower
torrencial torrential
torrente *m.* torrent, avalanche
tostar to burn; to tan

trabajar to work
trabajo work, job; difficulty
tradicional traditional
traducir to translate
traer to bring
tragar to swallow
trágico tragic
trago swallow, drink
traición betrayal
traidor traitor
traje *m.* suit
trance *m.* critical moment
tranquilizar to calm
tranquilo calm, quiet
transcurrir to pass
transfigurar to transfigure
transmitir to transmit
transparente transparent
tranvía trolley car
tras behind, beyond
trastornar to upset, to disturb
tratar to treat; **–se de** to be a question of, to deal with
trato treatment
través misfortune, reverse; **a – de** through
travieso mischievous
trémulo trembling
tríangulo triangle
tribu *f.* tribe
tribunal *m.* court
triste sad
tristeza sadness
triunfar to triumph
triunfo triumph
tronco trunk
tropezar to hit, to stumble; **– con** to run into, to encounter
trote *m.* trot
túnica tunic
turbador disturbing
turbar to disturb, to trouble
turquesa turquoise
Turquía Turkey

úlcera ulcer
últimamente lately, recently
último last, latest
ulular to howl
único unique, only, sole
unir to unite, to join
unísono al − in unison
usado worn out, used, second-
  hand
usar to use
utilizar to utilize; to use
uva grape

vaca cow
vaciar to empty
vacilar to hesitate
vacío empty; m. emptiness
vagar to wander; to be idle
vago vague, lazy
valer to be worth, to cost; − la
  pena to be worth while; − más
  to be better
valeroso valiant
valiente bold, brave
valor m. value, worth, validity;
  courage, fortitude
vals m. waltz
valle m. valley
vanidad vanity
vano vain; en − in vain
vapor steam, vapor; mist; a todo −
  at full steam
variar to vary, to change
vario various, varied
vasco Basque
vaso glass
vasto vast, huge
¡vaya! well! look here! what (a)!
vecino neighbor, resident, tenant
vega plain
vegetal vegetal, plant
vehículo vehicle
vela vigil, candle
velar to keep vigil, to watch over

velocidad speed
veloz swift, rapid, fast
vena vein
venda bandage, blindfold
vendar to bandage; to cover the
  eyes
vendedor seller
vender to sell
venenoso poisonous
vengarse to take revenge
vengativo avenging, vengeful
venir to come; − bien to suit, to
  fit
ventaja advantage, gain, profit
ventana window; ticket window
ventura happiness, luck
venturoso lucky, successful,
  prosperous
ver to see; a − let's see
verano summer
veras de − really
verdad truth; de − real
verdadero true, real, actual
verde adj. and n. green
verdura verdure, greenness
vereda path, sidewalk
verso verse, poetry
vértigo vertigo, dizziness
verter to pour; to shed
vespertino evening
vestíbulo vestibule, lobby
vestir to dress; −se to get
  dressed
vez f. time; de una − once
  and for all; en − de instead of;
  tal − perhaps; hacer las veces
  de to serve as; a veces at
  times; de − en cuando from
  time to time; cada − más more
  and more; una y otra − re-
  peatedly
viajar to travel
viaje m. trip, voyage, travel
viajero traveler

vibrar to vibrate

vicioso vicious, harmful, over-grown

víctima victim

vida life

viejo old

Viena Vienna

viento wind

vientre m. belly

vino wine

violencia violence; **con** − violently

violeta violet

virgen new, chaste

virtud virtue, power, habit, disposition

virtuoso virtuous

visión vision

visita visit; **hacer una** − **a** to pay a visit to, to visit

vista view, sight, scene; **de** − by sight

visto evident, obvious; **por lo** − evidently, obviously

vitrina store window, showcase

viudo widower

vivaracho vivacious, lively

vivir to live; **¡viva!** long live

vivo alive, lively, vivid

vocación vocation

vociferar to yell

volar to fly

volumen m. volume

voluntad will

volver to return; to turn; − **a** + inf. to do something again; −**en sí** to regain consciousness; − **se** to turn into, to become

voto vote

voz f. voice, shout, cry

vuelo flight

vuelta turn, return; **dar vueltas** to turn, to circle, to walk around; **dar la** − **a** to take a walk around; **con** − return (something borrowed)

vulgar vulgar, coarse

ya already, now; − **no** no longer; − **que** since, inasmuch as

yerba grass

zapato shoe